KB122529

사진과 지도, 도면으로 본

용산기지의 역사 3

(1950~1953)

사진과 지도, 도면으로 본
용산기지의 역사 3(1950~1953)

초판 1쇄 인쇄 2021년 7월 15일
초판 1쇄 발행 2021년 7월 30일

저 자_신주백·김천수
발행인_윤관백
펴낸곳_도서출판 선인

영 업_김현주

등록_제5-77호(1998. 11. 4) / 주 소_서울시 마포구 마포동 324-1 곶마루B/D 1층
전화_02)718-6252/6257 / 팩스_02)718-6253 / E-mail_sunin72@chol.com

정가_35,000원
ISBN 979-11-6068-496-4 94900
ISBN 979-11-6068-286-1 (세트)

사진과 지도, 도면으로 본

용산기지의 역사 3

(1950~1953)

신주백 · 김천수

식민과 냉전의 압축 공간 용산병영/용산기지가 우리의 품으로 돌아온다. 1906년 이래 한 세기를 넘겨 돌아올 예정이다. 때 마침 70년 넘게 견고했던 한반도의 분단체제에 변화가 일어날 조짐까지 보이고 있다. 이제 용산병영/용산기지는 우리에게 과거가 아니라 미래를 대표하는 기회의 공간으로 한발씩 다가오고 있다.

'국가공원'으로 변신할 예정인 용산공원은 생태를 복원한 도심 속의 자연치유 공간을 추구한다. 공원화 과정에서 용산기지를 둘러싼 공간의 역사성과 장소성을 회복하여 이곳이 한반도 거주자의 역사치유 공간으로 거듭났으면 한다. 또한 대한민국 수도 서울의 도심 한 복판에 있는 그 공간의 역사성과 장소성을 통해 '미래 한반도'의 모습을 상상하고 느낄 수 있게 감성을 충전하는 공간으로 변신했으면 한다. 진정한 역사치유와 회복은 역사 자료와 삶의 기록을 바탕으로 발휘할 수 있는 상상력과 감수성을 통해 지름길을 찾을 수 있다. 이 책을 기획한 이유이다.

제3권은 제1권(1905~1945), 제2권(1945~1949)에 이어 한국전쟁 때 용산기지의 역사가 수록되어 있다. 한국전쟁에 휩쓸려 용산기지와 그 일대가 파괴된 모습과 주한미군이 반영구기지로 복원하는 모습을 사진과 도면, 지도로 담았다. 더불어 제3권은 용산기지와 직접 관계 없지만 판문점에서 한

국전쟁을 마무리한 정전협정의 과정을 이해할 수 있는 사진들을 모았다. 독자 여러분은 일본군 용산병영의 원형과 파괴된 이후 재건된 용산기지의 모습을 제1, 2권도 참조하며 비교해 보면 반환될 용산기지의 모습을 근거 있게 예측하는데 도움이 될 수 있을 것이다.

미군은 한국전쟁 때 파괴되어 사용할 수 없는 건축물을 제외하면 일본군 용산병영의 건축물을 그대로 사용하였다. 기지 내 공간도 일본군이 건설한 도로를 축으로 구분하였다. 한국전쟁 기간에 미군이 새로 건설한 도로는 없었다. 다만, 용산기지 안밖의 사정과 연관되어 공간의 중심이 위쪽으로 이동했을 뿐이다. 주한미군은 그곳을 메인포스트라 명명하였다.

이번에도 김천수 학형의 노력으로 용산기지와 관련한 사진의 뒷면에 있는 내용을 번역하여 공개하였다. 사진 자체의 사료적 가치에 주목했기 때문이다.

제3권은 신주백과 김천수가 2017년 4월과 2018년 4월 미국 메릴랜드에 있는 국립문서보관소(NARA)에 가서 수집한 사진과 도면, 지도를 기본으로 구성하였다. 사진집을 기획하는 과정에서 부족한 자료는 국사편찬위원회의 협조를 얻었다. 첫 번째 미국 조사는 우리 두 사람이 노력한 결과였지만, 두 번째 조사는 한일사료주식회사 차상석 부회장의 전적인 후원이 있어 가능하였다. 우리의 부족한 자료를 채우는 데 도움을 준 국사편찬위원회 관계자분과 전갑생 선생에게 감사드린다. 이번에도 자료집 발간에 도움을 주신 용산문화원장(박삼규)에게도 감사드린다.

코로나19로 모두가 힘든 시기를 보내고 있다. 그런 가운데서도 돌아올 용산기지의 미래를 상상할 수 있게 활동을 계속해 오고 있는 사람들도 많다. 맡은 직무 때문인 사람들도 있고, 자발적으로 탐구하는 열정적인 사람들도 있다. 이들을 포함해 용산기지에 관심을 두고 있는 모든 이가 더욱 풍성한 '상상의 날개'를 다는 데 제3권이 조그마한 보탬이라도 되었으면 하는 바람이다. 또 한반도와 동아시아의 고착화한 분단체제에 균열을 일으키는 아주 미세한 자극제라도 되었으면 하는 소망도 더 보태본다.

2021. 6. 25.

정전협정 68주년을 맞이하며
신주백 씀.

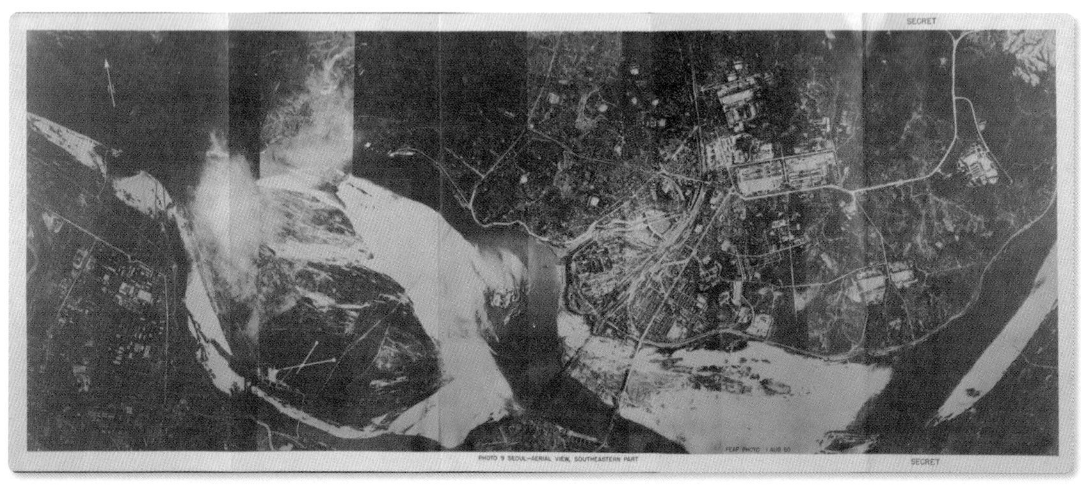
SECRET
FEAF PHOTO 1 AUG 50
PHOTO 9 SEOUL-AERIAL VIEW, SOUTHEASTERN PART
SECRET

제Ⅳ부

제Ⅴ부

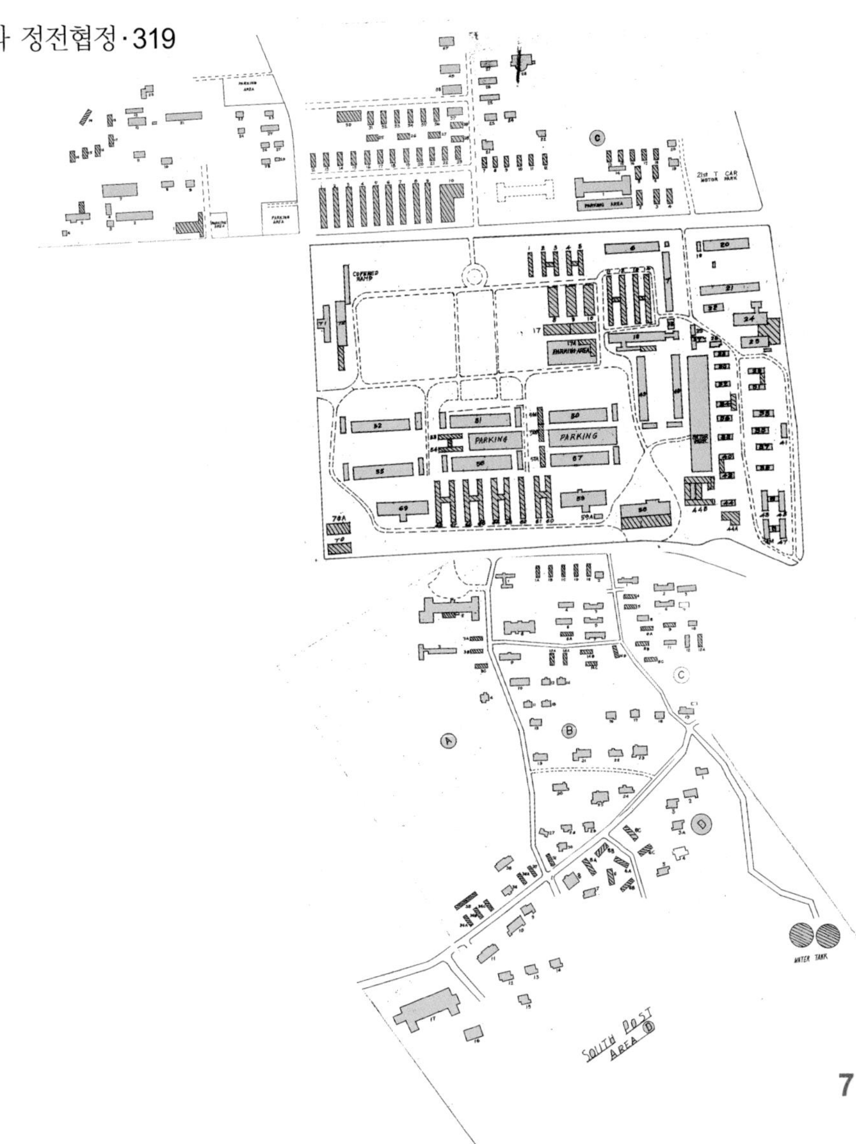

한국전쟁기 용산기지, 미국 냉전전략의 동아시아 최전방 지휘부가 들어서다

1949년 6월 29일 인천항을 통해 마지막 미군부대가 철수하였다. 용산기지의 땅에 관한 권리는 한국정부로 넘어왔다.

미군이 철수한 다음 날인 7월 1일, 주한미군사고문단(KMAG)이 용산기지에 자리를 잡았다. 군사고문단은 일본군 17방면군사령부와 조선군관구사령부가 사용하던 건물에 한국군 국방부 및 육군본부와 함께 청사를 두었다. 군사고문단은 사병과 장교의 클럽만이 아니라 개인이나 기혼자 가족이 일상 생활을 누릴 수 있게 학교, 교회, 보건소 등 모두 110개 동을 사용하였다.

김천수의 《용산기지의 역사를 찾아서 - 6.25전쟁과 용산기지》(용산구청, 2020)에 따르면, 한국군 7사단이 창설된 곳도 용산기지였고, 7사단이 의정부로 이동한 이후 들어선 수도경비사령부도 용산기지에 있었다. 국방부와 육군본부도 1949년 6월 30일 용산기지로 이전하였다. 서울 영등포에서 창설된 포병학교, 포병사령부는 11월 20일 캠프코이너로 옮겼다.

그러나 1950년 6월 25일 새벽 북한군의 기습 선제공격은 용산기지의 상황을 완전히 뒤바꾸어 놓았다.

1. 한국전쟁의 발발과 서울 거주 미국인

북한군의 공격에 서울의 미국인 사회는 매우 기민하게 움직였다. 전쟁이란 긴박한 상황 때문이기도 했지만, 유사시 어떻게 대응해야 하는가에 대한 메뉴얼이 있었기 때문에 가능한 움직임이었다. 도쿄에 있던 미극동군사령부는 1949년 6월 21일 5백명 가까이 되는 군사고문단을 비롯해 2천여 명 가량의 미국인을 철수할 계획을 이미 마련해 놓았던 것이다.

6월 25일 밤 11시경 무초 주한미대사는 미국인의 철수를 명령하였다. 여성과 어린이는 세 시간 안에 서빙고 용산기지의 지정된 장소로 모이라고 지시한 것이다. 그 사이 대사관과 군사고문단 사이에서는 부녀자만이라도 인천으로 피신시키자는 의견, 군 비행기로 즉각 철수하자는 주장, 기차와 자동차로 부산까지 가서 철수하자는 의견 등이 나왔지만, 서울 거주 미국인은 26일 새벽부터 버스로 인천항에 도착하였다. 북한군 비행기가 기습하면 대규모 인명피해가 발행할 수 있다고 우려한 무초 대사의 의견에 따라 682명은 노르웨이 화물선 라인홀트호를 타고 미제5공군의 엄호를 받으며 후쿠오카 근처의 고쿠라(小倉)으로 피난하였다. 이미 화물이 가득찬 화물선에 그렇게 많은 사람이 3일 동안 콩나물 시루처럼 잔뜩 타고 있었으니 고쿠라에 도착하자마자 50여 명이 병원에 갈 정도로 아픈 사람이 많을 수밖에 없었다. 그래도 이들은 운이 좋은 편이라고 할 수 있지 않을까. 이후 29일까지 도합 2천여명의 미국인이 배와 수송기 편으로 한국을 떠났다.

서울에 거주하는 외국인 가운데 미국인이 가장 먼저 철수할 수 있도록 지휘한 무초 대사는 6월 27일 직원들과 함께 수원 방향으로 이동하였다. 500명에 가까운 군사고문단도 대사관의 철수 움직임에 호응하여 33명의 기간요원만 남기고 27일 수원에서 일본으로 떠났다.

그런데 대사관과 군사고문단 관계자들은 단 한 명의 실종자만 나왔을 정도로 일본으로 미국인을 피난시키는 데 성공했을지 모르겠지만, 물질적인 부분에서도 그만큼 일 처리를 깔끔하게 마무리했던 것 같지 않다. 미국정부와 개인이 소유한 자동차 1,500여대, 2만 갤런의 휘발유, 4만 달러 정도 가격이 되는 석유, 10만 달러에 상당하는 식료품을 그대로 놓아두고 철수했으니까. 그것은 고스란히 북한군의 전쟁 물자로 이용되었다. 더구나 주한미대사관은 기밀문서를 모두 소각했으면서도 대사관에 근무한 한국인 직원 관계 서류를 그대로 두고 떠났다. 서울을 점령한 북한군이 이 서류철을 가지고 '미제국주의자의 앞잡이' 한국인 직원을 찾는 바람에 곤욕을 치룬 사람들이 있었다. 전쟁이 일어날 당시 대사관을 비롯한 주한미국 기관에 근무하는 한국인 직원은 2백여명 정도였다고 한다.

2. 용산역 일대의 피해와 용산기지

텅 빈 용산기지는 북한군 지휘부가 주둔한 곳으로 바뀌었지만, 미군이 용산기지 일대를 표적으로 삼는 데는 그리 긴 시간이 필요하지 않았다. 일본에 있던 미 극동공군은 B-29를 출격시켜 6월 29일과 30일 한강 이북의 서울역을 비롯해 도심을 폭격하였다. 이때 북한군이 투숙하고 있던 곳(오늘날 캠프코이너, 전쟁 직전까지 한국군 포병사령부 주둔지)도 폭격을 받았다. 극동공군은 7월 8일에도 한강철교를 폭파하여 세 개의 철교 중 두 개를 사용할 수 없게 만들었다. 그들은 교량폭격으로 북한군 병력이 남쪽으로 이동하여 전력을 강화하거나 보급품을 수송하는 데 지장을 초래했다고 평가하였다.

김태우의 《폭격》(창비, 2013)에 따르면, 극동공군의 본격적인 폭격은 7월 1일자 지침 곧, 한강 이남을 따라 형성된 폭격선의 북쪽지역에 있는 목표물을 공격하는 데 아무런 제한을 두지 않는다는 방침에 따라 실행되었다. 폭격선 북쪽지역의 도심 폭격도 언제든지 가능하게 된 것이다.

새로운 지침의 첫 목표 도시가 7월 13일에 폭격했던 원산이었다면, 두 번째 목표지점이 7월 16일에 폭격했던 용산역 일대의 조차장과 철도역이었다. 47대의 B-29폭격기는 모두 합쳐 225킬로그램이나 되는 1,504발의 폭탄을 융안폭격 방식으로 '꽃밭에 물을 주듯이' 용산역과 서울역 일대에 투하하였다. 이때의 폭격으로 용산역 일대의 철도시설 80%가량이 파괴되었다. 당시 우연히 남산 능선에서 1시간가량 폭격 장면을 목격한 손정목은, 피해지역이 용산구 이촌동에서 후암동, 그리고 원효로에서 마포구 도화동과 공덕동에 이른다고 회상하였다. 때문에 철도 관련 시설만이 아니라 조선서적인쇄주식회사 등과 같은 민간 시설도 파괴되었다. 극동공군의 용산역 일대 폭격은 이후에도 계속되어 8월에만도 4일, 5일, 20일, 21일, 25일에 있었다.

폭격은 많은 민간인의 희생을 동반하였다. 대한민국 공보처 통계국의 조사에 따르면, 전쟁이 일어난 때부터 9월 28일 서울 탈환 때까지 서울지역 사망자는 공중폭격(4,250명), 총격 및 포격(2,378명), 피살(1,721명), 화재(445명) 때문이었다. 공중폭격이 가장 주요한 사망 이유였던 것이다. 공중폭격 사망자 가운데 용산구민은 2,706명으로 가장 많아, 두 번째로 많은 서대문구의 518명보다 3배가량이나 되었다.

한편, 미 극동공군이 1950년의 시점에 용산기지 자체를 폭격 대상으로 선정했던 것 같지는 않다. 용산역에서 서울역 사이의 철도시설 등을 육안폭격 방식으로 폭격하는 과정에서 낮은 적중률 때문에 기지의 시설물 일부가 파괴되었다. 국군과 유엔군이 서울을 탈환할 때도 서빙고 방면으로 상륙하여 곧장 남산 방향으로 진격하며 벌인 북한군과의 전투로 용산기지의 일부가 피해를 입었을 것이다. 그러다 1951년 1.4후퇴 때 용산기지의 주인이 바뀌었고, 다시 그해 3월 15일 국군과 유엔군이 서울을 재탈환하면서 또 주인이 바뀌는 과정에서 용산기지도 막대한 피해를 당하였다. 그 사이 다량의 박격포 포격와 소화기 사격이 용산기지에 가해졌다. 기지 시설물 자체를 목표로 하는 항공폭격도 있었다. 이즈음 용산기지의 영구건조물에 막대한 피해가 있었다.

어느 날에, 그리고 어떤 싸움과 폭격으로, 용산기지가 피해를 봤는지 구체적으로 확정하기는 어렵지만, 극동공군이 1951년 1월 28일 찍은 항공사진을 비롯해 이번 사진집에 실린 사진들을 종합하면 그 피해 상황을 어렴풋이 짐작해 볼 수 있다. 1년도 안 되는 전쟁 기간에 피해를 본 용산기지의 현황을 간략히 정리하면, 일본군 제17방면군사령부(미7사단 사령부, 한국군 국방부 및 육군본부) 건물 대다수가 파괴되었다. 일본군 기병연대와 공병연대가 주둔한 병영(오늘날 주한미군 커미서리 부지와 수송부 부지)의 일부도 파괴되었다. 삼각지에서 지하철 1호선 남영역까지 사이의 한강대로 양측에 있던 일본군 육군창고(오늘날 주한미군 캠프킴)의 일부와 그 건너편 일본군 야포병연대(오늘날 캠프코이너) 건물 대부분이 파괴되었다. 지하철 삼각지역에서 녹사평역 사이의 도로를 경계로 북측에 있었던 일본군 보병 78,79연대의 건물(오늘날 전쟁기념관, 한미연합사 일대)도 일부 파괴되었다.

3. 용산기지, 미군의 임시기지에서 반영구기지로

서울이 탈환된 직후부터 용산기지의 건물이 어느 용도로 사용되었는지 정확히 알기 쉽지 않다. 군대가 있던 곳이었으니 피난민들이 함부로 들어설 곳은 아니었겠지만, 국군과 유엔군이 1951년 여름에서 겨울까지 이곳을 어떻게 활용했는지는 확인해보아야 할 과제이다.

사료상으로 용산기지를 복구하여 어떻게 활용할 것인가에 관한 구상이 처음 드러난 시점은 1952년 1월이다. 밴플리트 미8군사령관이 용산기지 등을 시찰하면서였다. 그때까지 한국전쟁은 매일 치열하게 전개되는 진지전이자 고지전으로 막대한 인명피해가 발생하고 있는 한편에서, 1951년 7월부터 판문점에서 휴전을 위한 협상이 진행되는 양상으로 전개되고 있었다. 유엔군과 국군은 전방에서 중공군과 북한군에 대한 공세적 작전보다 그들의 공세를 적극 방어하는 전술을 구사하며 전쟁 상황을 관리하였다. 대한민국정부가 통치하는 지역에서 빨치산은 전세를 뒤집을 정도의 위력을 이미 상실하였다. 때문에 후방 지역에서는 일상으로의 복귀가 이루어지고 있었다. 미군으로서는 전방 부대에 대한 병참지원 업무가 가장 중요했지만, 그에 못지않게 그들이 부담을 느끼고 있던 일은 15만명에 달하는 전쟁포로를 관리하는 업무였다. 또한 경제활동 전반에 걸친 전후복구와 원조, 피난민 관리, 공중위생과 교육 등 매우 광범위한 민사업무도 빼놓을 수 없다.

이에 미 극동군은 전방과 후방에서 각자의 업무를 전담할 수 있는 별도의 지휘부를 두기로 결정하였다. 1952년 7월 10일 8군사령부의 기능을 분리한 것이다. 이에 따라 8군사령부는 전방에서 전쟁에 전념하고, 한국후방관구사령부는 병참지원, 민사업무, 포로관리, 빨치산토벌 등을 담당하며 한국정부와 협력 관계를 유지하는 데 집중하였다. 분리된 임무를 원만하게 처리하기 위해 한국후방관구사령부는 원래 8군사령부가 있던 대구에 설치되었고, 재편된 8군사령부는 전방지휘소가 있는 종로구 동숭동에 있던 서울대 문리대 건물에 지휘부를 두었다.

미군측 전쟁지휘부가 재편되는 그즈음 용산기지를 복구하는 계획도 착착 다듬어져 갔다. 3월경 24건설공병단은 용산기지의 파괴된 잔해들을 정리하는 한편, 8군사령부에 최초의 복구 계획을 제출하였다. 이때로부터 1954년 1월 테니스코트와 볼링장 공사가 끝날 때까지 용산기지 복구의 역사는 〈용산기지 프로젝트 역사(Project History of The Yongsan Military Reservation)〉(1954년경 작성 추정) 문서에 개괄적으로 잘 정리되어 있다.

용산기지의 현황을 조사하고 복구 계획을 현실에 맞게 구체화하는 작업은 1952년 8월 25일 8군사령부가 24건설공병단에 지시하면서 시작되었다. 실질적인 작업을 위해 공병단 산하의 79건설공병대대가 9월 1일 용산기지로 이동하였다. 이즈음 22통신부대도 오늘날 캠프코이너에 주둔하였다.

이후 8군사령부는 '용산기지 재배치 최종 계획'을 수립하고 4단계로 나누어 기지를 복구하려고 하였다. 하지만 건설자재가 부족하고 공병대 운영에도 여유가 없어 계획이 미뤄지거나 수정하는 일이 빈번하게 일어났다. 적의 공중 위협도 있어 8군사령부와 5공군사령부를 1952년 말까지 용산기지로 이전하려던 계획까지 연기할 정도였다.

어려운 와중에도 1953년 1월까지 복구한 건물이 146동, 신축한 건물이 126동이었던 데서 알 수 있듯이, 용산기지의 복구는 건물을 새로 짓기보다 일본군 건물을 복구하여 사용하는데 더 비중을 두었다. 그렇다고 건설자재의 부족이 해소되지 않았다. 24건설공병단은 건설 인력을 효율적으로 운영하며 사용할 수 있는 자재를 최대한 활용하고자 4단계 복구계획을 취소하였다. 대신에 건물을 4개의 그룹으로 구분하고 입주 우선 대상자들을 그에 맞추어 그룹별로 1-4순위까지 나누었다. 이에 따라 헌병중대, 법무실, 우편부대, 통신부대가 1순위 입주 대상이었다. 스넥바, 성당, 매점, 도서관, 극장, 의무실과 같은 공용시설과 사령부 지원부서 등이 2순위 입주 대상으로 분류하였다. 변경된 계획에 따라 석조건물 132동의 복구와 117동의 건물을 신축하는 계획이 수립되었다. 79건설공병대대는 8월까지 4순위 입주 대상 조직들의 건물 공사도 모두 완공하였다.

마침내 9월 15일 동숭동의 서울대학교 문리과대학 교사에 있던 8군사령부도 용산기지로 이전하였다. 물론 미군은 이때까지도 난방, 도로, 체육시설, 간이식당 등을 완공하지 못했다가, 계획한 공사를 1954년 1월까지 일단 모두 마무리하였다. 군사업무와 일상생활이 공존하는 주한미군만의 배타적 전용공간인 용산기지의 시대가 열린 것이다.

4. 미군기지로서 용산기지의 맥락 읽기

일본군에게 용산병영은 대륙침략의 최전방 지휘부가 있던 거점이었다면, 미군에게 용산기지는 소련 중국 북한을 상대하는 수직적 동아시아 군사동맹망에서 한 축을 담당하는 최전방 지휘부가 주둔한 곳이었다. 일본제국주의의 용산병영은 조선에서 식민지 지배체제를 유지하는 최후의 보루였다면, 미군에게 용산기지는 세계적인 차원에서 전개된 냉전적 군사대결의 최전방이었다.

미군에게 용산기지는 한미상호방위조약에 따라 한반도라는 공간으로 제약될 수밖에 없는 임무를 수행하는 핵심 공간이었다면, 오키나와기지는 미군이 동아시아에 군사적으로 개입할 수 있는 거점이었다. 한국전쟁과 제2차 인도차이나전쟁 때 오키나와 가데나 공군기지에서 출격한 B-29, B-52 폭격기의 군사작전이 하나의 보기일 것이다.

미군은 기지를 건설할 때 기본적으로 식민지 유산을 적극 활용하였다. 용산기지를 비롯해 대한민국에 설치된 미군기지는 일본군이 영구 주둔하기 위해 건설한 곳에 들어섰다.

미군으로서는 한국전쟁의 와중이었으니 더더욱 신속하게 주둔문제를 처리할 수 있었다. 용산 이외에도 부산, 대구, 평택의 미군기지가 그런 곳이었다. 미군은 타이완과 싱가포르에서도 일본군과 영국군의 군사기지를 자신의 기지로 만들어 사용하였다. 동아시아를 벗어난 지역에서 미군은 1960년대까지만 해도 영국군이 철수한 자리에 진출하여 군사기지를 설치한 경우가 많았다. 미군은 대영제국의 식민지 네트워크를 이용하여 세계에서 유일하게 군사기지네트워크를 형성할 수 있었던 것이다. 그 공간들은 용산기지처럼 식민과 냉전의 중층성이 강하게 온존한 곳이었다. 미군에게 한국전쟁은 그것을 결정적으로 촉진한 역사적 경험이었다.

5. 판문점, 한반도형 분단체제의 응결점이자 평화의 숨구멍

판문점의 설치가 주한미군 용산기지의 재건과 직접 관계는 없지만, 이번 사진집에서 한국전쟁을 마무리한 판문점 회담이 열린 장소에 주목한 이유는, 용산기지가 한반도 분단체제의 정치군사적 정점이라면, 판문점은 지리군사적 정점이어서다. 한반도 분단체제에 주목한다는 의미를 사진집의 전체 시리즈에서 부각해 놓기 위해 판문점의 형성을 알 수 있는 사진들을 특별히 모아보았다. 해제는 2018년 판문점 남북정상회담이 열리는 날 한겨레신문 2018년 4월 27일자에 신주백이 쓴 판문점의 역사에 관한 글의 일부를 그대로 전재하였다.

판문점이란 유엔군사령부와 북한군이 함께 관리하는 공동경비구역(JSA)을 한데 묶어 부르는 말이지 특정 건물의 명칭이 아니다. 판문점은 서울로부터 서북쪽으로 62㎞정도 떨어져 있다. 행정구역으로 따지면 판문점을 가로지르는 군사분계선 이북은 개성직할시 판문군 판문점리에 속한다. 하지만 군사지역이어서 지적도가 없는 이남은 파주시 진서면 어용리, 또는 군내면 조산리라고도 말한다.

전쟁을 멈추기 위한 첫 예비회담은 1951년 7월 8일 개성에서 열렸지만, 그 해 10월28일부터 1953년 7월27일 유엔군, 북한군, 중국군이 정전협정에 서명할 때까지 회담은 장단군 진서면 어룡리의 판문점에서 열렸다. 지금의 판문점에서 개성쪽으로 1km이상 떨어진 곳이다. 원래 널문다리(板門橋)가 있고 널문리의 주막이 있던 곳에 세운 회담장을 한문으로 판문점(板門店)이라 하였다. 회담장에 오는 중국 대표에 대한 배려였다. 판문점 일대는 중립지대여서 적과 아를 구분하지 않고 자유롭게 다닐 수 있었다. 그래서 미군측은 회담이 진행되는 도중에 그곳을 '평화캠프(peace camp)'라 불렀다. 그 옆의 38선에서는 산 하나를 차지하기 위해 양측이 엄청난 희생을 치루고 있는 와중이었다.

회담 장소로 사용할 때만 해도 판문점은 임시장소였다. 그곳에 가건물을 짓던 군인들도 현지의 주민들에게 '회담이 끝날 때까지 한 달만 나가 있어 달라'고 요청하였다. 주민들은 집문서를 항아리에 담아 땅속에 묻어 두고 옷가지만 몇 점 챙겨 든 채 마을을 나왔지만, 그게 고향에서의 마지막이었다.

회담 기간 미국 제5공군 조종사들은 바빴다. 회담 진행경과를 도쿄에 있는 유엔군사령부에 직접 전달해야 했기 때문이다. UP통신, AP통신 등의 기자와 사진작가를 태운 특별열차가 서울에서 개성의 예비회담장이 있는 판문점까지 운행되던 때도 있었다. 기차에는 간단한 '뉴스 편집실(city room)'도 있었다. 그때도 한반도 문제는 세계의 이목을 모은 이슈였던 것이다.

정전회담은 예비회담을 포함하여 2년 19일 동안 1076회 진행되었다. 하지만 그렇게 수많은 회담이 있었음에도 정작 한국군은 정전협정에 서명하는 주체가 아니었다. 판문점도 우리가 주권을 행사할 수 있는 공간이 아니었다.

판문점이 있는 공동경비구역은 중립지대이므로 군사분계선이 없고, 유엔사 군인과 북한군이 자유로이 다니는 공간이었다. 장교만이 권총을 찼고, 나머지는 총기를 휴대할 수 없었다. 그런데 1976년 판문점이 생긴 이래 처음으로 사람을 죽인 '8 · 18판문점도끼만행사건'이 일어났다. 북한군이 '돌아오지 않는 다리'에 있는 미루나무의 가지치기 작업을 경비하던 유엔사 소속 군인을 공격하며 미국 장교 2명을 살해하고 미군과 한국군 6명을 다치게 한 것이다. 일본에서 휴가 중이던 주한미군 사령관이 여객기 대신 전투기 뒷좌석에 앉아 돌아왔을 정도로 상황이 긴박했다.

이 사건은 한반도에서 데탕트 분위기를 소멸시키고, 유엔총회에서 매년 논의되던 '한반도 문제'라는 의제를 사라지게 했다. 판문점에도 획기적인 변화를 일으켰다. 오늘날 언론을 통해 흔히 접하는 모습인 군사분계선을 경계로 양측의 경비대원이 서서 경비하는 방식이 도입되었다. 이에 따라 군사분계선 남쪽에 있던 북한군 경비초소 4개가 철거되고, 군사정전위원회가 열리는 회의실 안의 책상에도 군사분계선이 표시되었다. 병사들도 무장하였다.

판문점에는 정전협정을 잘 이행하고 있는지를 감독하고 위반한 사건을 협의하여 처리하기 위한 기구로 북한과 유엔사 대표가 참가하는 군사정전위원회(MAC)와 4개국의 중립국감독위원회(NNSC)가 있었다. 하지만 38도선에서의 긴장만큼이나 불안정한 이 기구들은 무력충돌을 막을 수 없었다. 중립국감독위원회는 1957년 6월부터 기능이 정지됐고, 군사정전위원회는 1991년 2월 제459차 회의를 마지막으로 중단됐다. 유엔사에서 한국군 장성을 수석대표로 임명하자 북한측이 회의를 거부했고, 중국측도 1994년 파견 위원을 철수시켰다.

제 I 부

한국전쟁의 시작 _1950년

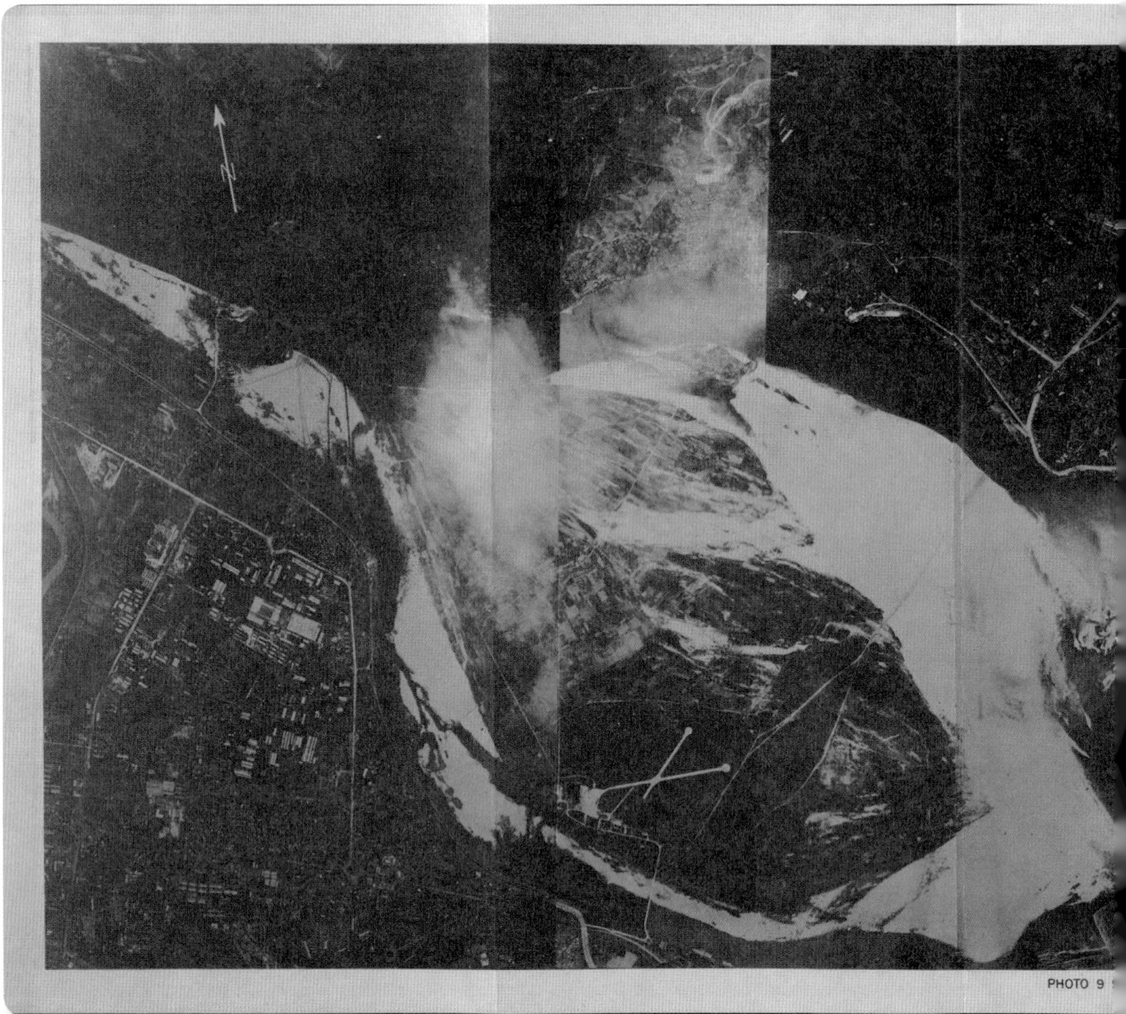

PHOTO 9

Entry A1-48 Box8(RG554)

사진 9. 서울 동남부 지역 항공 전경(1950. 8. 1 촬영)

*해제: 미극동공군이 북한군 점령 하의 서울 용산과 여의도 일대를 항공촬영한 사진이다. 오른쪽 하단에 'SECRET(비밀)'이라고 표시되어 있다.

AIR FORCE ACTIVITIES - Korea - 1950 -
AERIAL - Seoul (over)

Copied 15 Sep. 1950 from print rec'd from DOD - OPI. Used to accompany National Release, 19 Sep. 1950.

NASM 4A 25719

+77492A.C.

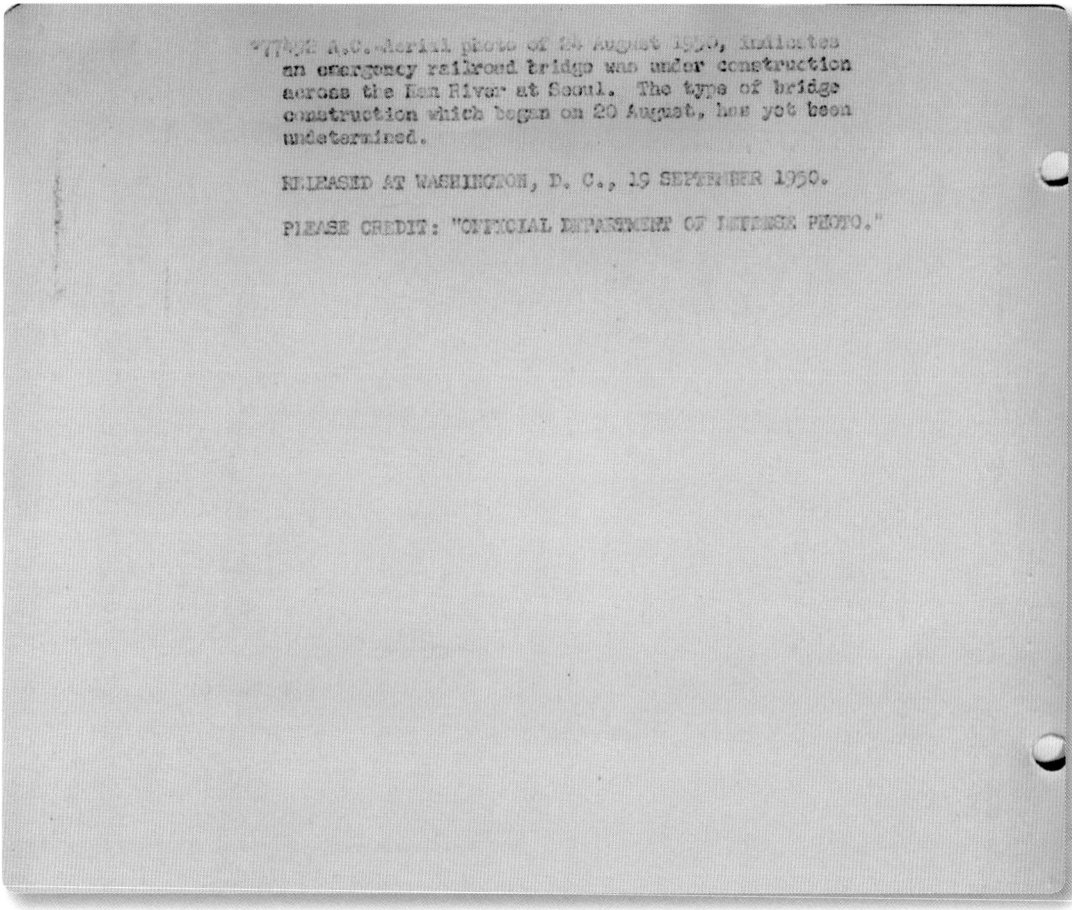

[illegible] A.C.-Aerial photo of 24 August 1950, indicates an emergency railroad bridge was under construction across the Han River at Seoul. The type of bridge construction which began on 20 August, has yet been undetermined.

RELEASED AT WASHINGTON, D. C., 19 SEPTEMBER 1950.

PLEASE CREDIT: "OFFICIAL DEPARTMENT OF DEFENSE PHOTO."

#NASM 4A 25719(RG 342)

미공군이 1950년 8월 24일 촬영한 한강철교 일대 항공사진

1950년 8월 24일의 항공사진은 서울의 한강을 가로지르는 비상 철교가 건설 중임을 보여준다. 8월 20일에 시작한 교량 공사의 종류는 아직 확인되지 않았다. 1950년 9월 19일 워싱턴 D.C 에서 배포.(1950. 8. 24 촬영)

＊해제: 6·25 개전 직후 한강의 다리들은 모두 파괴된 것이 아니었다. 한강 인도교와 경인철교 하행선, 경부복선철교 상행선은 완전히 끊겼다. 그러나 경인철교 상행선과 경부복선철교 하행선은 온전했다. 북한군은 이 다리를 이용해 사흘 후 한강을 넘어갔다. 이에 미공군은 북한군의 진격과 보급로를 차단하고자 한강철교를 폭파하려고 시도했다.

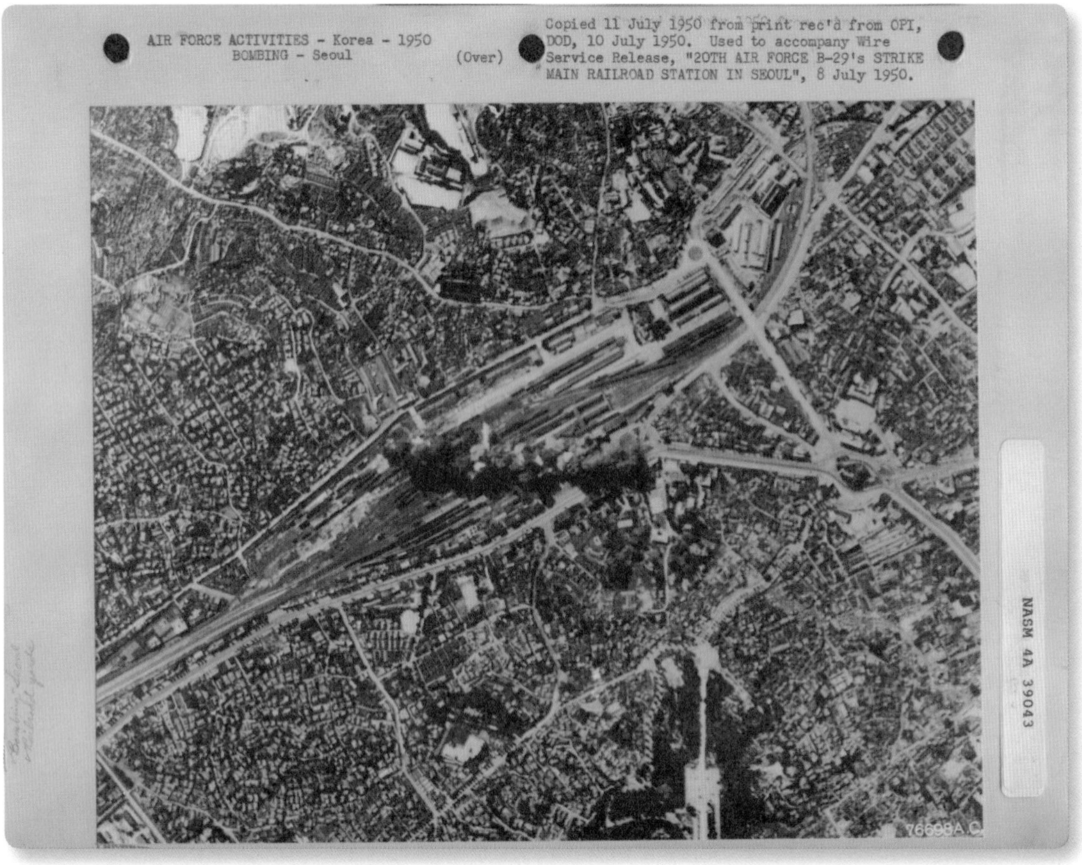

AIR FORCE ACTIVITIES - Korea - 1950
BOMBING - Seoul (Over)

Copied 11 July 1950 from print rec'd from OPI, DOD, 10 July 1950. Used to accompany Wire Service Release, "20TH AIR FORCE B-29's STRIKE MAIN RAILROAD STATION IN SEOUL", 8 July 1950.

NASM 4A 39043

76698A.C.

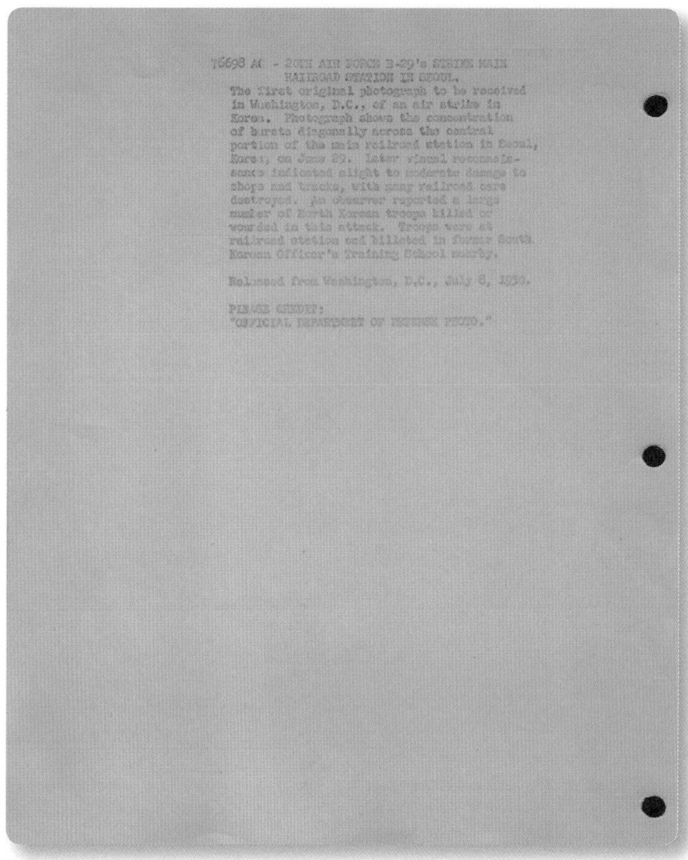

76698 AC - 20TH AIR FORCE B-29's STRIKE MAIN RAILROAD STATION IN SEOUL.
The first original photograph to be received in Washington, D.C., of an air strike in Korea. Photograph shows the concentration of bursts diagonally across the central portion of the main railroad station in Seoul, Korea, on June 29. Later visual reconnaissance indicated slight to moderate damage to shops and tracks, with many railroad cars destroyed. An observer reported a large number of North Korean troops killed or wounded in this attack. Troops were at railroad station and billeted in former South Korean Officer's Training School nearby.

Released from Washington, D.C., July 8, 1950.

PLEASE CREDIT:
"OFFICIAL DEPARTMENT OF DEFENSE PHOTO."

NASM 4A 39043(RG 342)

미공군이 서울역을 폭격 중인 모습

한국 공습에 관해 워싱턴으로부터 받은 최초의 원본 사진은 6월 29일의 폭발이 서울 철도역 중앙 대각선으로 가로질러 집중했음을 보여준다. 이후 육안 정찰에 따르면 많은 철도의 차량이 파괴되면서, 건물과 선로에 경미하거나 혹은 중간 정도의 피해를 준 것으로 나타났다. 한 관찰자는 이 공격으로 많은 수의 북한군이 죽거나 부상당했다고 보고했다. 북한군 부대는 철도역에 있었고 근처의 전 한국군 장교 훈련 학교에 투숙했다.(1950. 6. 29 촬영)

＊해제: 북한군이 숙영한 전 한국군 장교 훈련 학교는 현 용산미군기지 캠프코이너를 말한다. 이곳은 일제강점기에는 일본군 야포병연대가 있었고 한국전쟁 발발 전까지 한국군 포병사령부와 포병학교 등이 있었다. 1952년 미군이 용산기지를 복구하고 재건할 때 가장 먼저 통신부대가 들어와 주둔한 곳이다.

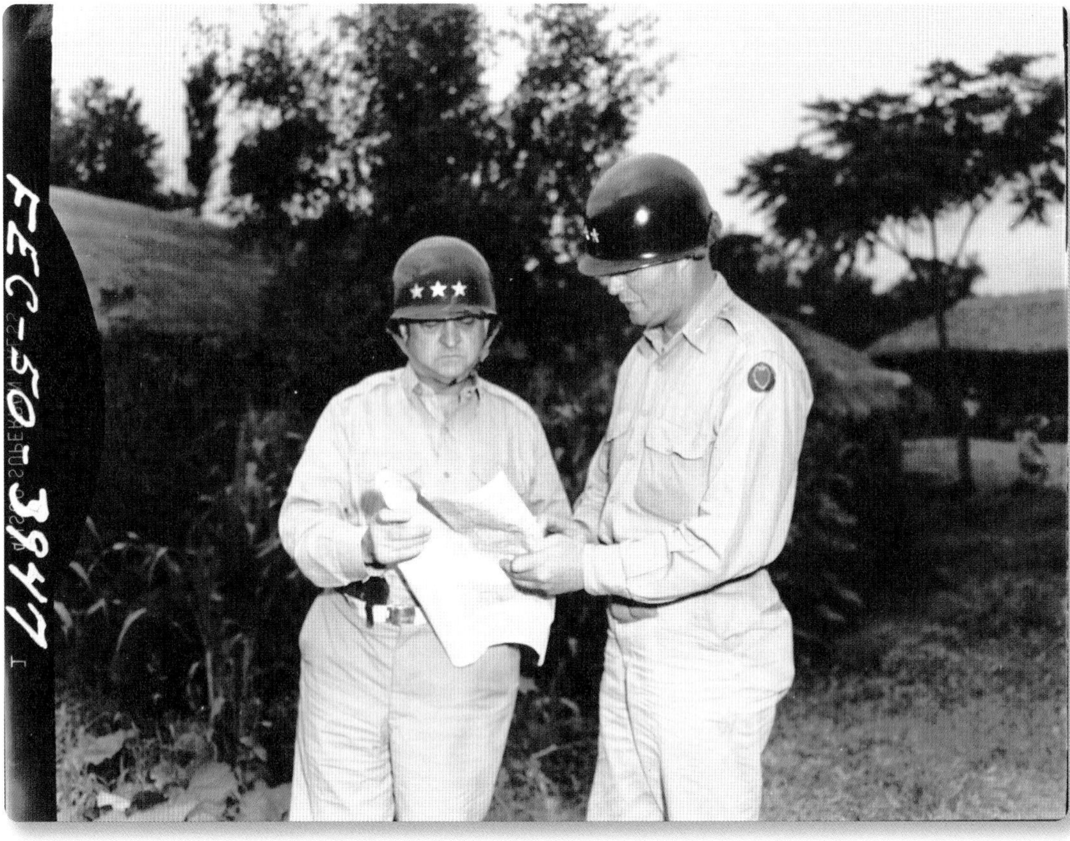

SC-343256 18578

FEC-50-3947 8 JULY 50

WAR IN KOREA:

LT. GEN. WALTON H. WALKER(LEFT) CG 8TH ARMY AND MAJ GEN. WILLIAM F. DEAN(RIGHT) CG 24TH INF DIV EXAMINE MAP NEAR THE FRONT LINES, SOMEWHERE IN KOREA.

U.S. ARMY PHOTO-PFC. HANCOCK(NOT RELEASED)

RELEASED FOR PUBLICATION

#SC 343256(RG 111)

전선에서 지도를 보는 미8군사령관 워커 중장과 미24보병사단장 딘 소장

한국전쟁: 미8군사령관 월턴 H. 워커 중장(왼쪽)과 제24보병사단장 윌리엄 F. 딘 소장(오른쪽)이 한국의 어느 전선에서 지도를 살펴보고 있다. (1950. 7. 8 촬영, 국사편찬위원회 소장)

AIR FORCE ACTIVITIES - Korea - 1950 - BOMBING (Over)

Copy negative received 10 July 1950 from OPI, DOD. Used to accompany Wire Service Release, "PLANES FROM THE FIFTH AIR FORCE DAMAGE RAIL-ROAD BRIDGE ACROSS HAN RIVER, KOREA", 8 July 1950.

NASM 4A 38757

76699 A.C.

INDEXED

PLANES FROM THE FIFTH AIR FORCE
DAMAGE RAILROAD BRIDGE ACROSS HAN
RIVER, KOREA.

In this sequence of photographs is shown the bomb damage inflicted on two of three railroad bridges southwest of Seoul. The purpose of the bombings was to deny access to the south banks of the Han River to North Korean forces and retard their build-up of supplies and troops across the river. Later visual reconnaissance from Far East Air Forces indicated that the three railroad bridges were damaged to the extent they are now unusuable. The concrete highway bridge also was destroyed with T.N.T. by U. S. personnel with Korean Military Advisory Group.

Released from Washington, D.C., July 8, 1950.

PLEASE CREDIT:
"OFFICIAL DEPARTMENT OF DEFENSE PHOTO."

NASM 4A 38757(RG 342)

미5공군이 한강철교를 폭파하는 모습

미5공군 소속 비행기가 한강을 가로지르는 철교에 피해를 입히다. 이 일련의 사진들은 서울 남서쪽에 있는 세 개의 철교 중 두 곳에 가한 폭격의 피해를 보여 준다. 이 폭격의 목적은 북한군이 한강 남안에 접근하는 것을 거부하고, 북한군의 보급품 및 군 병력의 증강을 지연시키기 위한 것이다. 이후 미극동공군의 육안정찰 결과, 세 개의 철교가 현재 사용 불가능할 정도의 피해를 입었음을 확인했다. 또한 미군사고문단을 포함한 미측 인원들이 콘크리트 고속도로 교량을 TNT로 파괴시켰다. 1950년 7월 8일 워싱턴 D.C 배포.(1950. 7. 8 촬영)

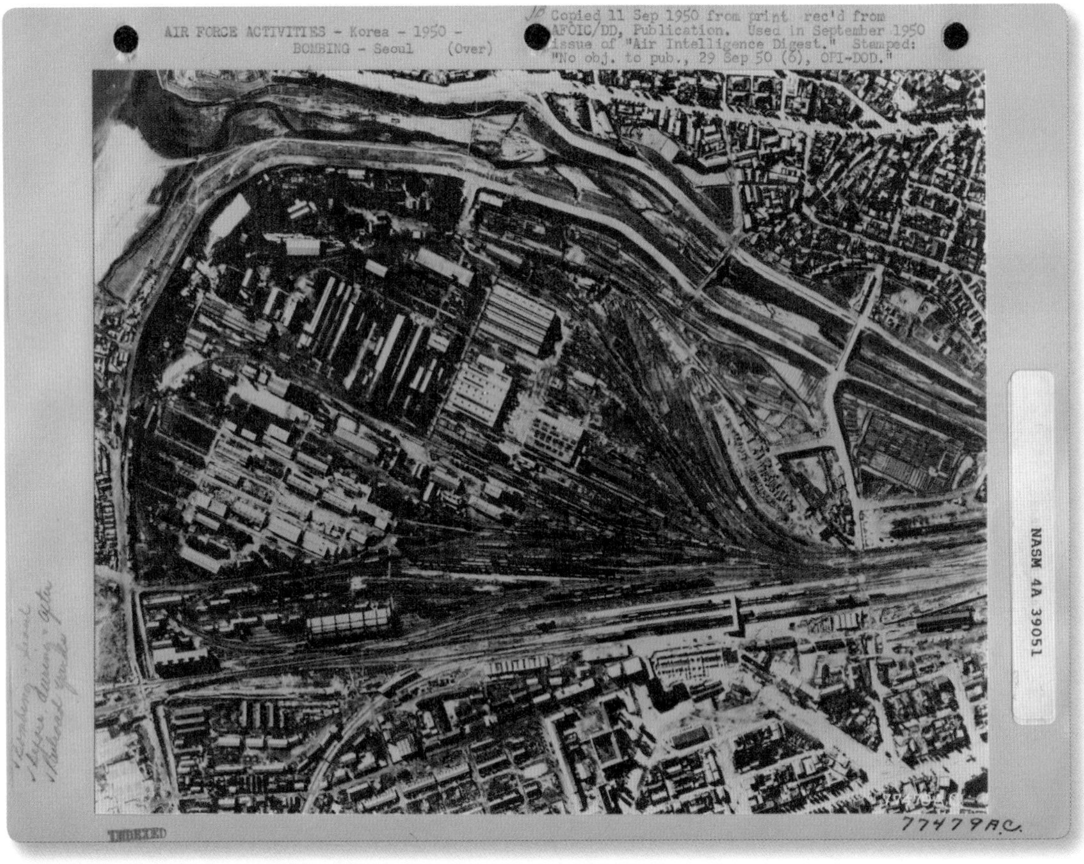

AIR FORCE ACTIVITIES - Korea - 1950 -
BOMBING - Seoul (Over)

Copied 11 Sep 1950 from print rec'd from AFOIC/DD, Publication. Used in September 1950 issue of "Air Intelligence Digest." Stamped: "No obj. to pub., 29 Sep 50 (6), OPI-DOD."

NASM 4A 39051

77479A.C.

INDEXED

BEFORE BOMBING OF THE RYUZUN RAILROAD SHOPS AND YARDS AT SEOUL. This important railroad center, with largest repair shops in Korea, formerly built 25 locomotives and 2,500 railroad cars annually. 16 July 1950.

NASM 4A 39051(RG 342)

폭격 전의 서울 용산 조차장 모습

폭격 전의 서울 용산 조차장. 한국에서 가장 큰 규모의 수리 시설을 갖춘 이 주요 철도 센터는 이전에 연간 2,500대의 철도 차량과 기관차 25대를 생산했다. (1950. 7. 16 촬영)

AIR FORCE ACTIVITIES - Korea - 1950 -
BOMBING - Seoul (Over)

Neg. and print rec'd 28 July 1950 from OPI, DOD.
Used to accompany National Press Release, 20
July 1950.

NASM 4A 39044

+76794A.C.

+76794AC.

During a recent air raid, Air Forces B-29s hit a railroad yard in Seoul, Korea.

NASM 4A 39044(RG 342)

미공군 B-29기의 서울 용산 조차장의 폭격 장면

미공군 B-29기들이 최근의 공중폭격에서 한국 서울의 철도조차장을 폭격했다.(1950. 7. 16 촬영)

*해제: 이 사진은 7월 20일 워싱턴에 배포되었다고 나오지만 1950년 7월 16일 용산 대폭격 당시의 장면이다. 참고로 7월 16일 극동공군 폭격기사령부 산하의 B-29 47대는 북한군의 철도시설 이용을 차단하려고 용산 철도조차장에 대폭격을 실행했다. 당시 미공군은 7월 16일 폭격을 통해 용산 일대 철도시설의 80퍼센트가 파괴되었다고 평가했다.

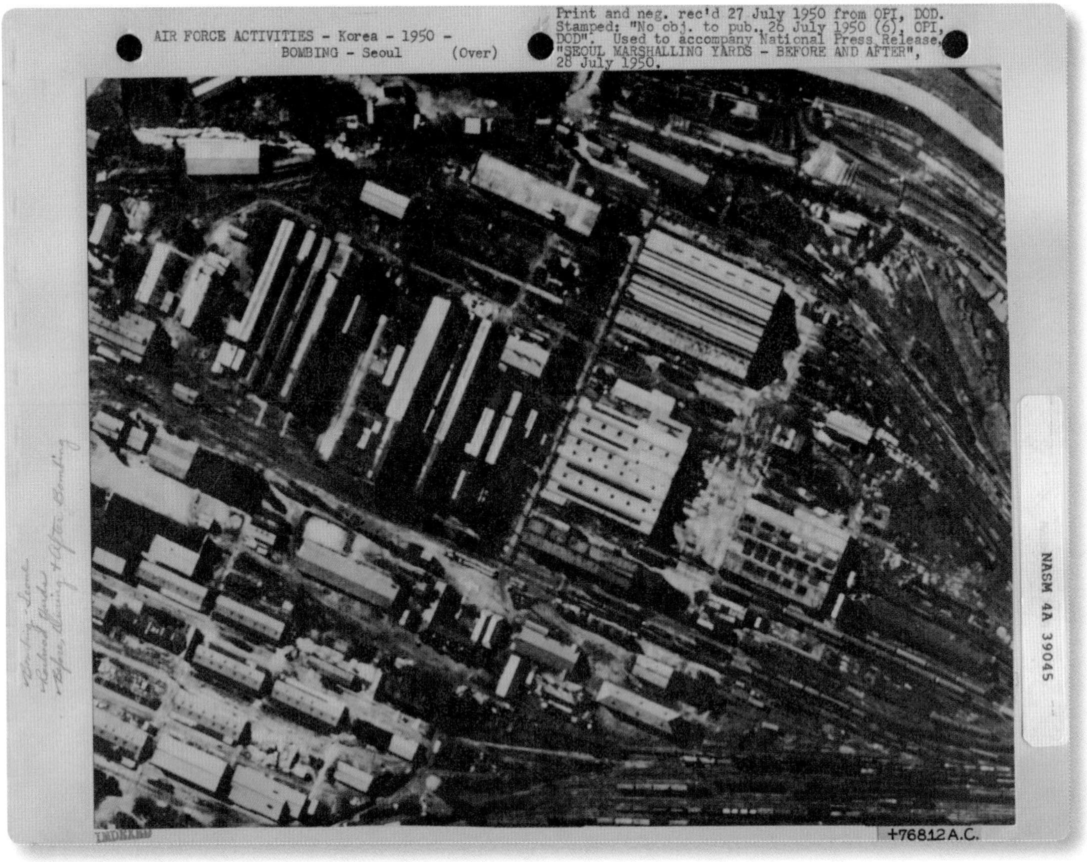

AIR FORCE ACTIVITIES - Korea - 1950 -
BOMBING - Seoul (Over)

Print and neg. rec'd 27 July 1950 from OPI, DOD. Stamped: "No obj. to pub. 26 July 1950 (6), OPI, DOD". Used to accompany National Press Release, "SEOUL MARSHALLING YARDS - BEFORE AND AFTER", 28 July 1950.

NASM 4A 39045

INDEXED

+76812 A.C.

* [illegible] Ryuzan marshalling yards at Seoul, Korea, before the major Boeing B-29 Superfortress attack.

RELEASED IN WASHINGTON, D. C. JULY 28, 1950.

PLEASE CREDIT: "OFFICIAL DEPARTMENT OF DEFENSE PHOTO."

NASM 4A 39045(RG 342)

미공군 B-29기의 서울 용산 조차장의 폭격 직전 모습

미 B-29 수퍼포트리스 공격 전의 서울 용산 조차장. 1950년 7월 28일 워싱턴 D.C 배포. (1950. 7. 16 촬영)

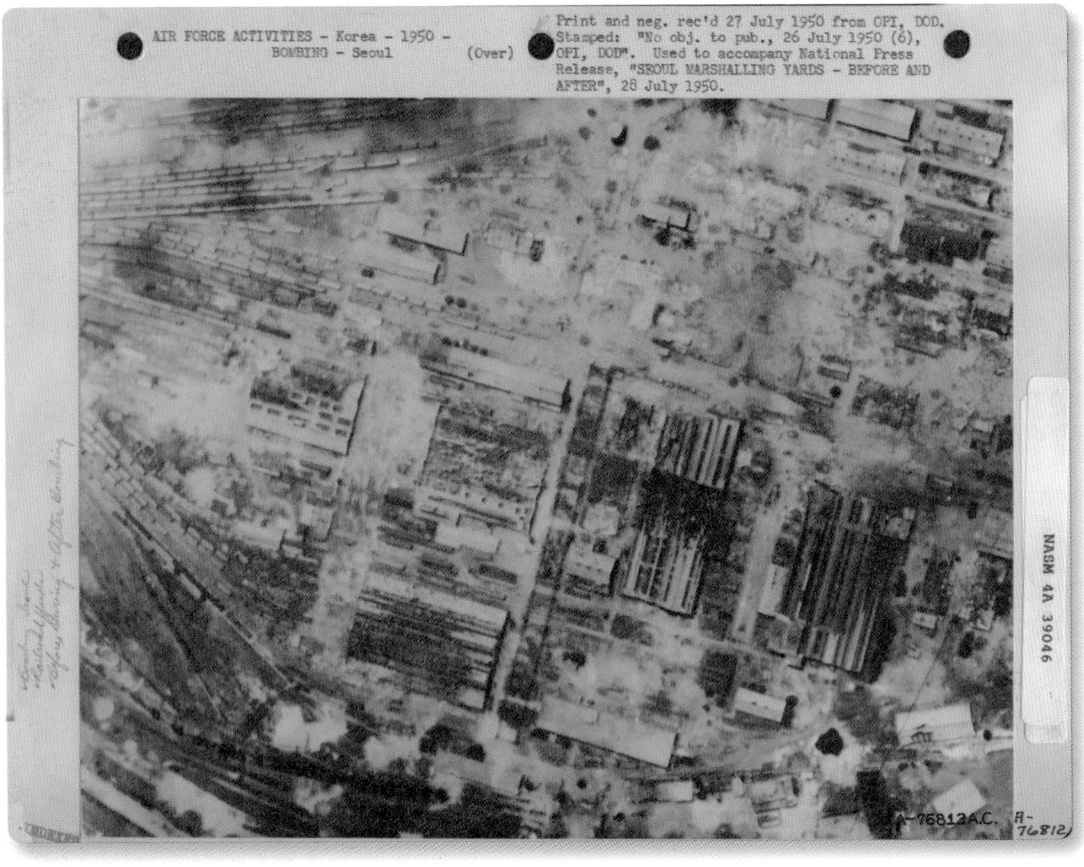

AIR FORCE ACTIVITIES - Korea - 1950 -
BOMBING - Seoul (Over)

Print and neg. rec'd 27 July 1950 from OPI, DOD.
Stamped: "No obj. to pub., 26 July 1950 (6),
OPI, DOD". Used to accompany National Press
Release, "SEOUL MARSHALLING YARDS - BEFORE AND
AFTER", 28 July 1950.

NASM 4A 39046

A-76812A.C. A-76812

-76812 A.C.-This photo shows the result of 500 tons of bombs accurately placed on the Ryuzan marshalling yards at Seoul, Korea, by the U. S. Air Force's Boeing B-29 bombers. This raid crippled the locomotive and railroad manufacturing, repair and assembly plants through explosions and fire. The group of large buildings in the upper right hand corner represented plants capable of turning out more than 2,500 railroad transportation units a year.

RELEASED IN WASHINGTON, D. C. JULY 28, 1950.

PLEASE CREDIT: "OFFICIAL DEPARTMENT OF DEFENSE PHOTO."

NASM 4A 39046(RG 342)

미공군 B-29기의 서울 용산 조차장의 폭격 직후

이 사진은 미공군 보잉 B-29 폭격기가 한국 서울 용산(Ryuzan) 조차장에 정밀투하했던 폭탄 500톤의 결과를 보여 준다. 폭격에 따른 폭발과 화재로 인해 기관차, 철도 제작과 수리 그리고 조립 공장이 마비되었다. 우측 상단에 있는 큰 건물들은 연간 2,500대의 철도 차량을 생산할 수 있는 공장들이다. 1950년 7월 28일 워싱턴 D.C 배포.(1950. 7. 16 직후 촬영)

AIR FORCE ACTIVITIES - Korea - 1950 -
BOMBING - Seoul (Over)

11x14 print rec'd 11 August 1950 from OPI, DOD.
Copied 21 August 1950.

NASM 4A 39047

77190 A.C.

INDEXED

B-29S BLAST SEOUL. Moments after the first wave of U. S. Air Force B-29s struck the North Korean marshalling yards at Seoul this photograph was taken from a Superfortress just coming over the target. The strike was made on August 5, 1950 with 100 tons of bombs being dropped on the shops, warehouses and tracks. Several trains in the Seoul yards were set afire in the assault and cars were seen exploding.

NASM 4A 39047(RG 342)

미공군 B-29기의 서울 용산 조차장의 폭격 장면

B-29 서울 폭격. 미공군 B-29가 서울의 북한군 조차장을 폭격했다. 이 사진은 막 목표물을 지나간 수퍼포트리스에서 찍은 것이다. 1950년 8월 5일 100톤의 폭탄이 상가와 창고 그리고 선로에 투하되면서 폭격이 실행되었다. 폭격 후 서울 조차장에 있던 여러 대의 기차가 불탔고 철도 차량들이 폭발하는 것이 목격되었다.(1950. 7. 16 촬영)

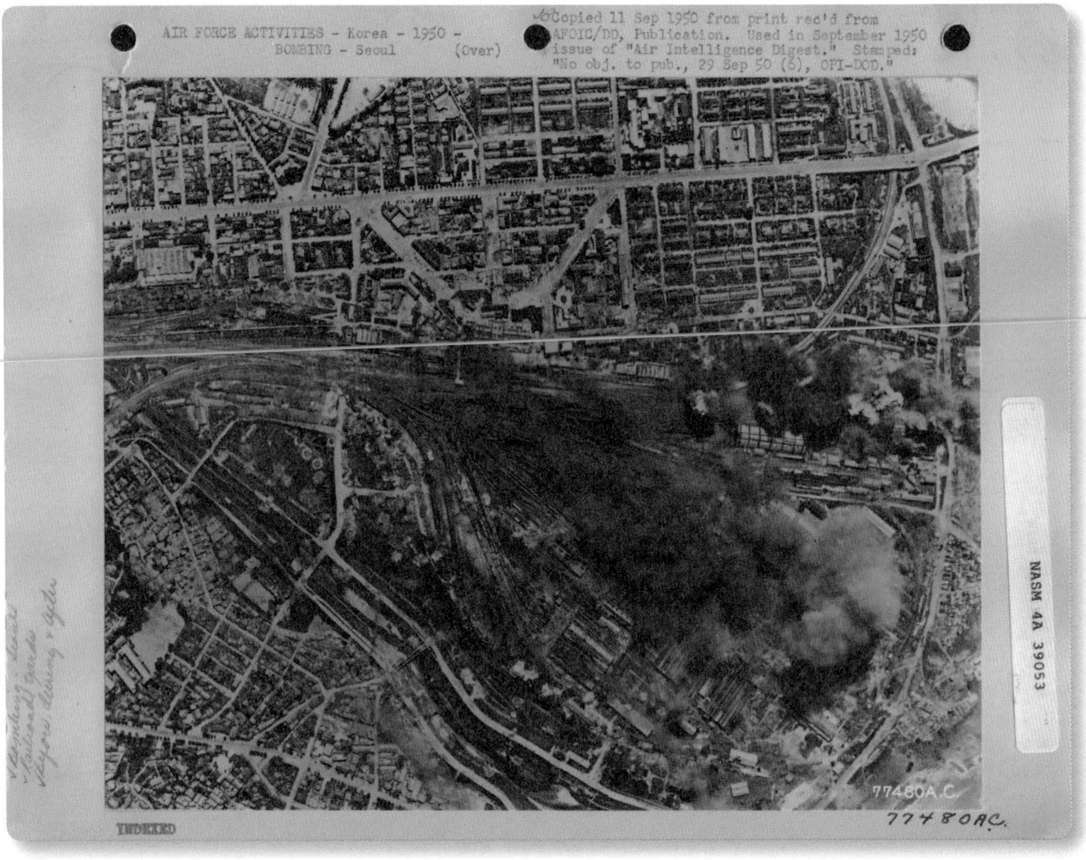

AIR FORCE ACTIVITIES - Korea - 1950 -
BOMBING - Seoul (Over)

Copied 11 Sep 1950 from print rec'd from AFOIC/DD, Publication. Used in September 1950 issue of "Air Intelligence Digest." Stamped: "No obj. to pub., 29 Sep 50 (6), OPI-DOD."

NASM 4A 39053

77480A.C.

77480AC.

INDEXED

DURING BOMBING OF THE RYUZUN RAILROAD SHOPS AND YARDS AT SEOUL. Damage to shops, rolling stock, and tracks during 4 August 1950 strike.

#NASM 4A 39053(RG 342)

1950년 8월 4일 미공군의 용산 조차장 일대 폭격 모습

서울 용산 철도공작창과 조차장 폭격 당시. 1950년 8월 4일의 폭격으로 철도 차량 및 선로 그리고 건물들의 피해상황을 보여주고 있다.(1950. 8. 4 촬영)

AIR FORCE ACTIVITIES - Korea - 1950 -
BOMBING - Seoul (over)

Orig. 4x5 neg rec'd 29 September 1950 from
OPI-DOD.

NASM 4A 39031

A-77753 A.C

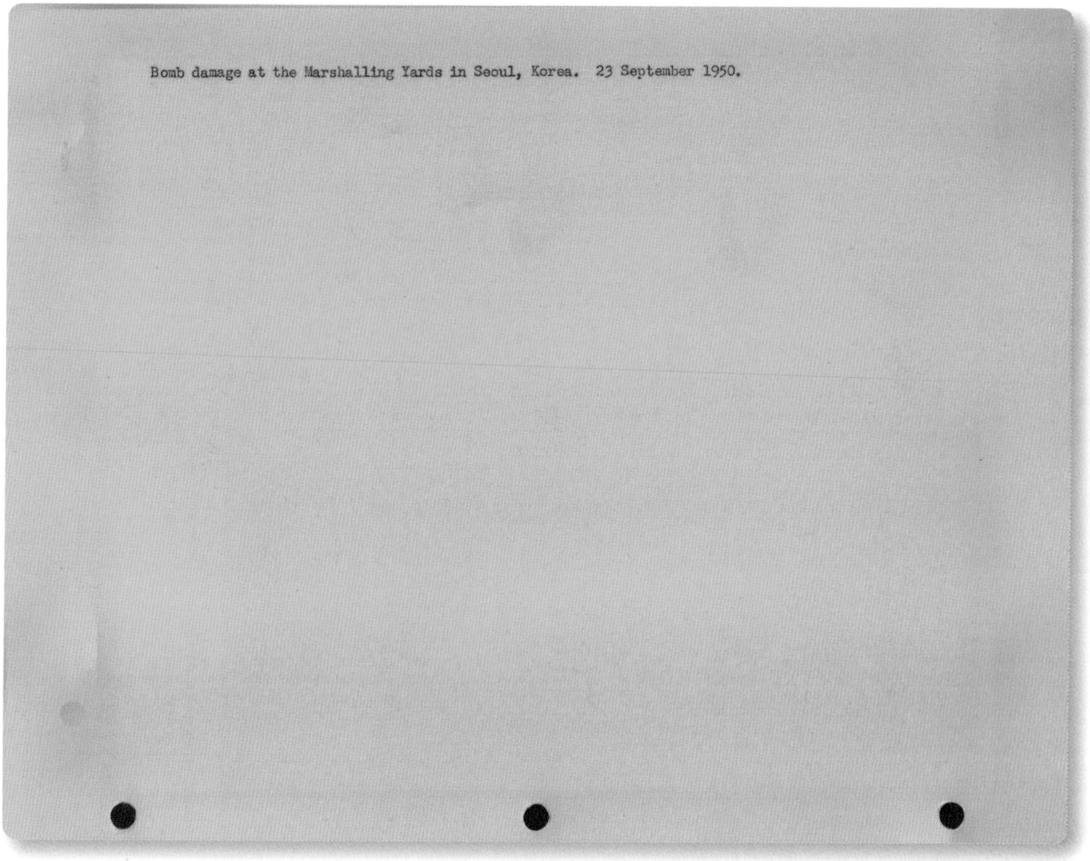

Bomb damage at the Marshalling Yards in Seoul, Korea. 23 September 1950.

NASM 4A 39031(RG 342)

폭격을 받은 서울 용산 철도조차장

한국 서울 조차장 폭격 피해.(1950. 9. 23 촬영)

*해제: 조차장(marshalling yard)은 철도에서 객차나 화차를 분리하고 연결을 조절하는 곳이다. 서울 조차장은 용산역에 있는 철도 조차장을 말한다.

AIR FORCE ACTIVITIES - Korea - 1950 -
BOMBING - Seoul (over)

Orig. 4x5 neg rec'd 29 September 1950 from
OPI-DOD.

NASM 4A 39035

B-77754 A.C

Mute evidence of the destruction wrought by B-29 Superfortresses is shown in this photo of the Seoul Marshalling Yards in Korea. 23 September 1950.

#NASM 4A 39035(RG 342)

미공군의 폭격을 받은 서울 용산 조차장

한국 서울 조차장의 이 사진은 B-29 수퍼포트리스가 가한 파괴를 소리없이 보여주고 있다.

(1950. 9. 23 촬영)

*해제: 여기서 말하는 슈퍼포트리스(Superfortress)는 '하늘의 대형요새' 또는 에놀라 게이(Enola Gay)란 애칭을 가진 미국 보잉 B-29 전략폭격기를 말한다. 일본의 히로시마와 나가사키에 원자폭탄을 투하한 기종으로도 유명하다.

AIR FORCE ACTIVITIES - Korea - 1950 -
BOMBING - Seoul (over)

Orig. 4x5 neg rec'd 29 September 1950 from
OPI-DOD.

Bombing - Seoul
Railroad Yards

NASM 4A 39036

77755 A.C.

UNDATED

Mute evidence of the destruction wrought by B-29 Superfortresses is shown in this photo of the Seoul Marshalling Yards in Korea. 23 September 1950.

NASM 4A 39036(RG 342)

미공군의 폭격을 받은 서울 용산 조차장

한국 서울 조차장의 이 사진은 B-29 수퍼포트리스가 가한 파괴를 소리 없이 보여주고 있다.
(1950. 9. 23 촬영)

AIR FORCE ACTIVITIES - Korea - 1950 -
BOMBING - Seoul (over)

Orig. 4x5 neg rec'd 29 September 1950 from
OPI-DOD.

NASM 4A 39037

77756 A.C

Aerial view of the Marshalling Yards in Seoul, Korea shows bomb damage wrought by B-29 Superfortresses. 22 September 1950.

NASM 4A 39037(RG 342)

미공군의 폭격을 받은 서울 용산 조차장의 항공사진

한국 서울 조차장의 공중 전경은 B-29 수퍼포트리스가 가한 폭격 피해를 보여준다.

(1950. 9. 22 촬영)

＊해제: 오늘날 용산역 철도정비창 부지다.

AIR FORCE ACTIVITIES - Korea - 1950 -
BOMBING - Seoul

(over)

Orig. 4x5 neg. rec'd 16 October 1950 from
OPI-DOD.

NASM 4A 39038

78214 A.C.

78214 AC.

This destruction in Seoul marshalling yards is the result of bombing by B-29 Superforts of the U. S. Far East Air Forces.

#NASM 4A 39038(RG 342)

미공군의 폭격을 받은 서울 용산 조차장

서울 철도조차장의 파괴는 미극동공군 소속 B-29 수퍼포트리스 폭격으로 인한 것이다.(1950. 10. 16 이전 촬영)

*해제: 사진 상단 설명에 네거티브 필름을 1950년 10월 16일 미국방성 OPI로부터 받았다는 것으로 봐서 이 사진은 10월 16일 이전에 촬영되었음을 알 수 있다.

Orig. 4x5 neg. rec'd 16 October 1950 from
OPI-DOD.
NASM 4A 39039
A-78214 A.C.
AIR FORCE ACTIVITIES - Korea - 1950 - BOMBING - Seoul· (over)

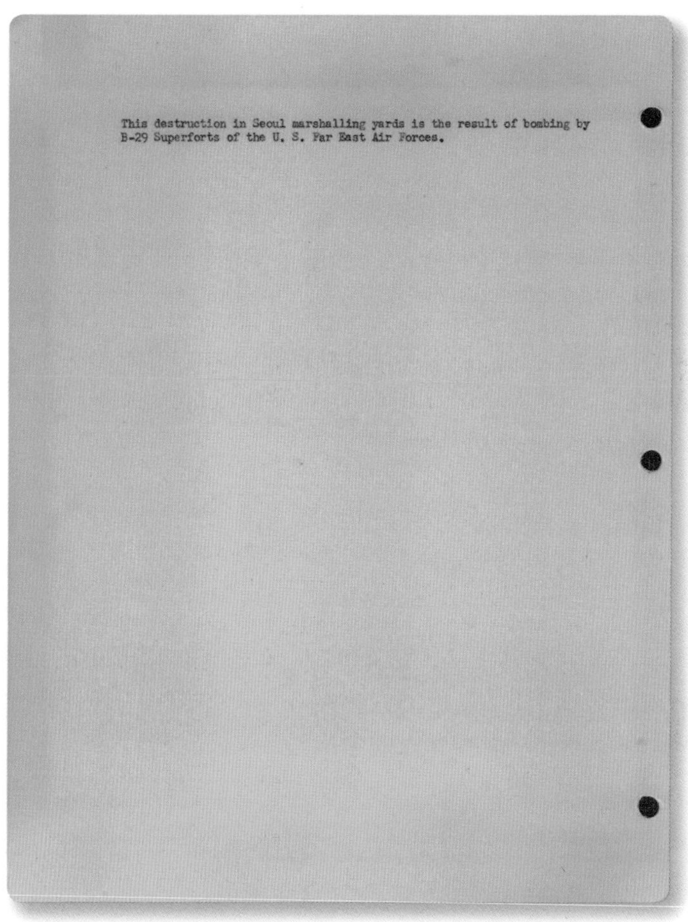
This destruction in Seoul marshalling yards is the result of bombing by B-29 Superforts of the U. S. Far East Air Forces.

NASM 4A 39039(RG 342)

미공군의 폭격을 받은 서울 용산 조차장

서울 철도조차장의 파괴는 미극동공군 소속 B-29 수퍼포트리스 폭격으로 인한 것이다.(1950. 10. 16 이전 촬영)

*해제: 파괴된 잔해 위로 살짝 보이는 산은 남산이다.

AIR FORCE ACTIVITIES - Korea - 1950 -
BOMBING - Seoul
(over)

Orig. 4x5 neg. rec'd 16 October 1950
from OPI-DOD.

NASM 4A 39040

78215A.C.

This destruction in Seoul marshalling yards is the result of bombing by B-29 Superforts of the U. S. Far East Air Forces.

#NASM 4A 39040(RG 342)

미공군의 폭격을 받은 서울 용산 조차장

서울 철도조차장의 파괴는 미극동공군 소속 B-29 수퍼포트리스 폭격으로 인한 것이다.(1950. 10. 16 이전 촬영)

*해제: 파괴된 건물 위에 사람들이 보이고 오른쪽은 남산, 왼쪽에 보이는 산은 북한산.

AIR FORCE ACTIVITIES - Korea - 1950 -
BOMBING - Seoul

(over)

Orig 4x5 neg. rec'd 16 October 1950
from OPI-DOD.

NASM 4A 39041

A-78215A.C.

A-78215AC.

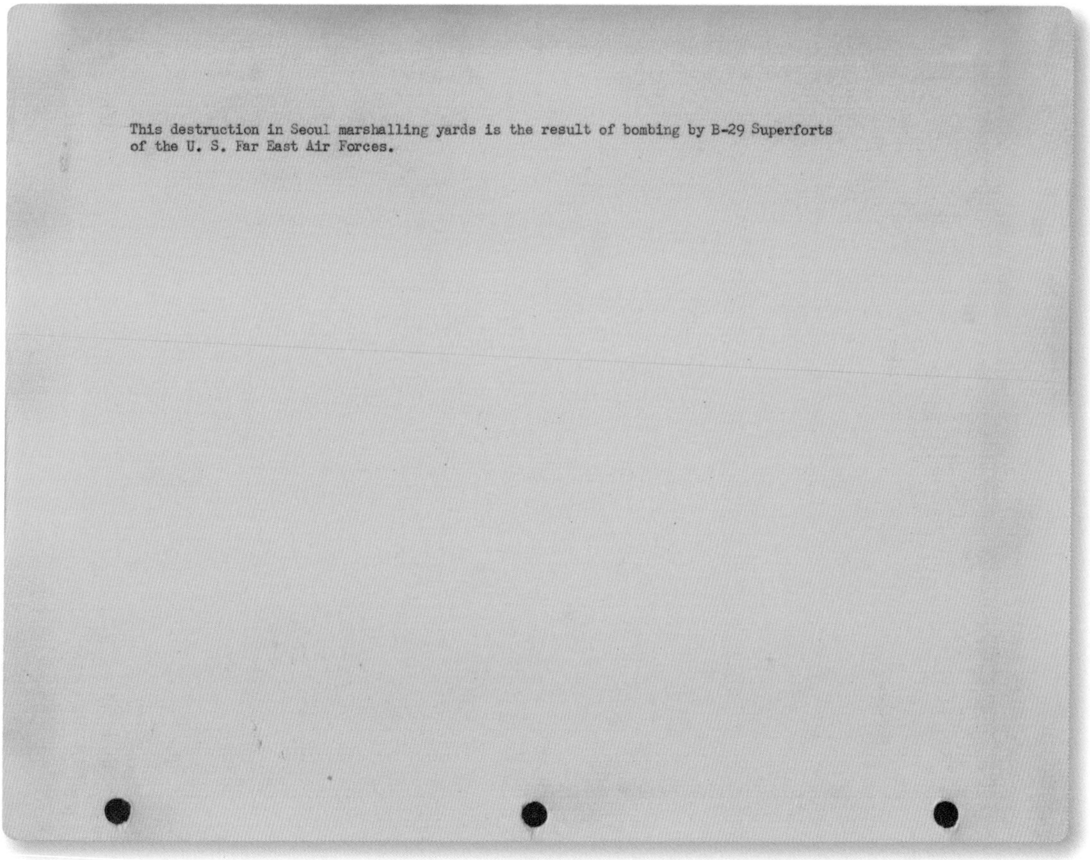

This destruction in Seoul marshalling yards is the result of bombing by B-29 Superforts of the U. S. Far East Air Forces.

NASM 4A 39041(RG 342)

미공군의 폭격을 받은 서울 용산 조차장

서울 철도조차장의 파괴는 미극동공군 소속 B-29 수퍼포트리스 폭격으로 인한 것이다.(1950. 10. 16 이전 촬영)

* 해제: 폭격의 피해가 엄청났음을 한 눈에 알 수 있다. 사진 오른쪽 너머 보이는 구릉은 용산(龍山)이다.

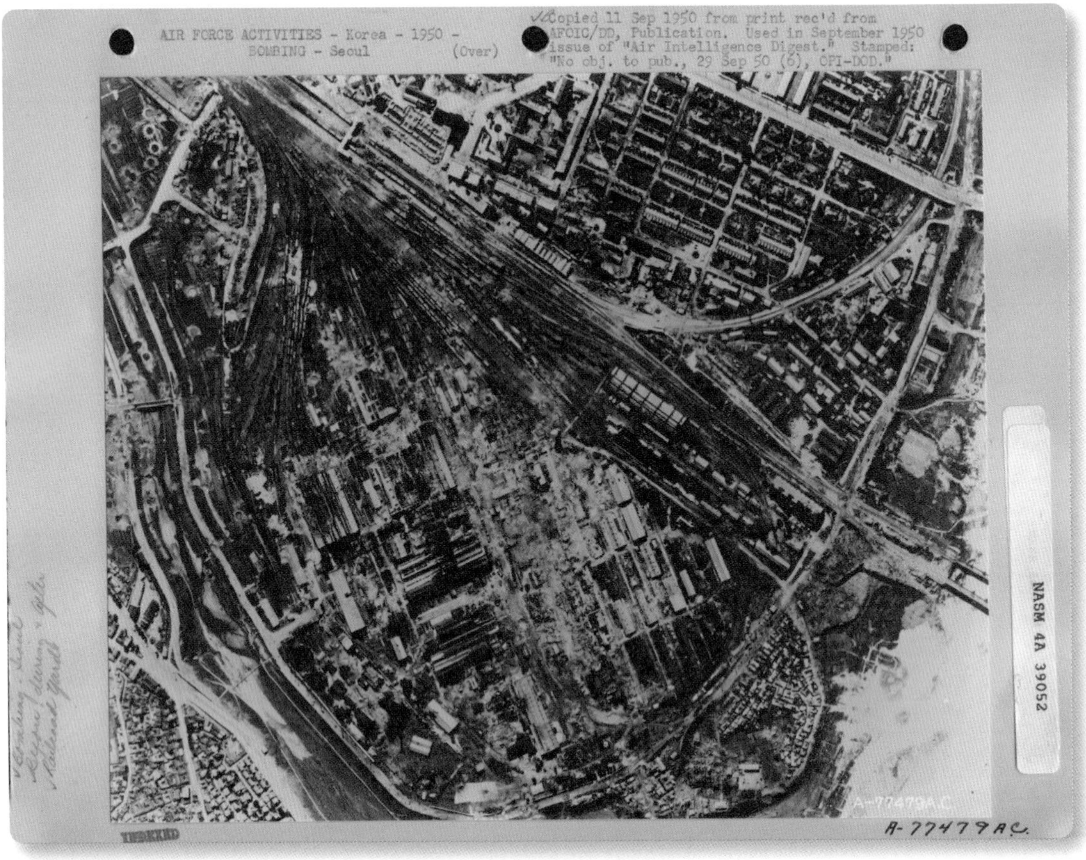

AIR FORCE ACTIVITIES - Korea - 1950 -
BOMBING - Seoul (Over)

Copied 11 Sep 1950 from print rec'd from AFOIC/DD, Publication. Used in September 1950 issue of "Air Intelligence Digest." Stamped: "No obj. to pub., 29 Sep 50 (6), OPI-DOD."

NASM 4A 39052

A-77479A.C.

A-77479A.C.

AFTER BOMBING OF THE RYUZUN RAILROAD SHOPS AND YARDS AT SEOUL. This photo shows damage to repair facilities, rolling stock, and tracks inflicted by 16 July 1950 raid.

NASM 4A 39052(RG 342)

폭격 후의 서울 용산 조차장 모습

서울 용산 철도공작창과 조차장 폭격 후. 이 사진은 1950년 7월 16일 공중폭격으로 수리 시설, 철도 차량 및 선로의 피해상황을 보여주고 있다.(1950. 9. 11 이전 촬영)

AIR FORCE ACTIVITIES - Korea - 1950 -
BOMBING - Seoul (over)

Orig. 4x5 neg rec'd 29 September 1950 from
OPI-DOD. FEAF Neg. No. C193-2.

NASM 4A 39057

C193-2
77690A.C.

AIR POWER BLASTS RAIL FACILITIES AT SEOUL. This aerial photograph graphically reveals the disruption of the key railroad Marshalling Yard at Seoul caused by repeated bombings by the Far East Air Forces Bombers. September 1950

NASM 4A 39057(RG 342)

1950년 9월경 용산역 일대의 처참한 모습

미공군이 서울의 철도 시설들을 폭파하다. 이 항공 사진은 극동공군 소속 폭격기들이 가했던 반복적인 폭격으로 서울 주요 철도조차장이 파괴됐음을 시각적으로 드러내고 있다.
(1950. 9 촬영)

AIR FORCE ACTIVITIES - Korea - 1950 -
BOMBING - Seoul (over)

Orig. 4x5 neg rec'd 29 September 1950 from
OPI-DOD. FEAF Neg. No. C193-3.

NASM 4A·39058

77691A.C.

INDEXED

SEOUL RAIL SHOPS GUTTED BY USAF BOMBS. Although its walls are intact, they are about all that remains of the railroad shops at Seoul after repeated blows by the Far East Air Forces Bombers. The inside of the building is gutted as the result of fire caused by bombs. September 1950

NASM 4A 39058(RG 342)

1950년 9월경 폐허가 된 서울 용산 조차장 건물

미공군 폭격에 의해 폐허가 된 서울 조차장 건물들. 비록 건물의 벽체는 손상되지 않았지만, 그것들은 미극동공군 폭격기가 반복적으로 폭격을 가한 후 유일하게 남은 부분이다. 건물의 내부는 폭탄에 의한 화염으로 전소되었다.(1950. 9 촬영)

AIR FORCE ACTIVITIES - Korea - 1950 -
BOMBING - Seoul (over)

Orig. 4x5 neg rec'd 29 September 1950 from
OPI-DOD. FEAF Neg. No. C193-5.

NASM 4A 39059

C193-5

77692 A.C.

TWISTED WRECKAGE REVEALS BLASTING POWER OF USAF. Far East Air Forces bombers created this scene of wreckage in the vitally important railroad marshalling yard at Seoul. This was one of the reasons why the North Korean supplies were drying up at the battlefronts before the Inchon invasion. September 1950

NASM 4A 39059(RG 342)

1950년 9월경 서울 용산 조차장 일대의 처참한 모습

뒤틀린 잔해는 미공군의 폭발력을 보여준다. 극동공군 폭격기들이 서울에 있는 매우 중요한 철도조차장에 이러한 파괴 장면을 만들었다. 이것이 인천상륙작전 이전 북한의 보급품이 전장에서 고갈된 이유 가운데 하나였다. (1950. 9 촬영)

AIR FORCE ACTIVITIES - Korea - 1950 -
BOMBING - Seoul (over)

Orig. 4x5 neg rec'd 29 September 1950 from
OPI-DOD.

NASM 4A 39060

77753 A.C.

77753AC

INDEXED

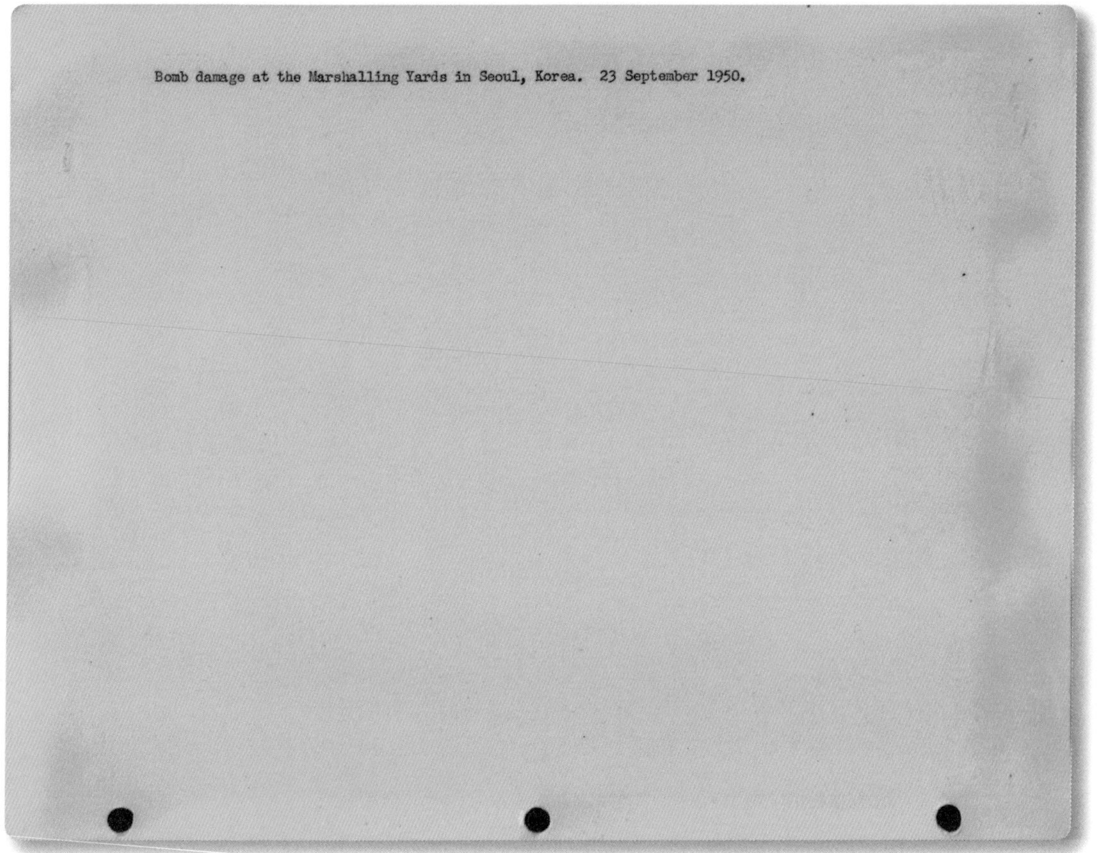

Bomb damage at the Marshalling Yards in Seoul, Korea. 23 September 1950.

NASM 4A 39060(RG 342)

폭격을 받은 후의 미카형 증기기관차

한국 서울 조차장 폭격 피해. (1950. 9. 23 촬영)

*해제: 철도 앞부분을 자세히 보면 '미카이 42(미카 1형 42호)'라는 문구가 가타가나로 쓰여 있다. 참고로 현재 한국에서 사용되었던 미카형 증기 기관차는 9대 정도만 남아 있다고 한다.

11x14 print rec'd 25 August 1950 from CPI-DOD. FEAF
Neg No. 062-1. Copied 31 August 1950.

NASM 4A 39048

77233A.C

AIR FORCE ACTIVITIES - Korea - 1950 - BOMBING - Seoul

This photo taken on 12 August 1950 shows the Key West railroad bridge (lower) at Seoul, Korea still standing. It was dubbed "Rubber Bridge" by Air Force bombardiers who scored repeated hits on the heavily built structure with seemingly no effect.

#NASM 4A 39048(RG 342)

미공군이 1950년 8월 12일 촬영한 한강다리 일대 항공사진

1950년 8월 12일에 촬영된 사진은 서울의 주요 서쪽 철교가 건재하다는 것을 보여 준다. 이 다리는 공군 폭격 조종사들에 의해 "고무다리(Rubber Bridge)"라고 불렸다. 공군 폭격기들은 겉으로 아무 영향이 없는 것처럼 보이지만 육중한 구조물(한강 철교-역자)에 반복적인 폭격을 가했다. (1950. 8. 12 촬영)

AIR FORCE ACTIVITIES - Korea - 1950 -
BOMBING - Seoul (over)

4x5 neg rec'd 25 August 1950 from OPI, DOD.
FEAF Neg. No. C108-1.

NASM 4A 39049

77234A.C

JINXED BRIDGE IS DOWNED. This Air Force reconnaissance photograph taken on 20 August 1950 shows the Key West railroad bridge at Seoul, Korea as severed in three places. It was dubbed "Rubber Bridge" by Air Force bombardiers who scored repeated hits on the heavily built structure in previous attacks.

NASM 4A 39049(RG 342)

미공군이 1950년 8월 20일 촬영한 한강다리 일대 항공사진

징크스가 있는 다리가 무너졌다. 1950년 8월 20일에 촬영한 공군 정찰사진은 서울의 주요 서쪽 철교가 세 군데에서 절단된 것을 보여준다. 육중한 구조물에 반복적으로 폭격을 가했던 공군 폭격 조종사들은 지난 번 공격 당시, 그것을 "고무다리" 라고 별명을 붙였다.

(1950. 8. 20 촬영)

AIR FORCE ACTIVITIES - Korea - 1950 -
BOMBING - Seoul (over)

4x5 neg. rec'd 13 Sep. 1950 from DOD - OPI.
Used to accompany National Release, "RUBBER BRIDGE" SINKS.

NASM 4A 39050

+77473A.C.

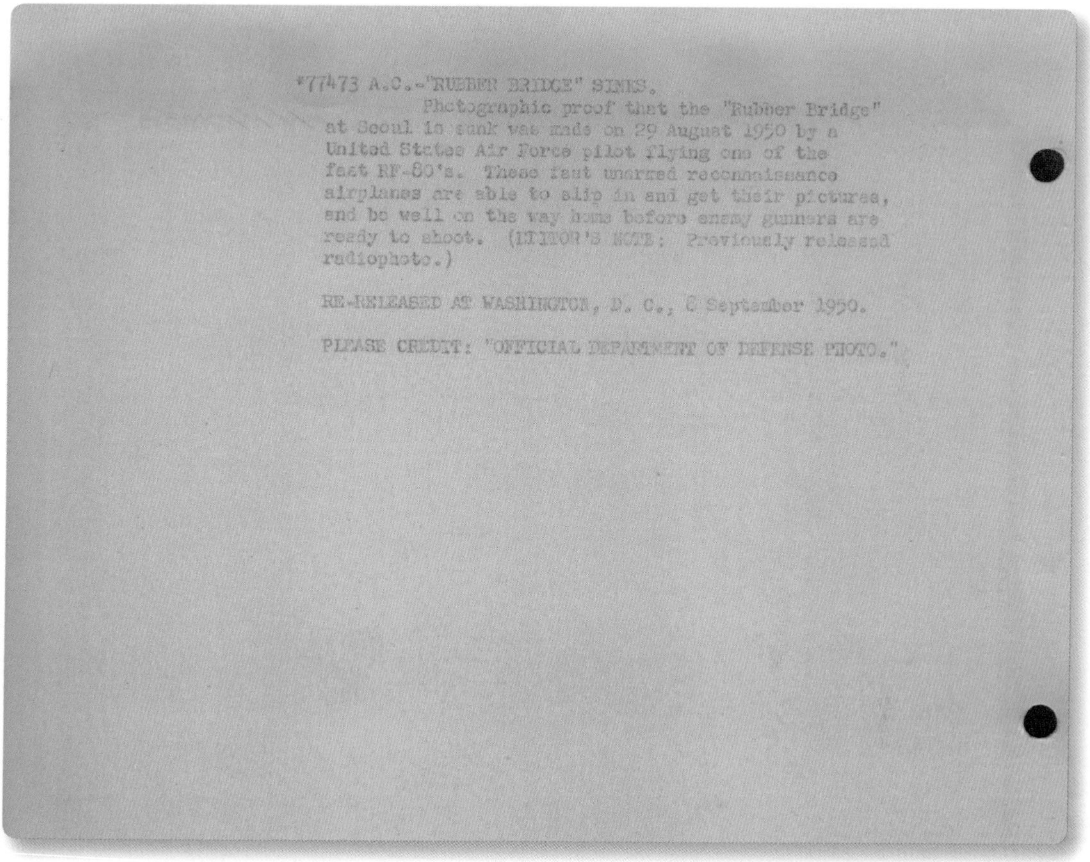

*77473 A.C.-"RUBBER BRIDGE" SINKS.

Photographic proof that the "Rubber Bridge" at Seoul is sunk was made on 29 August 1950 by a United States Air Force pilot flying one of the fast RF-80's. These fast unarmed reconnaissance airplanes are able to slip in and get their pictures, and be well on the way home before enemy gunners are ready to shoot. (EDITOR'S NOTE: Previously released radiophoto.)

RE-RELEASED AT WASHINGTON, D. C., 8 September 1950.

PLEASE CREDIT: "OFFICIAL DEPARTMENT OF DEFENSE PHOTO."

#NASM 4A 39050(RG 342)

미공군이 1950년 8월 29일 촬영한 한강철교 항공사진

고무다리가 가라앉다.

서울의 '고무다리'가 가라앉았다는 사진 증거는 1950년 8월 29일 고속의 RF-80 중 하나를 비행한 미공군 조종사가 증명하고 있다. 고속 비무장 정찰기들은 은밀히 들어가서 사진을 찍고, 적의 사수들이 사격하기 전에 무사히 복귀할 수 있었다. 1950년 9월 8일 워싱턴 D.C 배포.(1950. 8. 29 촬영)

* 해제: RF-80 은 F-80 전투기를 공중 사진 촬영용 정찰기로 개조한 것이다.

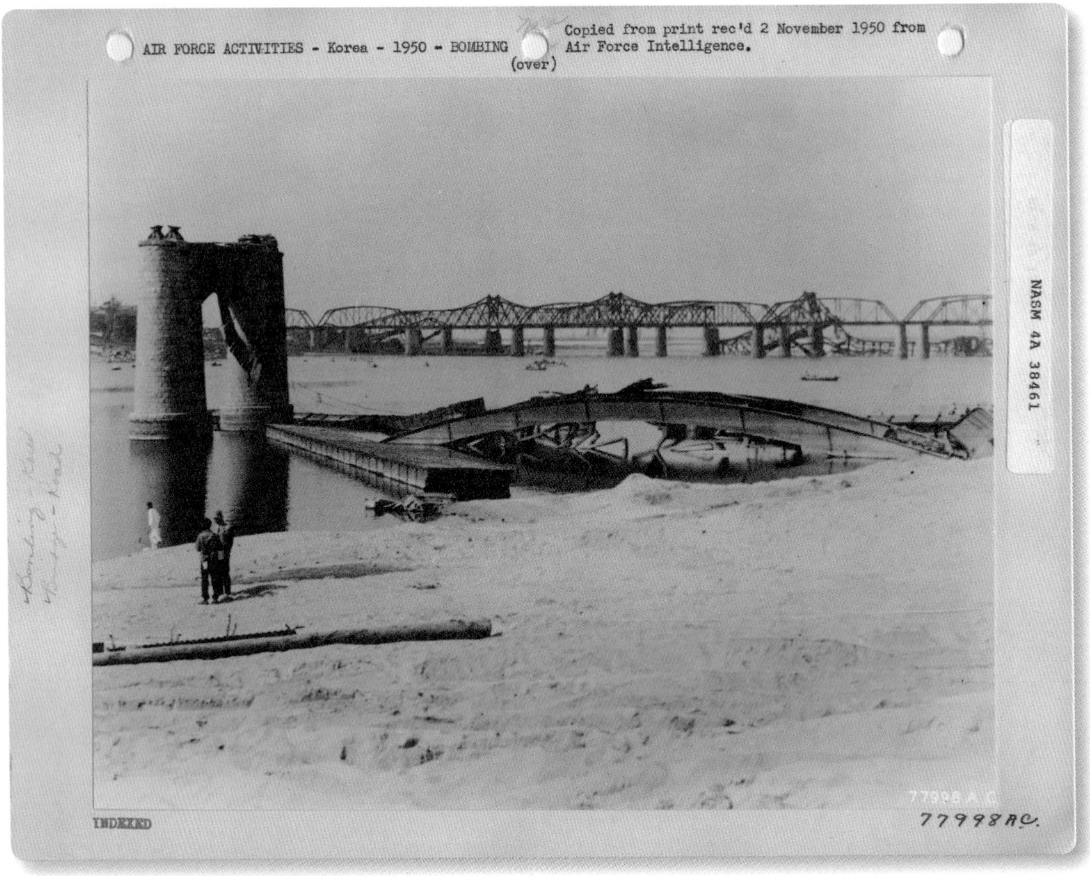

AIR FORCE ACTIVITIES - Korea - 1950 - BOMBING (over)

Copied from print rec'd 2 November 1950 from Air Force Intelligence.

NASM 4A 38461

INDEXED

77998 A.C.

77998AC.

Bomb damaged bridge across the Han River near Seoul, Korea.

NASM 4A 38461(RG 342)

폭파된 한강인도교 모습

한국 서울 부근 폭격 피해를 입은 한강다리(촬영일자 미상, 1950. 11. 2 이전 촬영)

AIR FORCE ACTIVITIES - Korea - 1950 - BOMBING (over)

Copied from print rec'd 2 November 1950 from Air Force Intelligence.

NASM 4A 38462

77999 A.C.

INDEXED

77999AC.

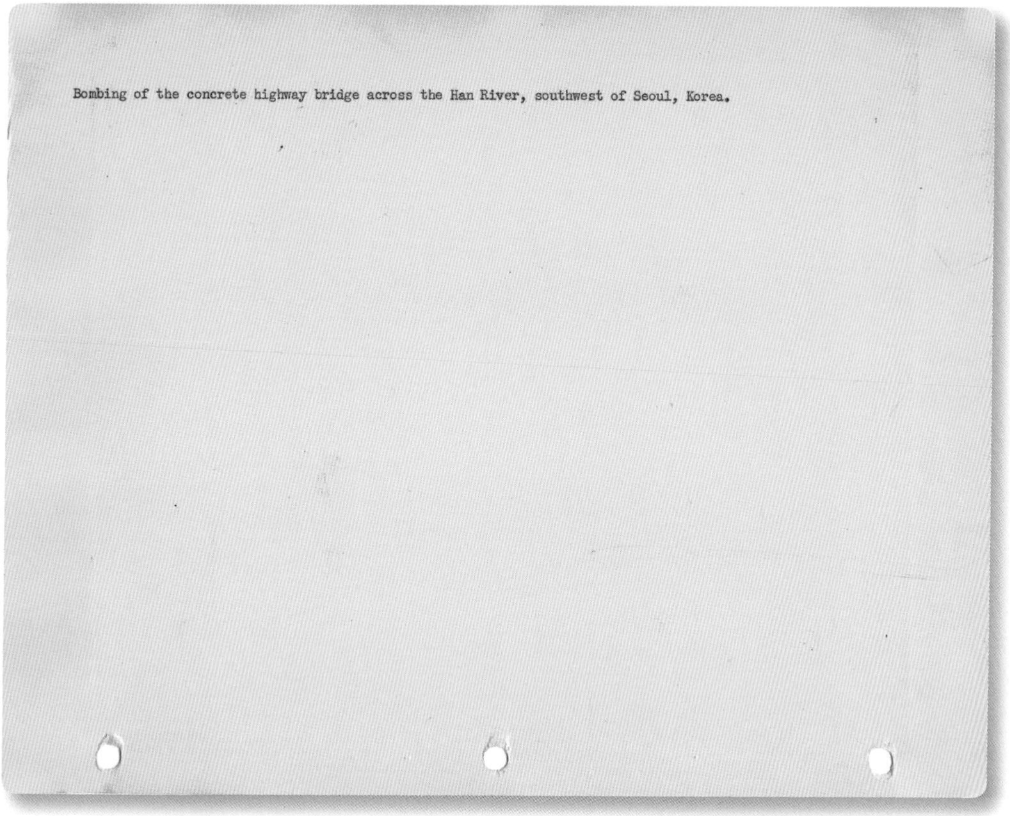

Bombing of the concrete highway bridge across the Han River, southwest of Seoul, Korea.

#NASM 4A 38462(RG 342)

미공군이 노량진 방향의 한강인도교를 폭파 중인 모습
한국 서울 남서쪽 한강을 가로지르는 콘크리트 고속도로 교량 폭파
(촬영일자 미상, 1950. 11. 2 이전 촬영)

Copied from print rec'd 2 November 1950 from
Air Force Intelligence.
NASM 4A 38468
78004A.C
78004A.C.
INDEXED
AIR FORCE ACTIVITIES - Korea - 1950 - BOMBING

Bombing of railroad bridges across the Han River southwest of Seoul, Korea.

NASM 4A 38468(RG 342)

미공군이 한강철교를 폭파하는 모습

한국 서울 남서쪽 한강을 가로지르는 철교 폭파 (촬영일자 미상, 1950. 11. 2 이전 촬영)

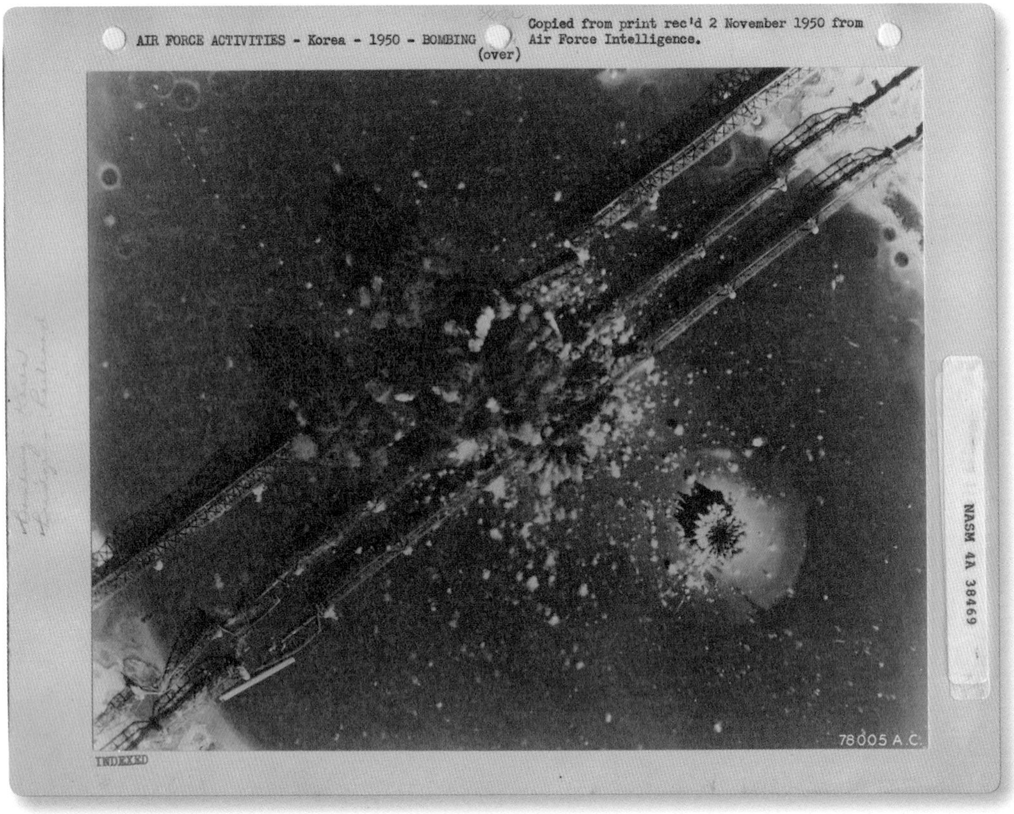

AIR FORCE ACTIVITIES - Korea - 1950 - BOMBING (over)

Copied from print rec'd 2 November 1950 from Air Force Intelligence.

NASM 4A 38469

78005 A.C.

INDEXED

Bombing of railroad bridges across the Han River, southwest of Seoul, Korea.

NASM 4A 38469(RG 342)

미공군이 한강철교를 폭파하는 모습

한국 서울 남서쪽 한강을 가로지르는 철교 폭파(촬영일자 미상, 1950. 11. 2 이전 촬영)

FEC-50-4106

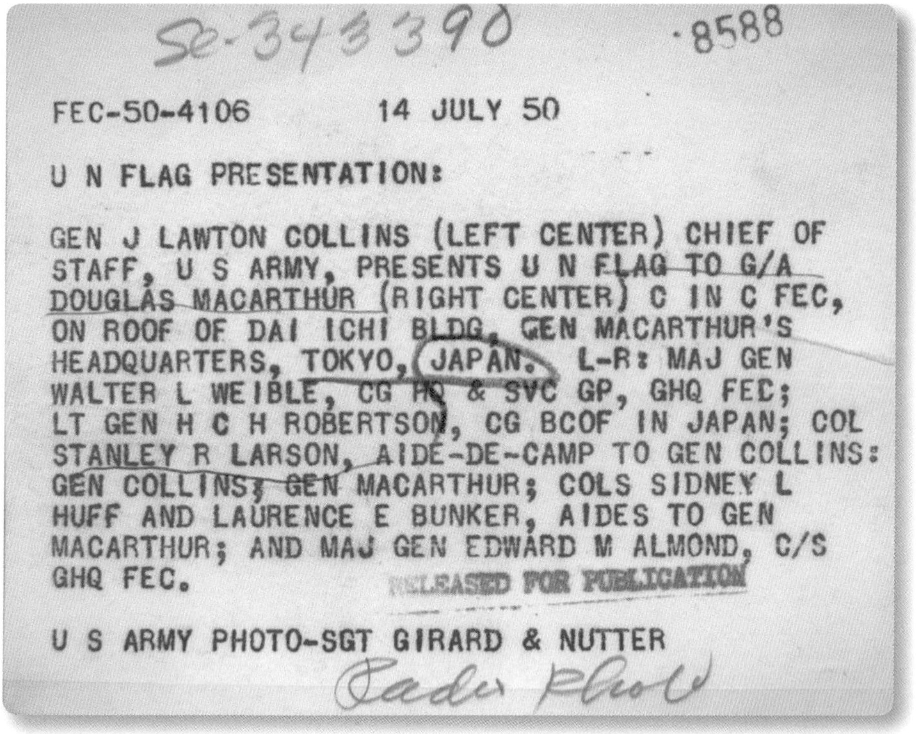

SC-343390 ·8588

FEC-50-4106 14 JULY 50

U N FLAG PRESENTATION:

GEN J LAWTON COLLINS (LEFT CENTER) CHIEF OF STAFF, U S ARMY, PRESENTS U N FLAG TO G/A DOUGLAS MACARTHUR (RIGHT CENTER) C IN C FEC, ON ROOF OF DAI ICHI BLDG, GEN MACARTHUR'S HEADQUARTERS, TOKYO, JAPAN. L-R: MAJ GEN WALTER L WEIBLE, CG HQ & SVC GP, GHQ FEC; LT GEN H C H ROBERTSON, CG BCOF IN JAPAN; COL STANLEY R LARSON, AIDE-DE-CAMP TO GEN COLLINS: GEN COLLINS; GEN MACARTHUR; COLS SIDNEY L HUFF AND LAURENCE E BUNKER, AIDES TO GEN MACARTHUR; AND MAJ GEN EDWARD M ALMOND, C/S GHQ FEC.

RELEASED FOR PUBLICATION

U S ARMY PHOTO-SGT GIRARD & NUTTER

Radio Photo

#SC 343390(RG 111)

미육군참모총장으로부터 유엔기를 수여받는 맥아더 극동군사령관

유엔기 수여: 미육군참모총장 콜린스 장군(왼쪽 중앙)이 일본 도쿄 맥아더사령부의 다이이치 빌딩 옥상에서 극동군사령관 더글라스 맥아더에게 유엔기를 수여하고 있다. 왼쪽에서 오른쪽순으로 연합군최고사령부/극동군사령부 본부 및 근무지원단장 소장 Walter L Weible, 영연방 점령군(BCOF) H C H Robertson 중장, 콜린스 부관 Stanley R Larson 대령, 맥아더 장군, Sidney L Huff 대령, 맥아더 부관 Laurence E Bunker 대령, 연합군최고사령부/극동군사령부 참모장 Edward M Almond 소장 (1950. 7. 14 촬영)

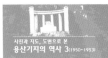

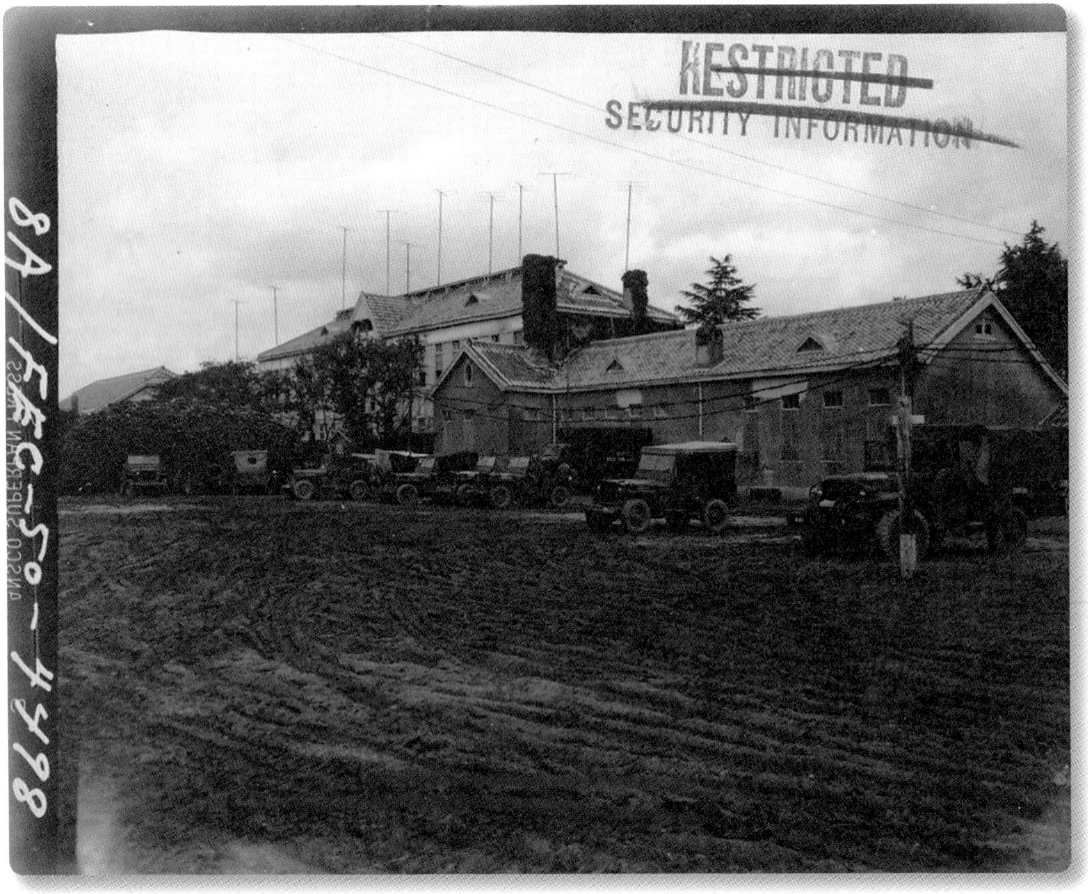
RESTRICTED
SECURITY INFORMATION

Se-344009-P

18612

8A/FEC-50-4498 23 JULY 50

WAR IN KOREA:

PARKING LOT AND HEADQUARTERS BUILDING AT EUSAK SIG OPERATION HQS, TAEGU, KOREA.

U.S. ARMY PHOTO- KUHN(NOT RELEASED)

SC 344009(RG 111)

대구에 자리 은 미8군 통신작전 본부

한국전쟁: 한국 대구의 미8군 통신작전본부 건물과 주차장(1950. 7. 23 촬영)

＊해제: 전쟁 발발 직후인 1950년 7월 9일, 일본 요코하마에 있던 미8군 선발대가 한국에 급파돼 대구에 주한 미8군 (전방)사령부를 설치하였다(현 대구 캠프 헨리). 이어 워커 중장이 초대 미8군사령관이 되었다. 7월 14일 맥아더가 이승만으로부터 한국군의 작전지휘권을 넘겨받자 맥아더는 17일 다시 워커에게 작전지휘권을 이양했다. 이로써 워커 장군은 주한미지상군사령관으로서 한국군 및 유엔지상군을 통합지휘하였다.

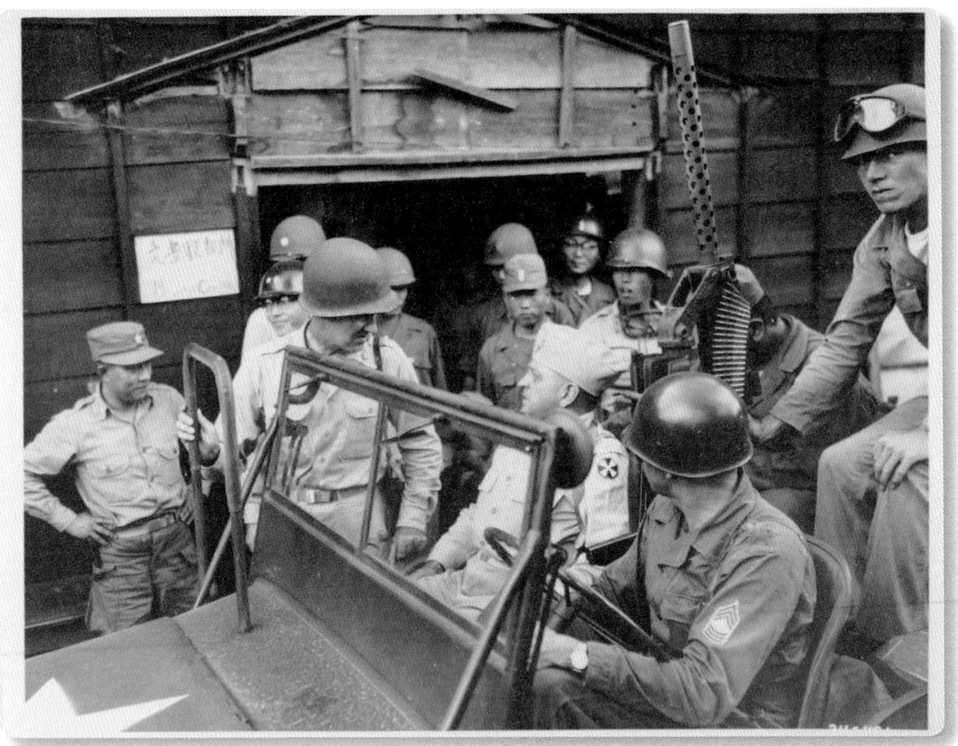

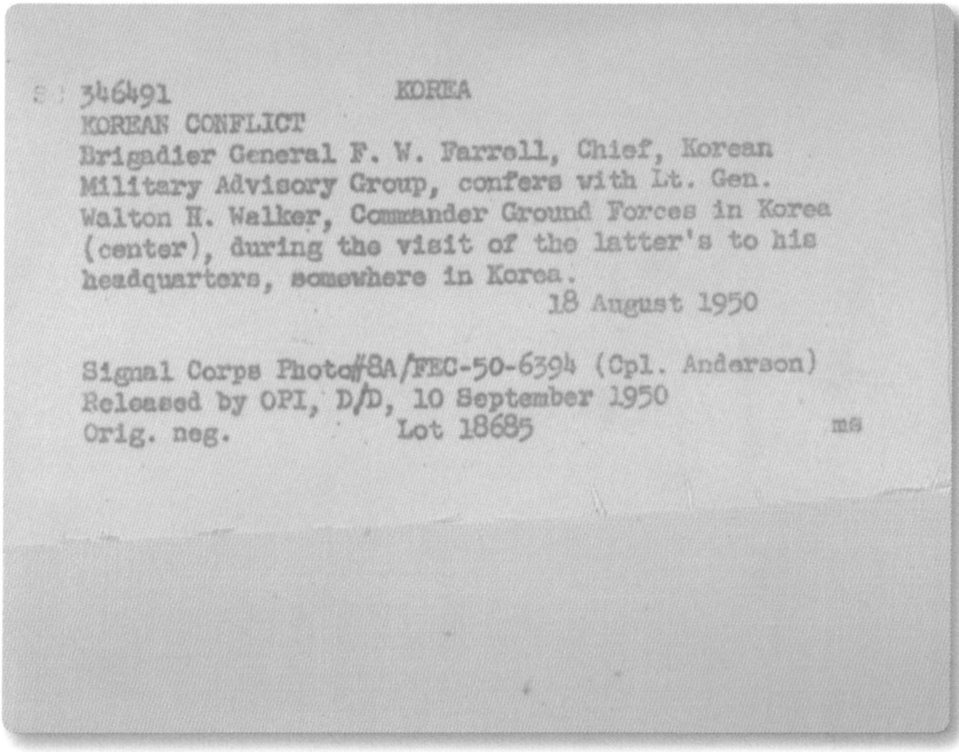

S 346491 KOREA
KOREAN CONFLICT
Brigadier General F. W. Farrell, Chief, Korean Military Advisory Group, confers with Lt. Gen. Walton H. Walker, Commander Ground Forces in Korea (center), during the visit of the latter's to his headquarters, somewhere in Korea.
18 August 1950

Signal Corps Photo#8A/FEC-50-6394 (Cpl. Anderson)
Released by OPI, D/D, 10 September 1950
Orig. neg. Lot 18685 ms

SC 346491(RG 111)

미군사고문단장 파렐과 대화를 나누는 워커 장군
주한 미지상군사령관(가운데) 워커 중장이 한국의 어딘가에서 미군사고문단장 파렐 준장이 있는 본부 방문 시 대화를 나누고 있다.(1950. 8. 18 촬영)
＊해제: 여기에서 말하는 한국의 어딘가(somewhere in Korea)는 미군사고문단 본부가 위치한 대구를 말한다.

SC-348704 Convoys 18727

FEC-50-8727 20 SEPT 50

CONFLICT IN KOREA:

ROK MARINES MOVE TOWARD THE HAN RIVER FROM THE KIMPO AIR STRIP ABOARD DUKW'S OF THE 1ST MARINE DIV, IN OFFENSIVE LAUNCHED BY U N FORCES AGAINST THE NORTH KOREAN ENEMY FORCES IN THAT AREA. (~~DELETED CAPTION~~)

U S ARMY PHOTO BY CPL ROBERT DANGEL (SK)

RELEASED FOR PUBLICATION

SC 348704(RG 111)

미해병대 수륙양용차를 타고 한강을 건너는 한국해병대

유엔군의 북한군 공세 때 한국해병대가 미해병 1사단의 수륙양용차(DUKW)에 탑승해 김포 방면에서 한강을 건너고 있다.(1950. 9. 20 촬영)

*해제: 그리고 '덕(오리)'이라는 별명으로 불렸던 DUKW는 미국의 수륙 양용 차량이다. 한국해병대와 미해병 1사단은 서울 탈환을 위해 한강 좌측전선에서 강을 건너 진격하다 연희고지에서 북한군과 치열한 전투를 벌였다.

18744

SC-349166

FEC-50-9222 25 SEPT 50

CONFLICT IN KOREA:

AMTRAC'S ADVANCE ACROSS THE HAN RIVER AS THE 32ND INF REGT, 7TH INF DIV ADVANCE ON SEOUL, KOREA. (CB)

U S ARMY PHOTO BY CPL RONALD L.HANCOCK

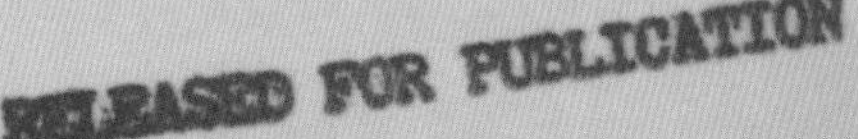

SC 349166(RG 111)

서울 탈환 작전 때 잠시 휴식을 취하는 국군 장병

한국전쟁: 미7사단 소속 제32보병 연대가 한국 서울에 진출함에 따라 수륙양용차(AMTRAC)가 한강을 가로질러 나아가고 있다.(1950. 9. 25 촬영)

＊해제: 9.28 서울 수복 당시 영등포를 점령한 미7사단 주력은 배속 부대인 미32연대와 국군 17연대를 한강 이남 신사리를 통해 서빙고로 도하시켰다. 용산기지(당시는 캠프 서빙고라고 불림)가 위치한 서빙고 일대는 한강 우측방어선에서 중요한 전략지였다. 이 사진은 서울 수복 직전 잠깐 휴식을 취하는 미7사단 배속 국군 장병의 모습이다.

SC 349333 KOREA
KOREAN CONFLICT
General of the Army Douglas MacArthur, Commander-in-Chief, UN Command (at speaker's stand), addresses guests attending ceremonies held at the Capitol Building, Seoul, Korea, to restore the capital of the Korean Republic to it's President, Syngman Rhee.

29 September 1950

Signal Corps Photo#FEC-50-9337 (Dangel)
Released by OPI, D/D, 13 October 1950
Orig. neg. Lot 18750

#SC 349333(RG 111)

서울 수복 후 중앙청 정부 환도 기념식에서 연설하는 맥아더.

한국전쟁. 대한민국 수도를 이승만 대통령에게 되돌려주기 위해 (발언대에 있는) 유엔군사령관 맥아더가 한국 서울 중앙청에서 열린 서울 수복 기념식에서 참석한 내빈들에게 연설을 하고 있다.(1950. 9. 29 촬영)

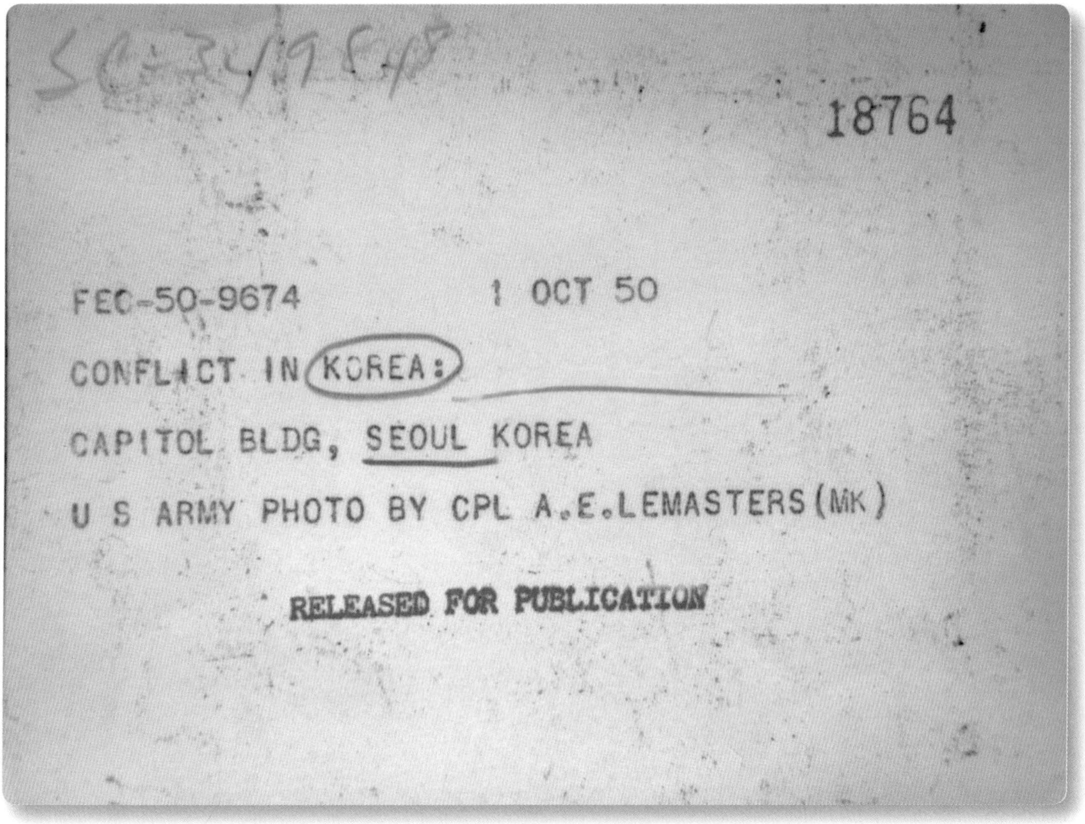

18764

FEC-50-9674 1 OCT 50

CONFLICT IN KOREA:

CAPITOL BLDG, SEOUL KOREA

U S ARMY PHOTO BY CPL A.E.LEMASTERS(MK)

RELEASED FOR PUBLICATION

SC 349818(RG 111)

서울 수복 직후 중앙청 모습

한국전쟁. 한국 서울 중앙청(1950. 10. 1 촬영)

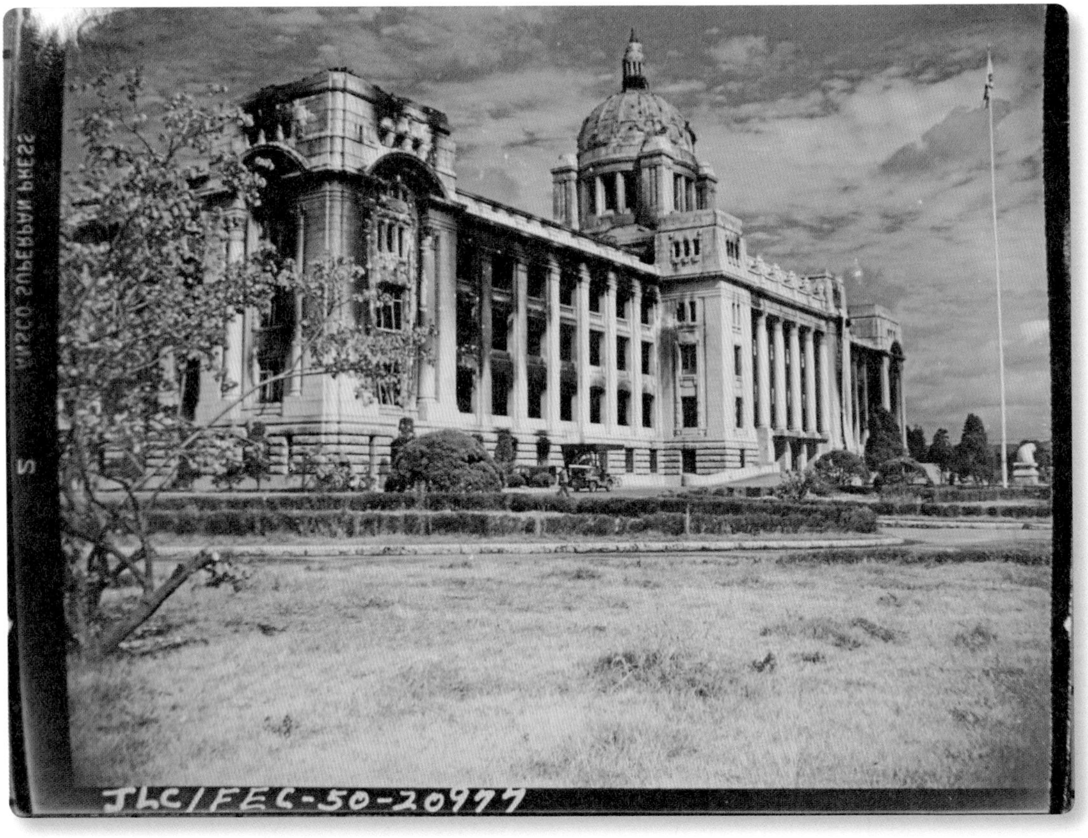
ACME SUPERPAN PRESS
S
JLC/FEC-50-20977

SC-351358

18813

JLC/FEC-50-20977 18 OCT 50

CONFLICT IN KOREA: Korea -

THE CAPITOL BLDG., SEOUL, KOREA.

U S ARMY PHOTO BY SFC CECIL RILEY(KIP)

SC 351358(RG 111)

서울 수복 직후 중앙청 모습

한국전쟁. 한국 서울 중앙청(1950. 10. 18 촬영)

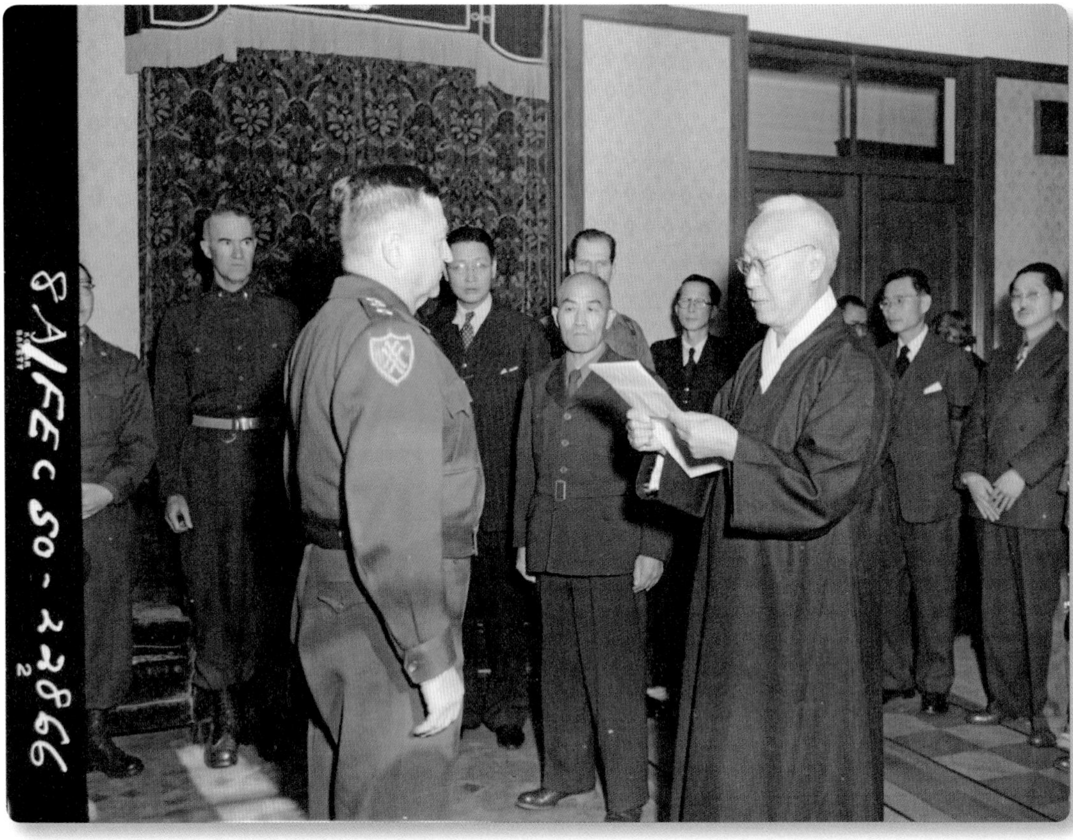

SC-354866

18945

8A/FEC-50-22866 19 DEC 50

LT GEN WALKER RECEIVES AWARD:

SYNGMAN RHEE (RIGHT) PRES OF THE REPUBLIC OF KOREA, AWARDS THE REPUBLIC OF KOREA'S HIGHEST MILITARY AWARD, THE ORDER OF MILITARY MERIT, TO LT GEN WALTON H WALKER (LEFT) CG 8TH U S ARMY, DURING CEREMONIES HELD IN KOREA. THE MEDAL WAS AWARDED TO GEN WALKER FOR HIS OUTSTANDING AND COURAGEOUS LEADERSHIP OF AMERICAN AND KOREAN FORCES DURING THE KOREAN HOSTILITIES.

U S ARMY PHOTO BY CPL ROBERT K BRIGHAM (SK)

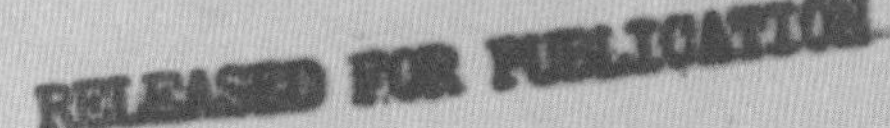

#SC 354866(RG 111)

미8군사령관 워커 중장이 이승만 대통령으로부터 무공훈장을 수여받는 모습

워커 중장이 훈장을 받고 있다: 대한민국 대통령 이승만(오른쪽)이 미8군사령관 웰턴 H. 워커 중장에게 행사 간 대한민국 최고 무공훈장인 금성태극훈장을 수여하고 있다. 이 훈장은 한국전쟁 중 미군과 한국군에 대해 탁월하고 용기 있는 지도력을 보여준 워커 장군에게 수여되었다. (1950. 12. 19 촬영)

*해제: 참고로 이 시기 미육군과 미해병대는 중공군의 포위망을 탈출해 흥남으로 철수하였고 수많은 피란민이 흥남부두로 몰려들고 있었다.

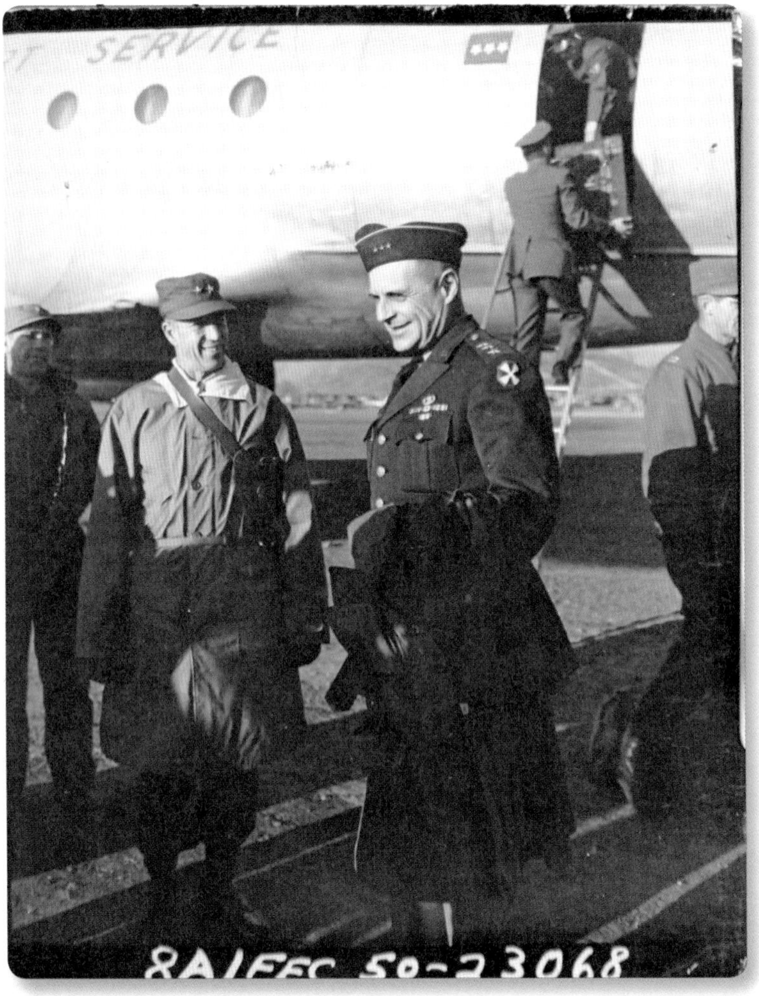
SERVICE
8AIFEC 50-23068

SC-355215 18946

8A/FEC-50-23068 26 DEC '50

CONFLICT IN KOREA:

LT GEN MATTHEW B. RIDGWAY, CG OF EUSAK, IS ~~GREETED BY MAJ GEN LEVEN C.~~ ALLEN, CHIEF OF STAFF TO THE LATE GEN WALTON H. WALKER, UPON GEN RIDGEWAY'S ARRIVAL IN KOREA TO ASSUME HIS DUTIES AS SUCCESSOR TO THE LATE GENERAL.

U S ARMY PHOTO BY BODLEY (AJR)

STAFF DISTRIBUTION ONLY, NOT FOR PUBLICATION UNLESS RELEASED BY GHQ PIO.

RELEASED FOR PUBLICATION

#SC 355215(RG 111)

워커 중장의 후임으로 한국에 부임한 리지웨이 중장

한국전쟁: 고(故) 웰턴 H. 워커 장군의 후임으로 부임한 미8군사령관 리지웨이 중장이 한국에 도착하자마자 참모장 알렌 소장의 영접을 받고 있다.(1950. 12. 26 촬영)

*해제: 12월 23일 서울시 도봉동에서 한국군 차량과 충돌하며 차량이 전복되는 바람에 현장에서 순직하였다.

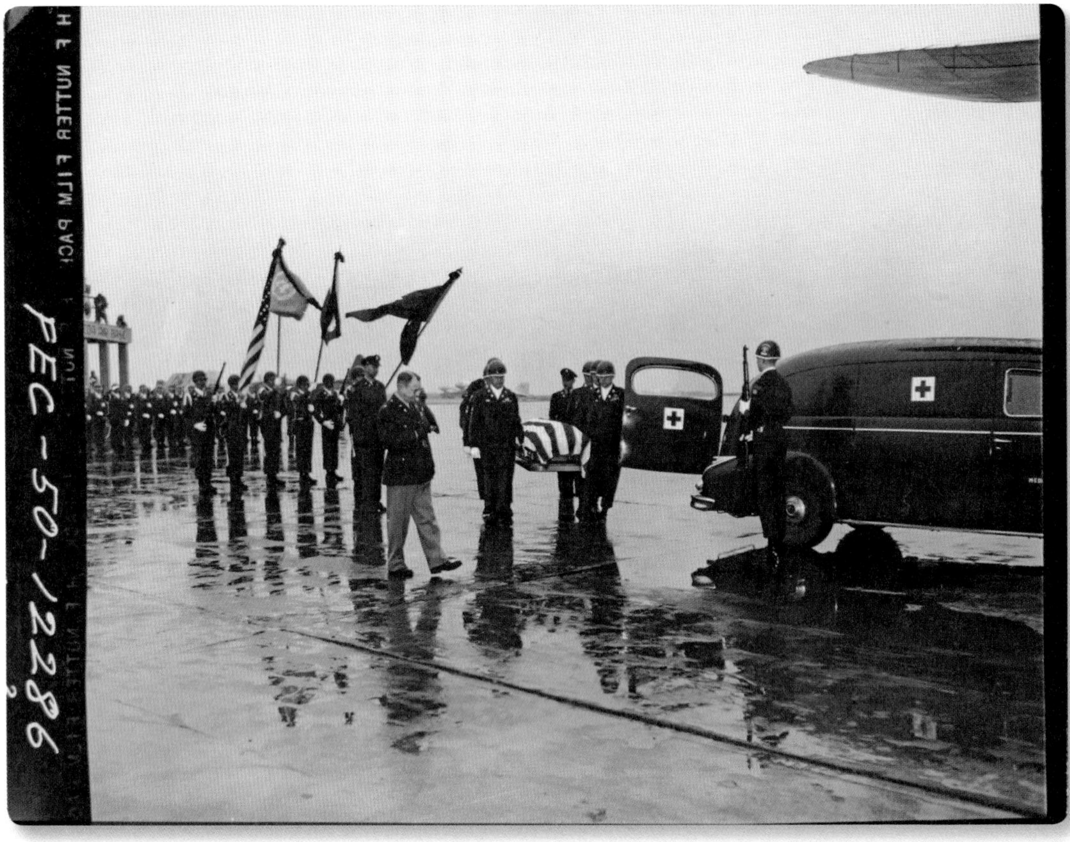

SC-355296 18947

FEC-50-12286 30 DEC 50

GEN WALKER'S REMAINS RETUI NED TO U S:

THE FLAG DRAPED CASKET CONTAINING THE REMAINS OF LT GEN WALTON H WALKER IS PLACED ABOARD A SPECIAL AIRCRAFT AT HANEDA AFB, TOKYO, JAPAN. THE PLANE WILL RETURN THE LATE 8TH ARMY CG'S BODY TO WASHINGTON D C FOR BURIAL IN ARLINGTON NATIONAL CEMETERY.

Funeral of

U S ARMY PHOTO BY SGT HERBERT NUTTER (SK)

RELEASED FOR PUBLICATION

#SC 355296(RG 111)

미국으로 운구 중인 워커 장군의 유해

웰턴 H. 워커 장군의 유해가 미국으로 돌아가다: 성조기로 덮인 워커0 장군의 운구관을 일본 도쿄 하네다 공군기지 내 특별기로 운구하고 있다. 이 비행기는 워커 장군의 유해를 워싱턴의 알링턴 국립묘지로 운구 예정이다.(1950. 12. 30 촬영)

제 II 부

1.4후퇴와 서울,
용산기지_1951년

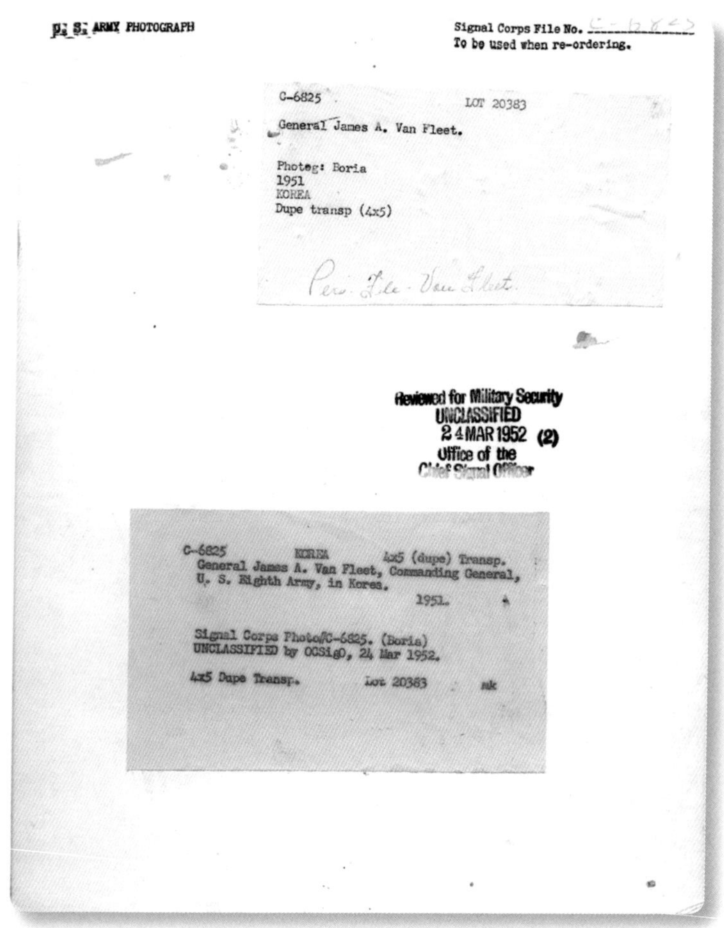
U. S. ARMY PHOTOGRAPH

Signal Corps File No. C-6825
To be used when re-ordering.

C-6825 LOT 20383
General James A. Van Fleet.

Photog: Boria
1951
KOREA
Dupe transp (4x5)

Pers. File - Van Fleet.

Reviewed for Military Security
UNCLASSIFIED
24 MAR 1952 (2)
Office of the
Chief Signal Officer

C-6825 KOREA 4x5 (dupe) Transp.
General James A. Van Fleet, Commanding General,
U. S. Eighth Army, in Korea.
1951.

Signal Corps Photo#C-6825. (Boria)
UNCLASSIFIED by OCSigO, 24 Mar 1952.

4x5 Dupe Transp. Lot 20383 mk

C-6825(RG 111)

미8군사령관 밴플리트

미8군사령관 제임스 A. 밴플리트 장군.(1951 촬영, 국사편찬위원회 소장)

U.S. NAVY NO. 425230 NEG

425230 5 Jan.1950

SUBJECT:

CAPTION:

Refugees wait hopefully on shore of inchon,Korea while LST-801 stands by to evacuate as many as can be carriard to a point further s south

LOCATION:
Korea

PHOTOGRAPHER:
White,R.H., AF3

TAKEN BY(UNIT)

LOCAL NO.

CLASSIFICATION
RELEASED.

NAS, Anacostia, D.C.

NOTES: 5

425230 5 Jan.1950

SUBJECT:

CAPTION:

Refugees wait hopefully on shore of inchon,Korea while LST-801 stands by to evacuate as many as can be carrierd to a point further s south

#425230(RG 80)

1.4후퇴로 피난을 가려고 인천에 모인 피난민

LST-801 선박이 남쪽의 한 지점까지 피난민을 최대한 많이 대피시키기 위해 대기하는 동안, 피난민이 한국 인천항에서 희망을 갖고 기다리고 있다. (1951. 1. 5 촬영, 국사편찬위원회 소장)

ARMY COMMANDER
CHIEF OF STAFF
D/CHIEFS OF STAFF
AIDES
SEC'Y GEN STAFF
8A/FEC-51-971
KODAK
SAFETY
5

SC. 356328 18998

8A/FEC-51-971 12 JAN 51

PRES RHEE AND GEN RIDGWAY CONFER:

SYNGMAN RHEE (THIRD FROM LEFT) PRESIDENT OF THE KOREAN REPUBLIC AND LT GEN MATTHEW B RIDGWAY (THIRD FROM RIGHT) CG 8TH U S ARMY, LEAVE EUSAK HQS IN KOREA AFTER CONFERENCE.

U S ARMY PHOTO BY CPL ROBERT BRIGHAM (SK)

STAFF DISTRIBUTION ONLY--NOT FOR PUBLICATION UNLESS RELEASED BY GHQ PIO

SC 356328(RG 111)

미8군사령부에서 회담 중인 이승만과 리지웨이

이승만 대통령과 리지웨이 장군 회담: 대한민국 대통령 이승만(왼쪽에서 세 번째)과 미8군사령관 매슈 B. 리지웨이 중장(오른쪽에서 세 번째)이 회담 후 미8군사령부를 나서고 있다.(1951. 1. 12 촬영, 국사편찬위원회 소장)

* 해제: 1.4후퇴 후 이즈음 전선은 북위 37도 부근에서 재조정되고 있었다. 평양에 있던 미8군사령부는 다시 대구로 내려갔고 한국 정부 및 국군 수뇌부도 부산으로 옮겼다.

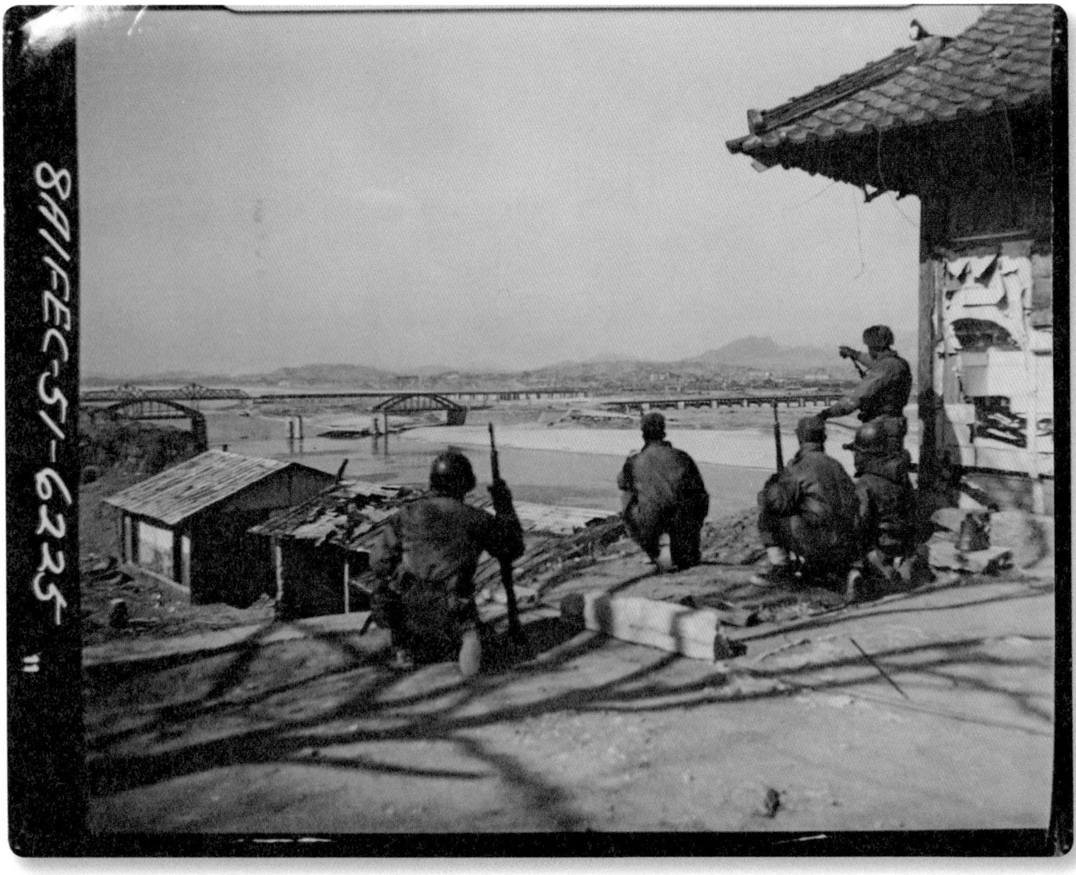

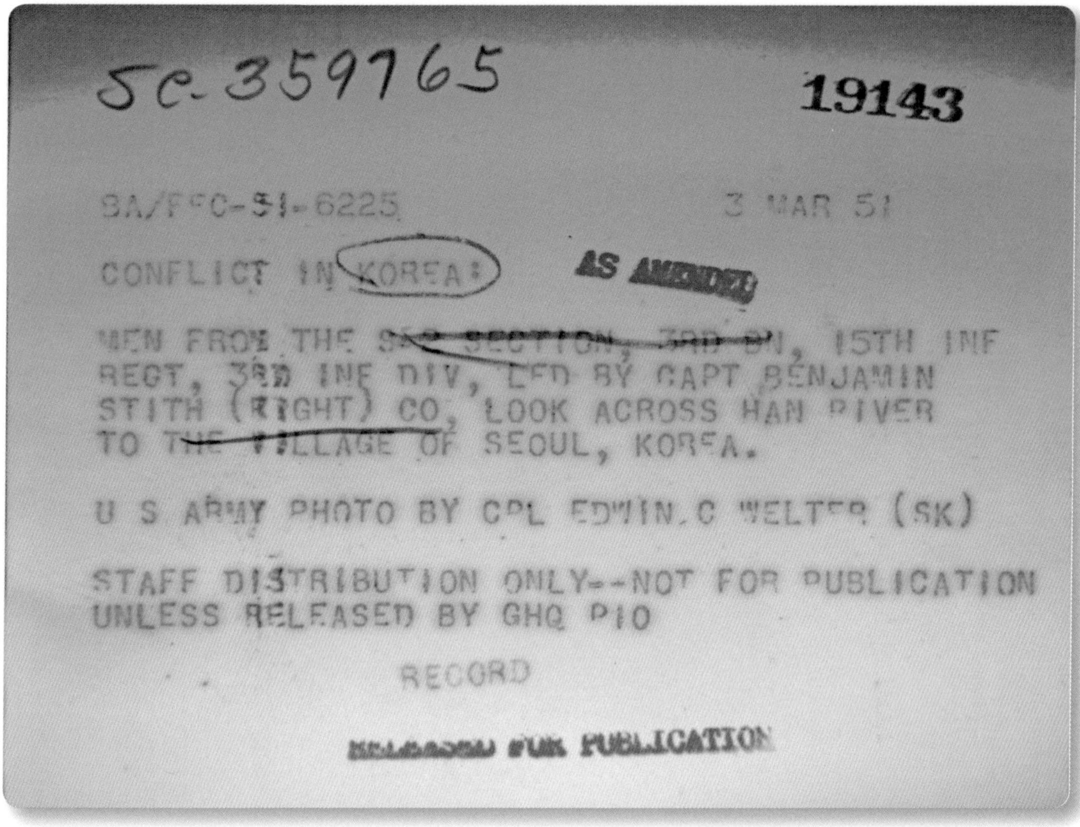

SC-359765

19143

SA/FEC-51-6225 3 MAR 51

CONFLICT IN KOREA: AS AMENDED

MEN FROM THE S-2 SECTION, 3RD BN, 15TH INF REGT, 3RD INF DIV, LED BY CAPT BENJAMIN STITH (RIGHT) CO, LOOK ACROSS HAN RIVER TO THE VILLAGE OF SEOUL, KOREA.

U S ARMY PHOTO BY CPL EDWIN C WELTER (SK)

STAFF DISTRIBUTION ONLY--NOT FOR PUBLICATION UNLESS RELEASED BY GHQ PIO

RECORD

RELEASED FOR PUBLICATION

#SC 359765(RG 111)

한강 이남에서 적정을 살피는 미군 장병

한국전쟁: 대위 벤자민 스티스(오른쪽)가 지휘하는 미3사단 15연대 3대대 정보과 장병이 한강 너머 한국 서울의 마을을 바라보고 있다.(1951. 3. 3 촬영, 국사편찬위원회 소장)

* 해제: 미군이 서울을 재탈환하기 위해 한강 이남의 동작구 흑석동에서 한강대교와 노들섬 방향을 주시하고 있다.

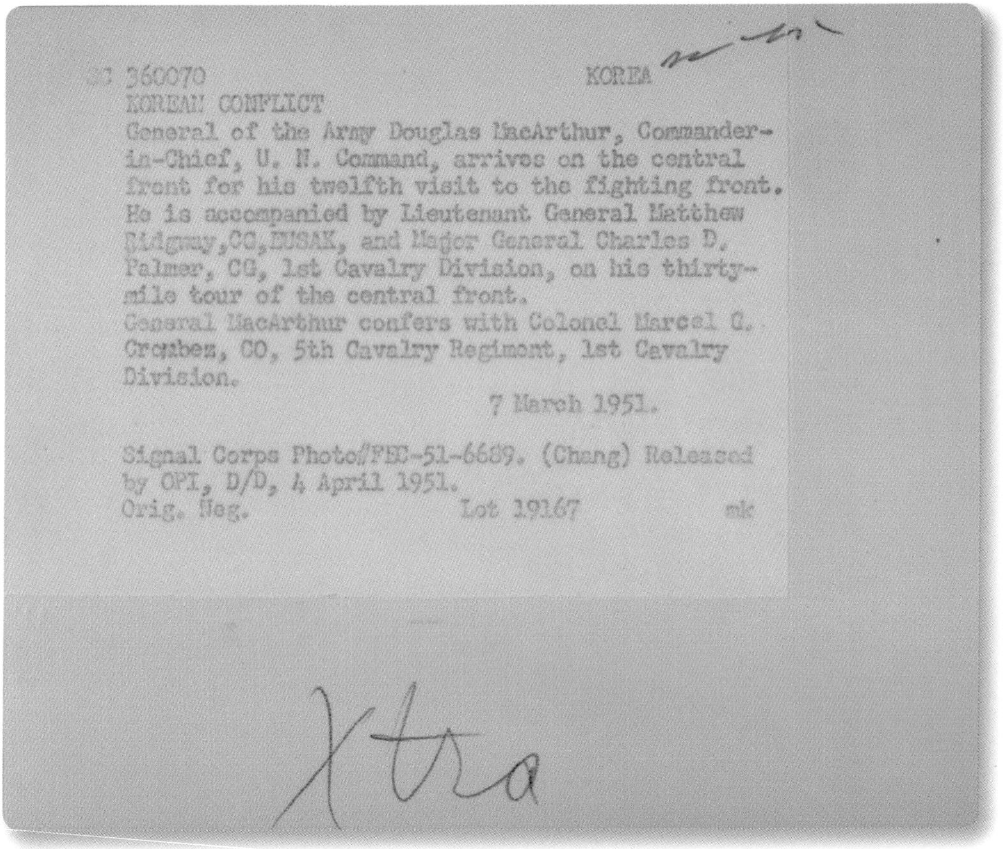

SC 360070 KOREA
KOREAN CONFLICT
General of the Army Douglas MacArthur, Commander-in-Chief, U. N. Command, arrives on the central front for his twelfth visit to the fighting front. He is accompanied by Lieutenant General Matthew Ridgway,CG,EUSAK, and Major General Charles D. Palmer, CG, 1st Cavalry Division, on his thirty-mile tour of the central front.
General MacArthur confers with Colonel Marcel G. Crombez, CO, 5th Cavalry Regiment, 1st Cavalry Division.

7 March 1951.

Signal Corps Photo#FEC-51-6689. (Chang) Released by OPI, D/D, 4 April 1951.
Orig. Neg. Lot 19167 mk

Xtra

SC 360070(RG 319)

참모들과 함께 중부 전선을 시찰 중인 맥아더 유엔군사령관

(한국전쟁 발발 이후-역자) 12번째 한국을 방문한 유엔군 최고사령관 더글라스 맥아더 장군이 전선에 도착했다. 미8군사령관 매슈 B. 리지웨이 중장, 미제1기병사단장 찰스 팔머(Charles D. Palmer) 소장, 제1기병사단 제5기병연대장 마르셀 크롬베즈(Marcel G. Crombez) 대령이 중부 전선 30마일 시찰에 함께 수행했다. 맥아더는 제1기병사단 5연대장 크롬베즈와 대화를 나누고 있다.(1951. 3. 7 촬영, 국사편찬위원회 소장)

19187

SC-361391

SA/FEC-51-7974 16 MAR 51

AERIAL VIEW OF SEOUL AS AMENDED

AN AERIAL OF THE SEOUL, KOREA RAILROAD STATION LOOKING EAST, SHOWING A PORTION OF THE CITY, SHORTLY AFTER MEN OF THE ~~15TH RCT, 3RD INF~~ DIV MOVED IN TO OCCUPY THE CITY.

U S ARMY PHOTO BY SFC JACK T NEWKIRK (SK)

STAFF DISTRIBUTION ONLY--NOT FOR PUBLICATION UNLESS RELEASED BY GHQ PIO

SC 361391(RG 111)

서울 재탈환 직후 남산과 서울역 일대 항공 전경

한국 서울 철도역 동쪽을 바라본 항공 전경: 도시의 일부를 보여주고 있다. 미3사단 15연대 소속 장병들이 서울을 점령하기 위해 이동한 직후다,(1951. 3. 16 촬영, 국사편찬위원회 소장)

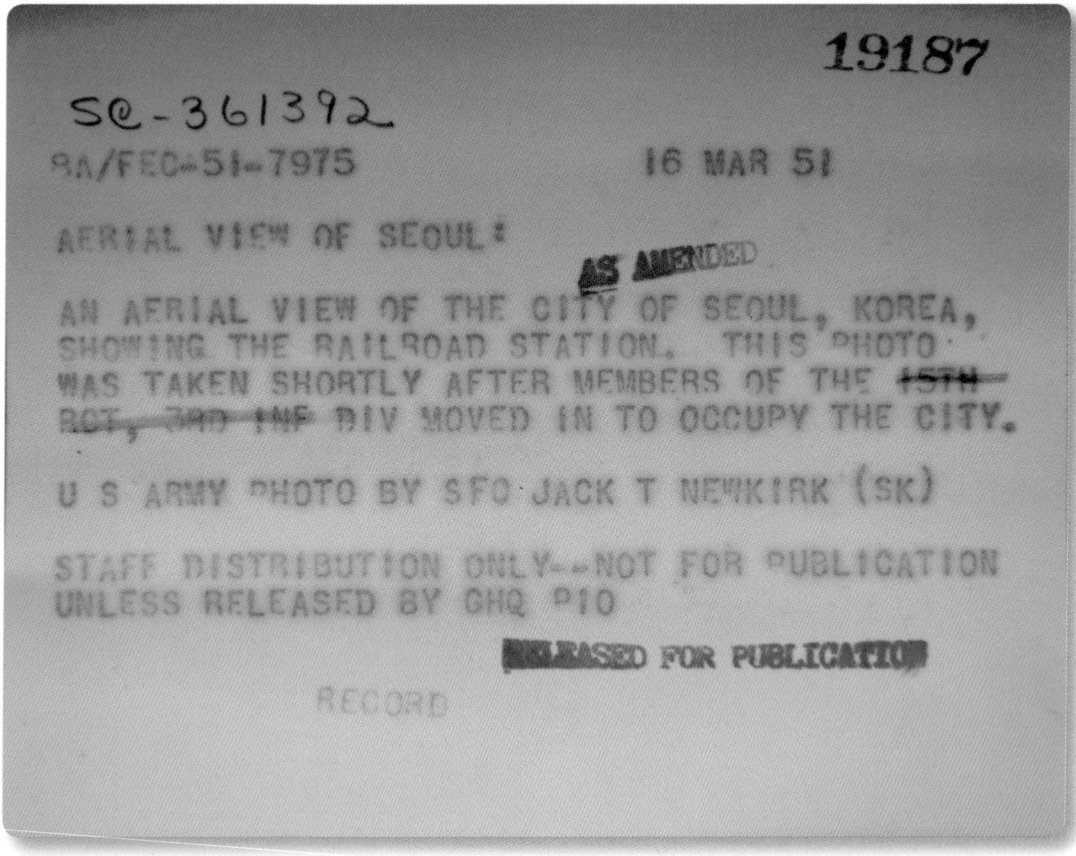

19187

SC-361392

SA/FEC-51-7975 16 MAR 51

AERIAL VIEW OF SEOUL:

AS AMENDED

AN AERIAL VIEW OF THE CITY OF SEOUL, KOREA, SHOWING THE RAILROAD STATION. THIS PHOTO WAS TAKEN SHORTLY AFTER MEMBERS OF THE ~~15TH RCT, 3RD INF~~ DIV MOVED IN TO OCCUPY THE CITY.

U S ARMY PHOTO BY SFC JACK T NEWKIRK (SK)

STAFF DISTRIBUTION ONLY--NOT FOR PUBLICATION UNLESS RELEASED BY GHQ PIO

RELEASED FOR PUBLICATION

RECORD

SC 361392(RG 111)

서울 재탈환 직후 서울역 일대 항공 전경

철도역을 보여주는 한국 서울의 항공 전경: 이 사진은 미3사단 15연대 소속 장병들이 서울을 점령하기 위해 이동한 직후 촬영되었다.(1951. 3. 16 촬영, 국사편찬위원회 소장)

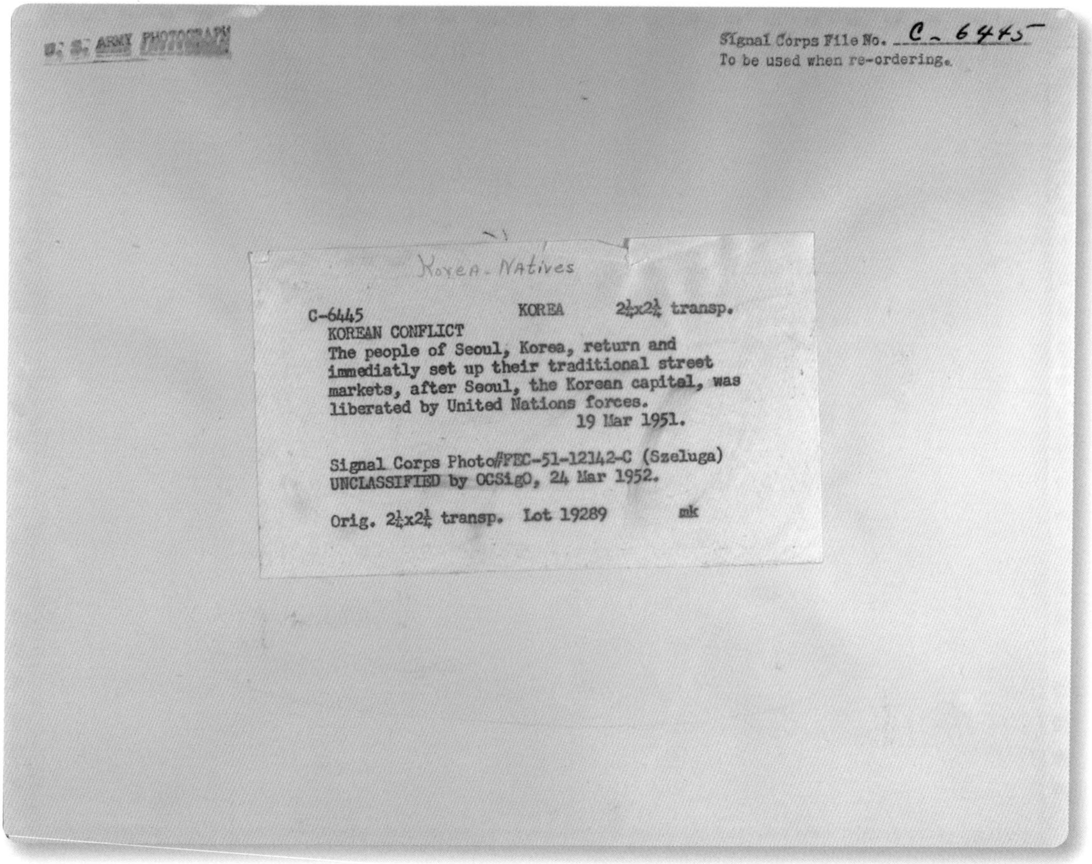

U. S. ARMY PHOTOGRAPH

Signal Corps File No. C-6445
To be used when re-ordering.

Korea-Natives

C-6445 KOREA 2¼x2¼ transp.
KOREAN CONFLICT
The people of Seoul, Korea, return and immediatly set up their traditional street markets, after Seoul, the Korean capital, was liberated by United Nations forces.
19 Mar 1951.

Signal Corps Photo#FEC-51-12142-C (Szeluga)
UNCLASSIFIED by OCSigO, 24 Mar 1952.

Orig. 2¼x2¼ transp. Lot 19289 mk

C-6445(RG 111)

서울 재탈환 직후 전통 시장 풍경

한국전쟁. 한국의 수도인 서울이 유엔군에 의해 해방된 후, 한국 서울 시민이 돌아와 곧바로 전통적인 거리 시장을 세웠다.(1951. 3. 19 촬영, 국사편찬위원회 소장)

U. S. ARMY PHOTOGRAPH

Signal Corps File No. C-6451
To be used when re-ordering.

Kora Havoc of War

C-6451 KOREA 2¼x2¼ transp.
KOREAN CONFLICT
The south gate in Seoul, Korea, the Capital of Korea, which was badly damaged during the liberation of the city by United Nations forces.

20 Mar 1951.

Signal Corps Photo#FEC-51-12147-C (Szeluga)
UNCLASSIFIED by OCSigO, 24 Mar 1952.

Orig. 2¼x2¼ transp. Lot 19289 mk

C-6451(RG 111)

서울 재탈환 직후 남대문 모습

한국전쟁. 한국의 수도 서울 남대문. 남대문은 유엔군이 서울을 해방시키는 가운데 심각한 피해를 입었다. (1951. 3. 20 촬영, 국사편찬위원회 소장)

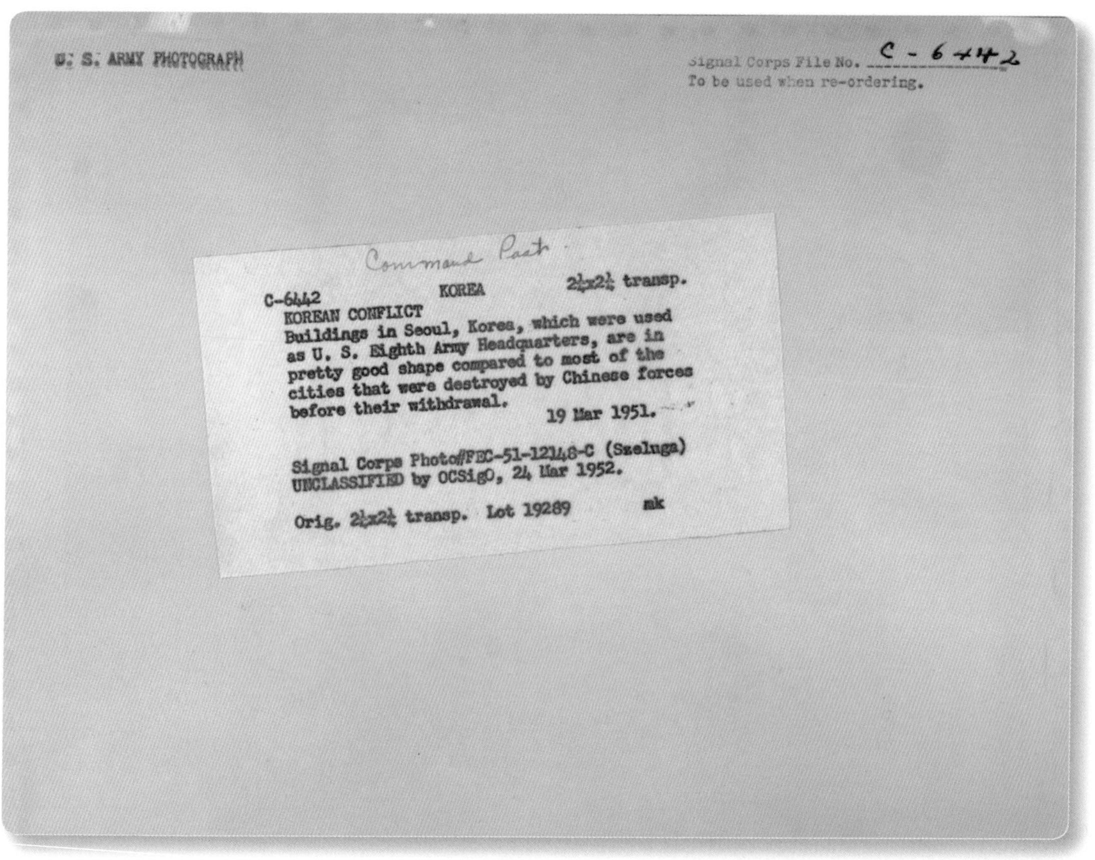
U. S. ARMY PHOTOGRAPH

Signal Corps File No. C-6442
To be used when re-ordering.

Command Post.

C-6442 KOREA 2¼x2¼ transp.
KOREAN CONFLICT
Buildings in Seoul, Korea, which were used as U. S. Eighth Army Headquarters, are in pretty good shape compared to most of the cities that were destroyed by Chinese forces before their withdrawal. 19 Mar 1951.

Signal Corps Photo#FEC-51-12148-C (Szeluga)
UNCLASSIFIED by OCSigO, 24 Mar 1952.

Orig. 2¼x2¼ transp. Lot 19289 mk

C-6442(RG 111)

서울 재탈환 직후 미8군사령부 건물

한국전쟁. 미8군사령부로 사용됐던 한국 서울의 건물은 중공군이 후퇴하며 파괴했던 대부분의 도시에 비해 상당히 양호한 모습이다.(1951. 3. 19 촬영, 국사편찬위원회 소장)

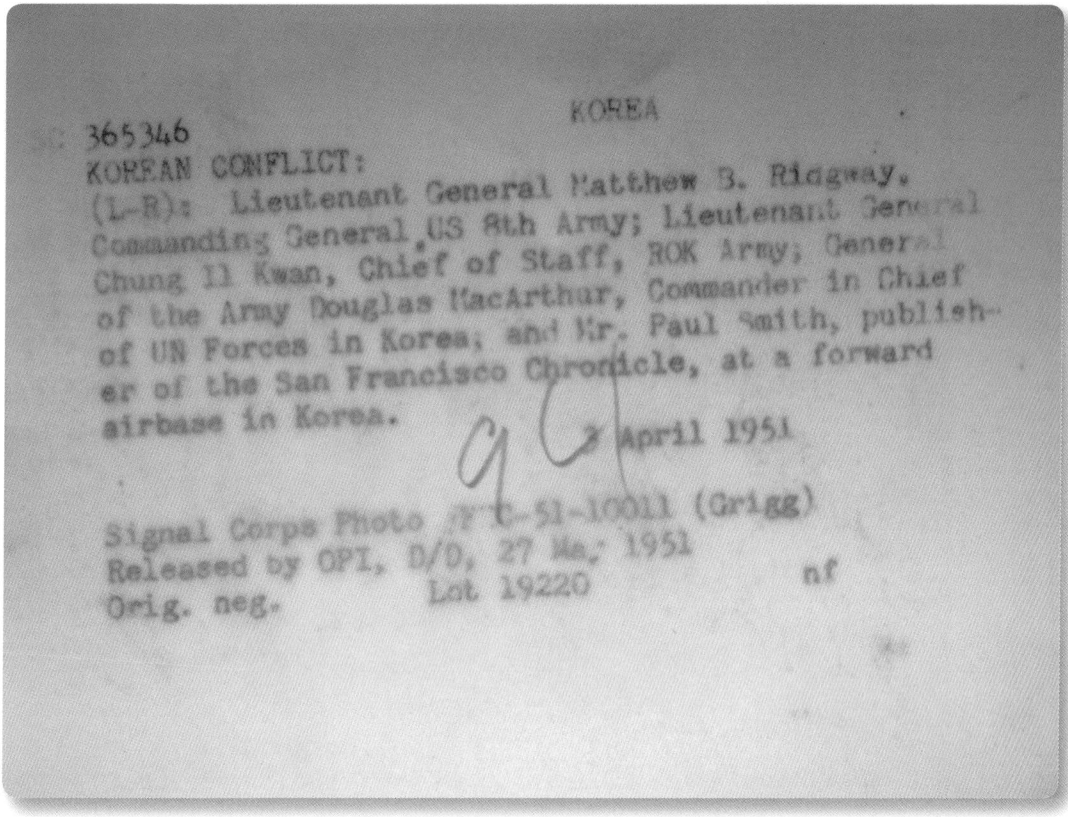

KOREA

SC 365346
KOREAN CONFLICT:
(L-R): Lieutenant General Matthew B. Ridgway, Commanding General, US 8th Army; Lieutenant General Chung Il Kwan, Chief of Staff, ROK Army; General of the Army Douglas MacArthur, Commander in Chief of UN Forces in Korea; and Mr. Paul Smith, publisher of the San Francisco Chronicle, at a forward airbase in Korea.

3 April 1951

Signal Corps Photo #FEC-51-10011 (Grigg)
Released by OPI, D/D, 27 May 1951
Orig. neg. Lot 19220 nf

SC 365346(RG 111)

전방 공군기지에서 한미 군수뇌부

한국전쟁: (왼쪽에서 오른쪽으로) 미8군사령관 리지웨이 중장, 한국 육군총참모장 정일권 중장, 유엔군 최고사령관 맥아더 장군, 샌프란시스코 신문 편집인 폴 스미스, 한국 전방 공군기지에서.(1951. 4. 3 촬영, 국사편찬위원회 소장)

381794

381794 PUSAN, KOREA

KOREAN CONFLICT:

Syngman Rhee, President of the Republic of Korea, and Lt. Gen. Matthew B. Ridgway, former Commanding General, 8th US Army, and newly appointed Commander in Chief, Far East Command (shown left to right), meet at one of the official government houses in Pusan, Korea.

12 April 1951

Signal Corps Photo #FEC-51-11327 (Nutter)
UNCLASSIFIED by OCSigO 19 Nov. 1951

Orig. neg. Lot 19869 nf

#SC 381794(RG 111)

신임 극동군사령관 리지웨이 중장이 부산 임시수도의 이승만을 예방하는 모습

한국전쟁: (왼쪽에서 오른쪽 순) 한국대통령 이승만과 전 미8군사령관이자 신임 극동군사령관으로 지명된 매슈 B. 리지웨이가 한국 부산에 있는 한 정부 관저에서 만나고 있다.

(1951. 4. 12 촬영, 국사편찬위원회 소장)

*해제: 1951년 4월 11일, 미대통령 트루먼은 맥아더 장군을 UN군 총사령관에서 해임하고, 후임에 미8군사령관 매슈 B. 리지웨이 중장을 임명했다. 정부 관저란 부산 임시수도에 있는 대통령관저를 말한다.

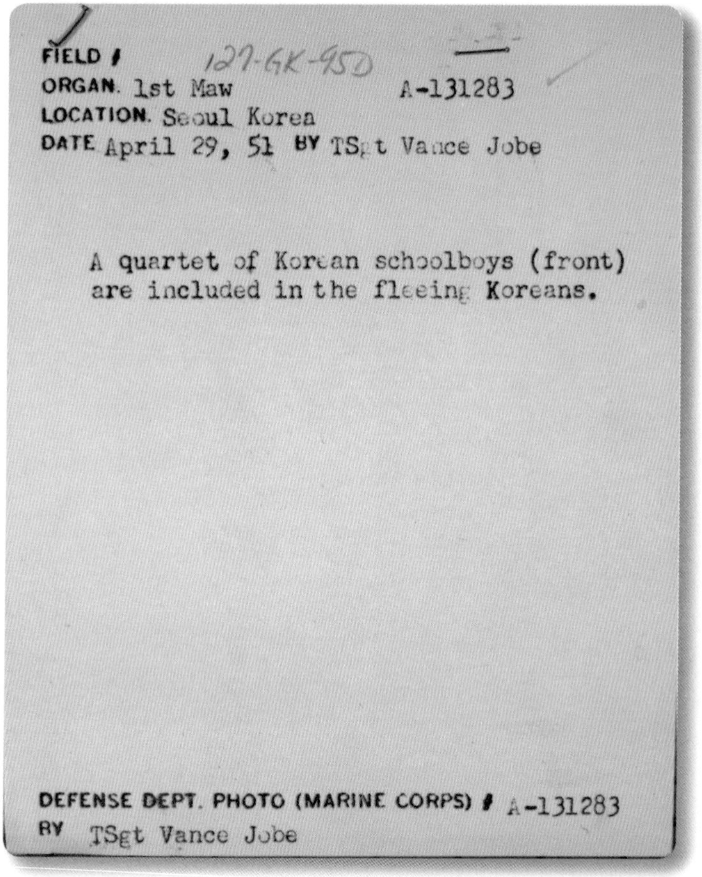

FIELD # 127-GK-95D
ORGAN. 1st Maw A-131283
LOCATION. Seoul Korea
DATE April 29, 51 BY TSgt Vance Jobe

A quartet of Korean schoolboys (front) are included in the fleeing Koreans.

DEFENSE DEPT. PHOTO (MARINE CORPS) # A-131283
BY TSgt Vance Jobe

A-131283(RG 127)

한강 부교를 이용해 피난중인 서울 시민

1년 만에 세 번째로, 수천 명의 서울 시민은 위협적인 공산주의 군대의 행렬이 수도를 폐쇄함으로써 그들의 집을 떠났다. 필요한 물품만을 등에 매고, 한국인은 침착하게 한강의 북쪽 제방에 모였다. 그들은 역사적인 강을 건너 남쪽의 안전한 지역으로 건너갈 차례를 기다리며 다시 난민 길을 떠났다. 이번에는 한국인이 부교에 놓인 좁은 널빤지 다리 위를 걸었다. 민간경찰이 보행로의 무게를 분산시키기 위해 난민을 소그룹으로 나누어 간격을 두었기에 이동은 느렸다. 난민들 중 일부는 작은 배를 이용해 한강을 건넜다.(1951. 4. 29 촬영, 국사편찬위원회 소장)

* 해제: 중공군 제1차 춘계공세로 한때 서울이 위태롭게 되자 정부가 4월 25일 서울시민철수령을 내렸다.

FIELD # 127-GK-95D
ORGAN. 1st Maw A-131288
LOCATION. Seoul, Korea
DATE April 29, 51 BY TSgt Vance Jobe

For the third time in a year, thousands of Seoul residents left their homes as threatenings columns of Communist Troops closed in on the capital city. Strapping only their necessary w orldly goods on their backs, the Koreans again hit the refugee trail as they quietly gathered at the north bank of the Han river, waiting their turn to cross the historic waters to safer areas to the south. This time, they walked over a narrow plank bridge laid on pontoons. Travel was slow as civilian police spaced out the crossers into small groups to keep heavy weights off the boardwalk. Some of the refugees were ferried across the Han in small boats.

DEFENSE DEPT. PHOTO (MARINE CORPS) # A-131288
BY TSgt Vance Jobe

A-131288(RG 127)

피난 행렬 속 미해병대 카메라맨을 쳐다보는 아이들

한국 소년 4명(앞)이 피난민 행렬 속에 포함되어 있다.(1951. 4. 29 촬영, 국사편찬위원회 소장)

SC-368968 19420

8A/FEC-51-17738 1 JUNE 51

AS AMENDED

BRIDGE DEDICATION:

(CENTER) LT GEN JAMES A.VAN FLEET, CG, US 8TH ARMY DRIVES IN THE LAST SPIKE ON THE RECENTLY COMPLETED ~~BRIDGE~~ SPANNING THE HAN RIVER ~~INTO SEOUL~~, KOREA.

US ARMY PHOTO BY CPL ROBERT BRIGHAM (LF)

STAFF DISTRIBUTION ONLY--NOT FOR PUBLICATION UNTIL RELEASED BY GHQ PIO.

RECORD

SC 368968(RG 111)

미8군사령관 밴플리트 중장이 복구된 한강인도교의 마지막 못을 박는 장면

교량 헌정: 미8군사령관 밴플리트 중장이 한국 서울의 한강을 잇는 최근 완공된 교량에서 마지막 못을 박고 있다.(1951. 6. 1 촬영, 국사편찬위원회 소장)

RESTRICTED
SECURITY INFORMATION
8A/FEC-51-18654
12
RESTRICTED
SECURITY INFORMATION

SC-369706-R 19445

SA/FEC-51-18654 6 JUNE 51

RESTRICTED

LAST GIRDER INTO PLACE.

LAST GIRDER IS RAISED INTO PLACE ON RAILROAD BRIDGE SPANNING THE HAN RIVER, KOREA, BETWEEN SEOUL AND YONGDUNGPO. BRIDGE WAS RECONSTRUCTED BY 453RD ENGR BN, EUSAK.

US ARMY PHOTO BY PFC JACK DE SORT(RM)

STAFF DISTRIBUTION ONLY--NOT FOR PUBLICATION UNTIL RELEASED BY GHQ PIO

RECORD
RESTRICTED

SC 369706(RG 111)

한강 철교의 마지막 교량이 설치되는 모습

마지막 거더(철제 대들보)가 한국 서울과 영등포 사이의 한강을 잇는 철교 위에 설치되고 있다. 철교는 미8군 제453공병대대가 재시공하였다.(1951. 6. 6 촬영, 국사편찬위원회 소장)

370735

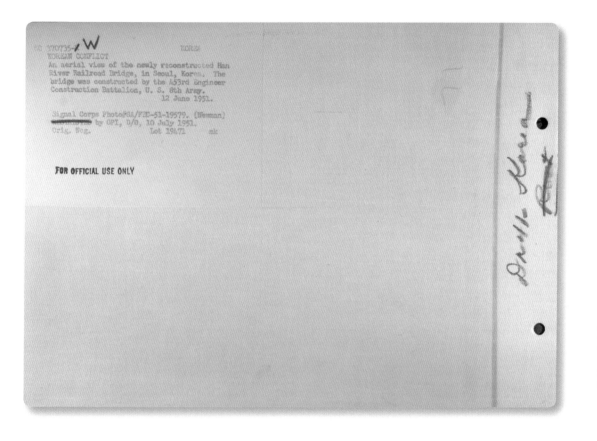

SC 370735-W KOREA
KOREAN CONFLICT
An aerial view of the newly reconstructed Han River Railroad Bridge, in Seoul, Korea. The bridge was constructed by the 453rd Engineer Construction Battalion, U. S. 8th Army.
12 June 1951.

Signal Corps Photo#8A/FEC-51-19579. (Newman)
by OPI, D/O, 10 July 1951.
Orig. Neg. Lot 19471 mk

FOR OFFICIAL USE ONLY

SC 370735(RG 111)

서울조차장 상공에서 본 한강 철교 전경

한국전쟁. 최근 재건축된 한국 서울 한강 철교의 항공 전경. 철교는 미8군 제453건축공병대대가 재시공하였다. (1951. 6. 12, 국사편찬위원회 소장)

＊해제: 한강 너머는 동작구 노량진과 흑석동 일대다.

FOR OFFICIAL USE ONLY

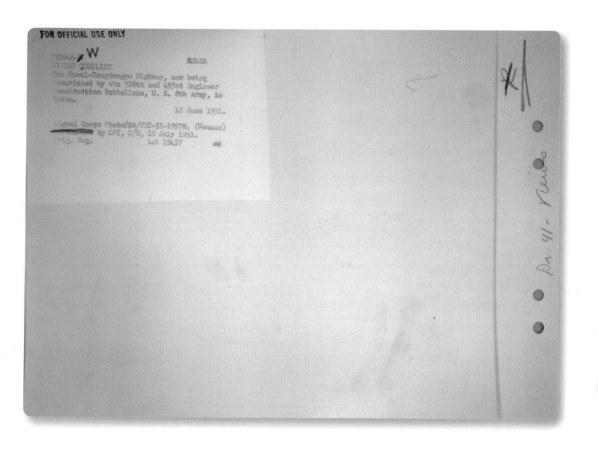

W

KOREA

CONFLICT

Seoul-Yongdongpo Highway, now being
surfaced by the 526th and 453rd Engineer
Construction Battalions, U. S. 8th Army, in
Korea.

12 June 1951.

Signal Corps Photo

by CPI, D/D, 10 July 1951.

Lot 19457

\# SC 370666(RG 319)

노량진 상공에서 본 한강인도교(현 한강대교) 모습

현재 서울-영등포 도로가 한국 미8군 제526 및 453 건축공병대대에 의해 재포장되고 있다.(1951. 6. 12 촬영, 국사편찬위원회 소장)

* 해제: 한강대교 남단에 이어진 큰 길과 사진의 우측 아래에서 두 번째 길에 오늘날 상도터널이 있다.

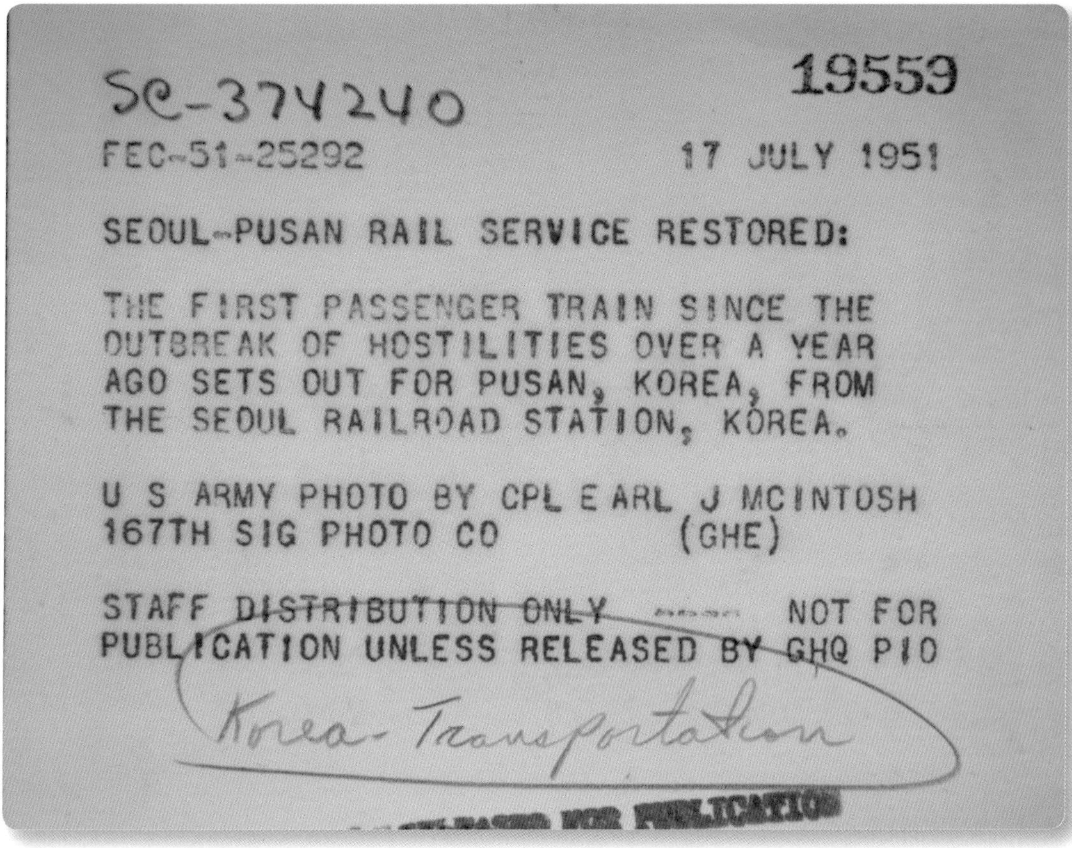

SC-374240 19559
FEC-51-25292 17 JULY 1951

SEOUL-PUSAN RAIL SERVICE RESTORED:

THE FIRST PASSENGER TRAIN SINCE THE OUTBREAK OF HOSTILITIES OVER A YEAR AGO SETS OUT FOR PUSAN, KOREA, FROM THE SEOUL RAILROAD STATION, KOREA.

U S ARMY PHOTO BY CPL EARL J MCINTOSH
167TH SIG PHOTO CO (GHE)

STAFF DISTRIBUTION ONLY ---- NOT FOR PUBLICATION UNLESS RELEASED BY GHQ PIO

Korea- Transportation

RELEASED FOR PUBLICATION

SC 374240(RG 111)

복구된 철도가 서울역에서 부산으로 출발 중인 모습
서울-부산 철도 서비스 복구: 1년 전 적대행위가 발생한 이래 첫 번째 여객열차가 한국 서울역에서 부산으로 출발하고 있다.(1951. 7. 17 촬영, 국사편찬위원회 소장)

FIELD # K 19-12
ORGAN. 1st MarDiv. A-156596
LOCATION. Hongchon, Korea
DATE Aug. 20, 1951 BY Cpl. William [illegible]. Goodman

127-GK-60F

BLONDE IN KOREA--Miss Peggy Alexander, who stars in "Broadway Echoes," a USO Camp Show touring front line units in Korea, helps a Korean "mama-san" light up before the show. The two Korean women and the little girl got almost as big a kick out of the show as did Leathernecks of the First Marine Division.

DEFENSE DEPT. PHOTO (MARINE CORPS) # A-156596
BY Cpl. William [illegible]. Goodman

127-GK-60F-A156596(RG 127)

미군위문협회(USO)가 전선지역 순회 공연의 일환으로 강원도 홍천 미제1해병사단을 방문한 모습.

한국에서의 금발. 한국의 최전방 부대들을 대상으로 미군위문협회(USO) 순회 공연 중, 금발의 미스 페기 알렉선더가 공연 전, 한국 여성의 담뱃대에 불을 붙여주고 있다. 2명의 한국여성과 어린 소녀는 미 해병1사단 소속 해병대원들과 마찬가지로 공연을 거의 볼 수가 없었다.(1951. 8. 20 촬영, 국사편찬위원회 소장)

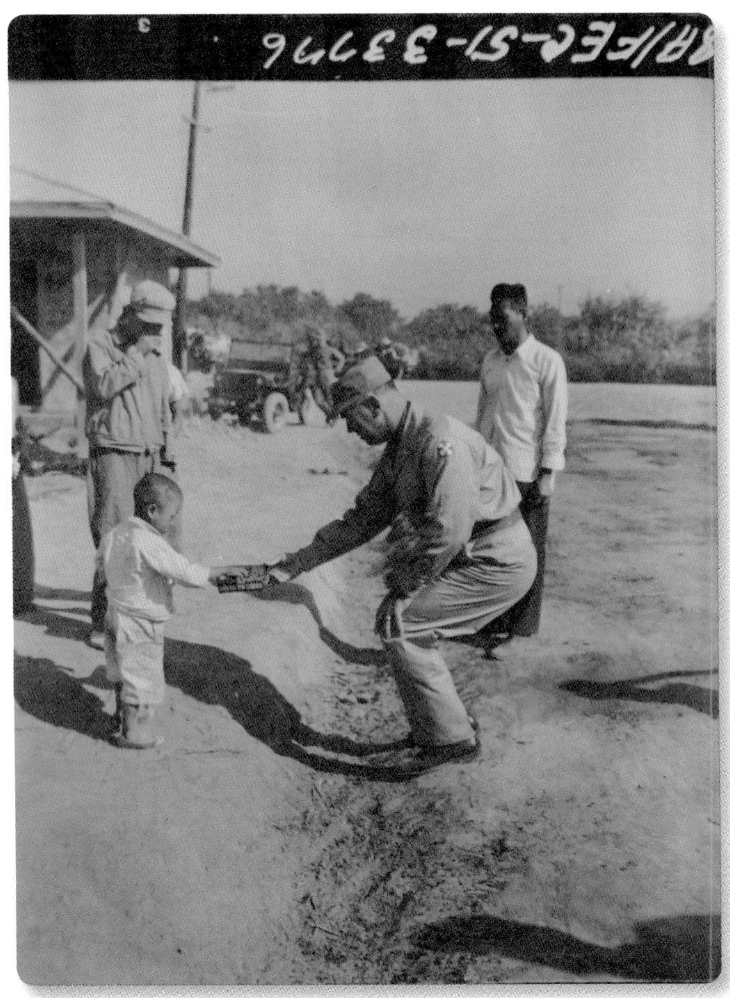

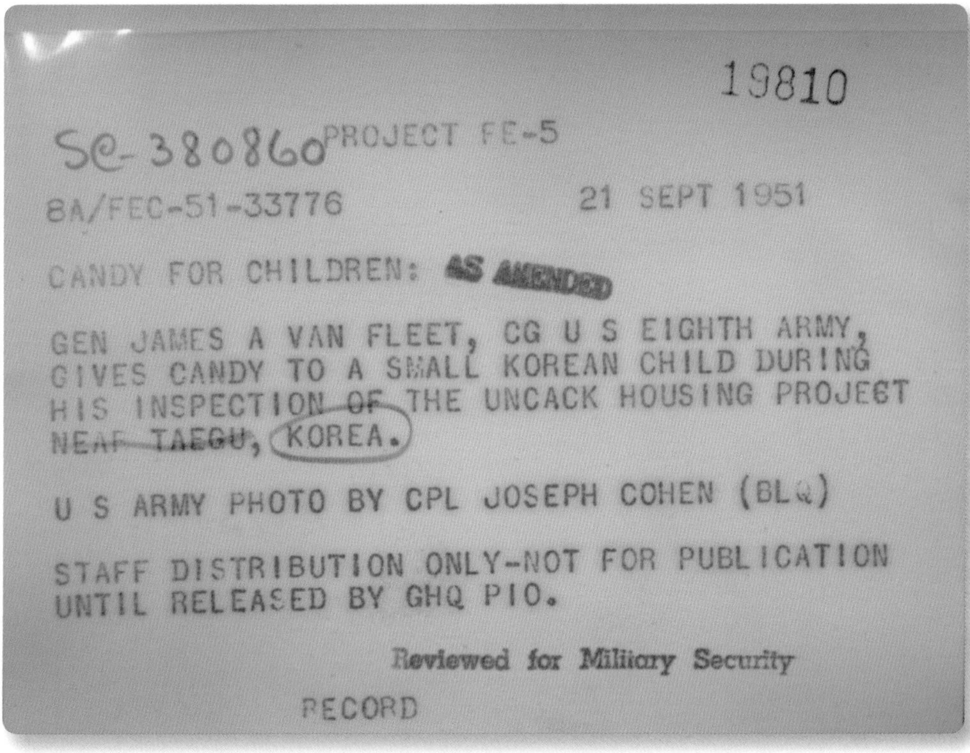

19810

SC-380860 PROJECT FE-5

8A/FEC-51-33776 21 SEPT 1951

CANDY FOR CHILDREN: AS AMENDED

GEN JAMES A VAN FLEET, CG U S EIGHTH ARMY, GIVES CANDY TO A SMALL KOREAN CHILD DURING HIS INSPECTION ~~OF~~ THE UNCACK HOUSING PROJECT ~~NEAR TAEGU~~, KOREA.

U S ARMY PHOTO BY CPL JOSEPH COHEN (BLQ)

STAFF DISTRIBUTION ONLY-NOT FOR PUBLICATION UNTIL RELEASED BY GHQ PIO.

Reviewed for Military Security

RECORD

#SC 380860(RG 111)

아이에게 사탕은 주는 미8군사령관 밴플리트

어린이를 위한 사탕: 미8군사령관 밴플리트 장군이 한국 대구 인근 유엔한국민사원조사령부(UNCACK)의 주택보급 사업 시찰 중 한국인 아이에게 사탕을 주고 있다.

(1951. 9. 21 촬영, 국사편찬위원회 소장)

AIR FORCE ACTIVITIES - Korea - 1953 - AERIALS

Orig. 4x5 Neg. No. X4-2, rec'd from Hdq. 2nd Photo Squadron, 1350th Photo Group, APO #328, c/o Postmaster, San Francisco, California

Aerials

NASM 4A 25727

A-83468AC

Aerial view of Seoul, Korea. 18 October 1951.

#NASM 4A 25727(RG 342)

1951년 가을 서울 용산 철도조차장 일대

1951년 10월 18일 서울의 항공 전경.(1951. 10. 18 촬영)

*해제: 용산 철도 조차장과 만초천 너머 원효로 일대 전경이다. 용산역과 철도 조차장 일대가 극심한 피해를 받았음을 알 수 있다.

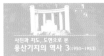

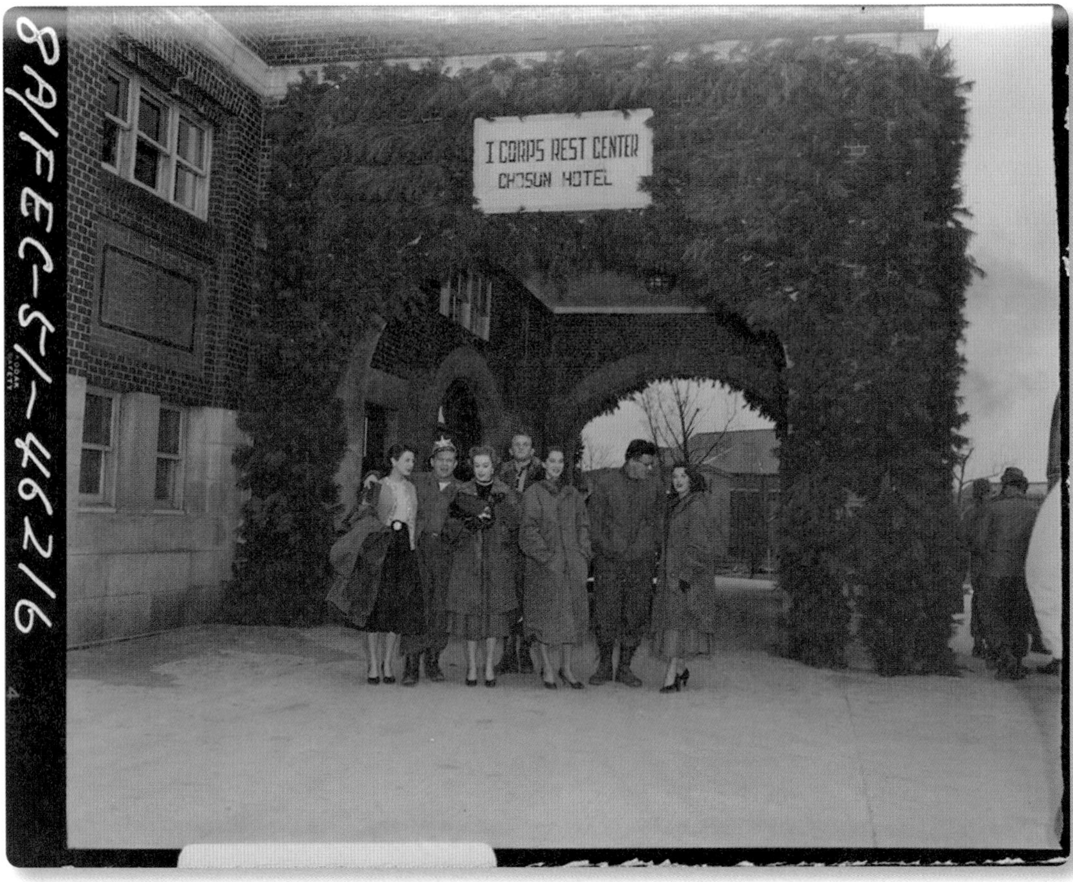
I CORPS REST CENTER
CHOSUN HOTEL
8A/FEC-51-46216

SC-387398

PROJECT FE-19 20172

8A/FEC-51-46216 **AS AMENDED** 30 DEC 51

MEMBERS OF THE USO SHOW #995 ARRIVE AT CHOSIN HOTEL, I U S CORPS REST CENTER, AS THEY ARRIVE AT ~~SEOUL~~, KOREA, TO ENTERTAIN TROOPS IN THAT AREA.

U S ARMY PHOTO BY BEN WISNIEWSKI (SK)
51ST SIG BN

STAFF DISTRIBUTION ONLY--NOT FOR PUBLICATION UNLESS RELEASED BY GHQ PIO

Reviewed for Military Security

RECORD

SC 387398(RG 111)

조선호텔 앞 미군위문협회(USO) 단원과 미군 장병

미군위문협회(USO) 공연(#995) 단원들이 미1군단 휴양센터인 조선호텔에 도착했다. 그들은 그 지역의 군대를 즐겁게 해주기 위해 한국 서울에 도착했다.(1951. 12. 30 촬영)

제III부

용산기지 재건을 시작하다_1952년

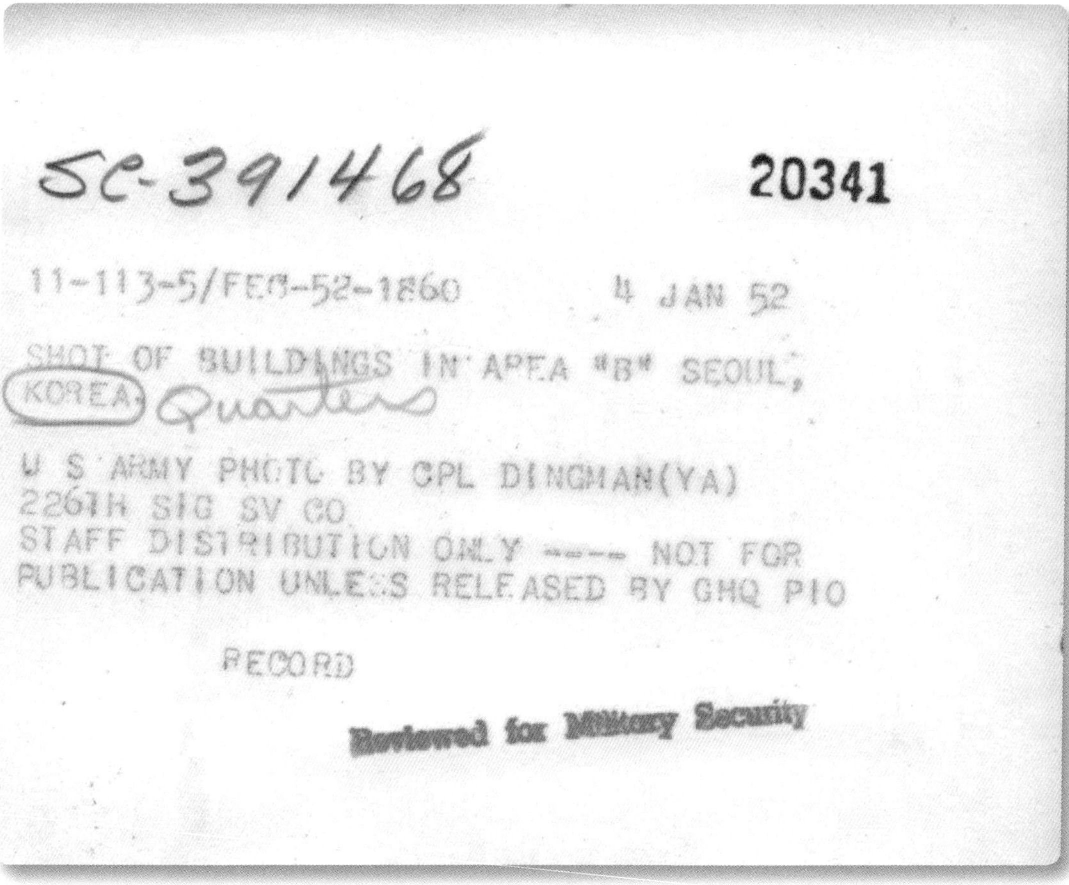

SC-391468　　20341

11-113-5/FEB-52-1860　　4 JAN 52

SHOT OF BUILDINGS IN AREA "B" SEOUL, KOREA. Quarters

U S ARMY PHOTO BY CPL DINGMAN(YA)
226TH SIG SV CO
STAFF DISTRIBUTION ONLY ---- NOT FOR PUBLICATION UNLESS RELEASED BY GHQ PIO

RECORD

Reviewed for Military Security

SC 391468(RG 111)

한국 서울 'B'구역의 건물들

(1952. 1. 4 촬영)

*해제: 현 용산미군기지 내 메인포스트의 병영 모습이다. 다른 병영과 달리 심각한 피해를 받지 않은 것으로 보인다. 이 건물은 주한미군 정보참모부(G2)에서 사용 중이다.

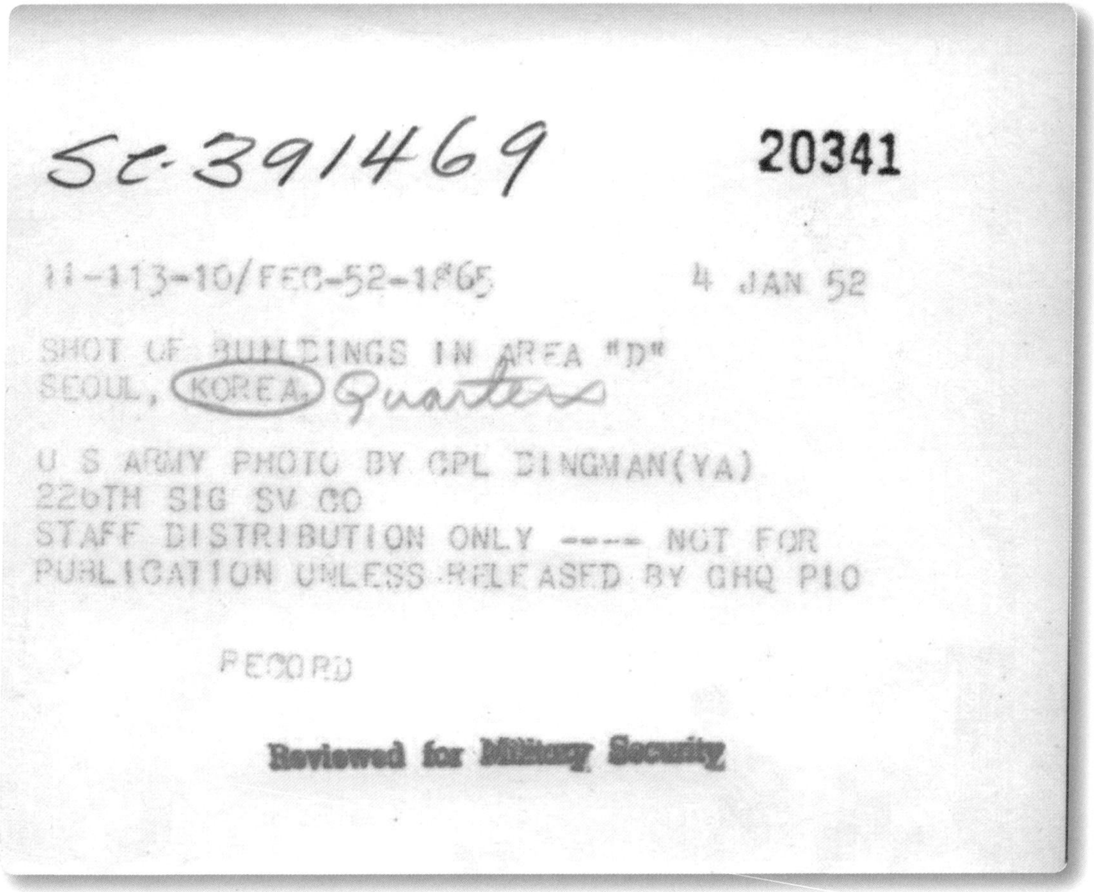

SC-391469 20341

11-113-10/FEC-52-1865 4 JAN 52

SHOT OF BUILDINGS IN AREA "D"
SEOUL, KOREA, Quarters

U S ARMY PHOTO BY CPL DINGMAN(YA)
226TH SIG SV CO
STAFF DISTRIBUTION ONLY ---- NOT FOR
PUBLICATION UNLESS RELEASED BY GHQ PIO

RECORD

Reviewed for Military Security

#SC 391469(RG 111)

한국 서울 'D'구역의 건물들(1952. 1. 4 촬영)

＊해제: 현 용산미군기지 내 미시설대(DPW) 일대다. 일제강점기에는 병기지창으로 사용됐던 곳이다. 중간의 벽돌 건물은 큰 피해를 입지 않은 것처럼 보이지만, 맨 왼쪽 목조 건물은 지붕이 파손되고 불에 탄 흔적이 역력하다. 사진에 보이는 벽돌담장은 현재도 그대로 남아있다.

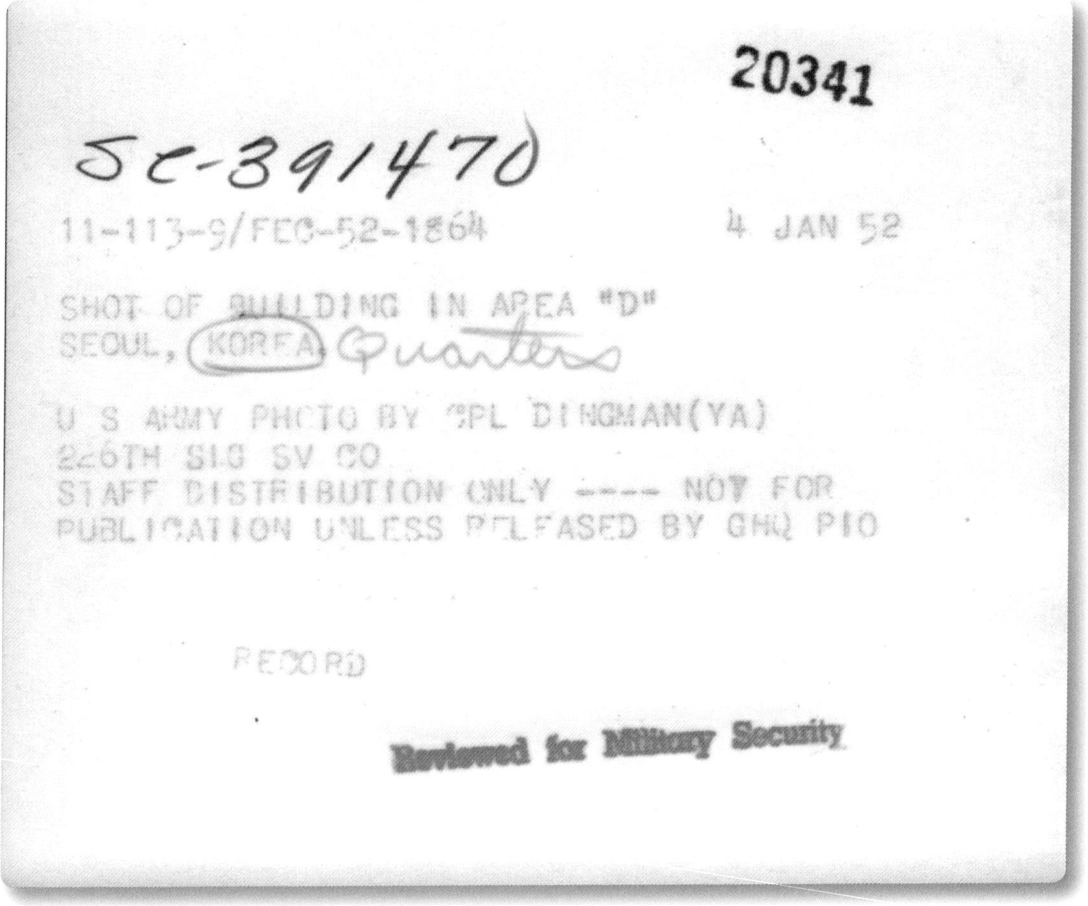

20341

SC-391470

11-113-9/FEC-52-1864 4 JAN 52

SHOT OF BUILDING IN AREA "D"
SEOUL, KOREA Quarters

U S ARMY PHOTO BY CPL DINGMAN(YA)
226TH SIG SV CO
STAFF DISTRIBUTION ONLY ---- NOT FOR
PUBLICATION UNLESS RELEASED BY GHQ PIO

RECORD

Reviewed for Military Security

SC 391470(RG 111)

한국 서울 'D'구역의 건물들(1952. 1. 4 촬영)

＊해제: 일제강점기 때 일본군 장교관사로 사용된 건물이다. 해방 후 미소공동위원회 당시 소련군대표단 수행원들이 머물렀던 곳이다. 건물 왼쪽에는 동일한 모양의 쌍둥이 건물이 나란히 있었는데 전쟁 때 폭격으로 지붕이 날아갔다. 현재 한미 군사교류의 역할을 담당하는 주한 미합동군사업무단(JUSMAG-K)이 들어서 있다.

SC-389214 20257

AS AMENDED

11- 49-7 /FEC-52-358 5 JAN 52
A VIEW OF BUILDINGS ~~IN AREA "M.T."~~, SEOUL,
KOREA.

U.S. ARMY PHOTO BY CPL DINGMAN(YA)
226TH SIG SV CO
STAFF DISTRIBUTION ONLY ---- NOT FOR
PUBLICATION UNLESS RELEASED BY GHQ PIO

SC 389214(RG 111)

한국 서울 'M.T' 구역 건물들(1952. 1. 5 촬영)

＊해제: 일제강점기 조선군사령부 청사(왼쪽 건물)와 일본군 정보작전센터로 사용됐던 조선군사령부 제2청사 건물(오른쪽 콘크리트 건물)의 전경이다. 해방 이후 미7사단사령부가 머물렀다(1945.9~1949.1). 1949년 6월 주한미군이 철수한 직후 미군사고문단과 함께 대한민국 국방부와 육군본부가 이곳으로 이동해 한국전쟁 발발 직전까지 사용했던 건물이다.

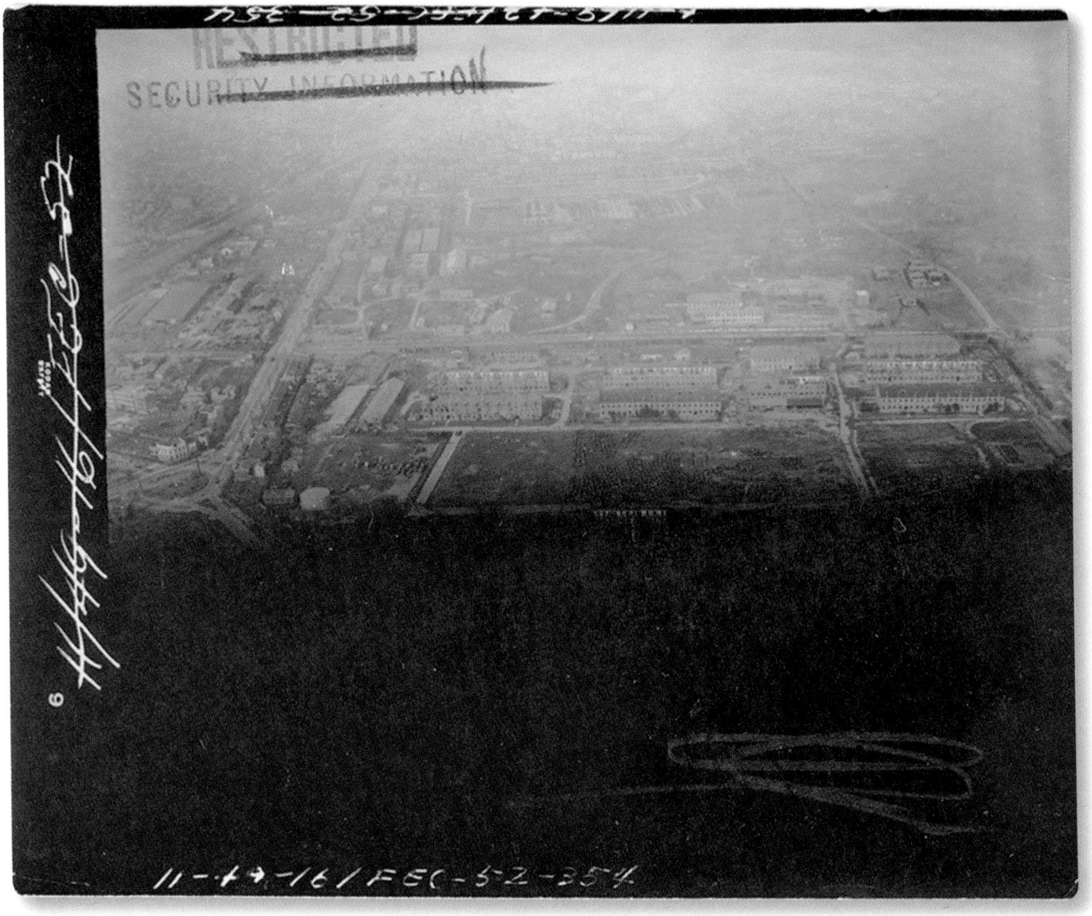
RESTRICTED
SECURITY INFORMATION

SC-389215-R 20257

RESTRICTED

FEC-49-16 /FEC-52-354 5 JAN 52

AN AERIAL VIEW OF AREA "C" AND WATER TANK, SEOUL, KOREA.

U S ARMY PHOTO BY CPL DINGMAN(YA)
225TH SIG SV CO
STAFF DISTRIBUTION ONLY ---- NOT FOR PUBLICATION UNLESS RELEASED BY GHQ PIO

indexed

SC 389215(RG 111)

한국 서울 용산 'C' 구역 및 물탱크 항공사진(1952. 1. 5 촬영)

*해제: 현 삼각지와 전쟁기념관 일대 전경이다. 삼각지 로타리 바로 오른편에 물탱크가 보인다. 이 일대는 일제강점기 때 일본군 79연대가 주둔하다가 해방 이후 미7사단 예하 보병31연대가 주둔했다. 정전협정 이후 1955년 3월 대구에 있던 대한민국 육군본부가 이 일대로 옮겨왔다가 1989년 논산 계룡대로 이전했다. 현재는 전쟁기념관이 있다.

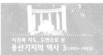

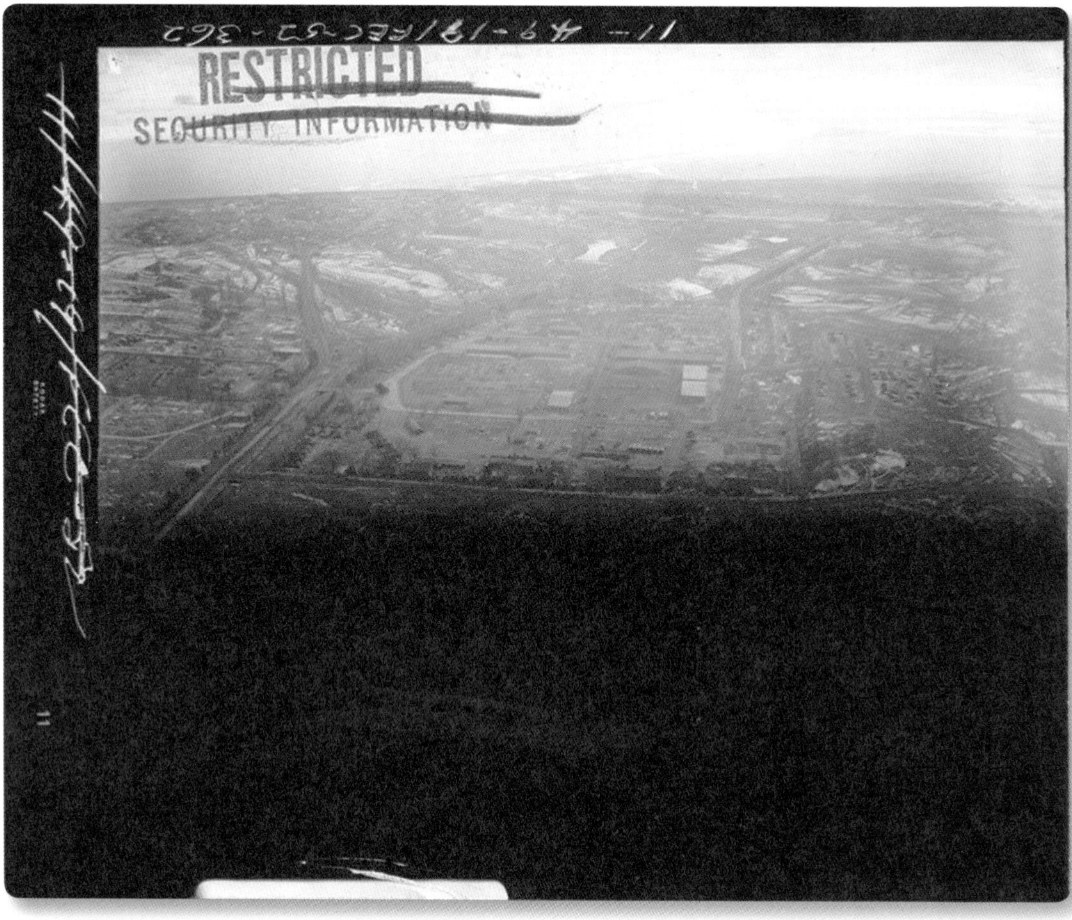
RESTRICTED
SECURITY INFORMATION

SC 389216(RG 111)

(1952. 1. 5 촬영)

* 해제: 2017년 미국에서 필자(신주백, 김천수)가 사진을 수집하면서 사진 스캔 중 뒷면 캡션을 실수로 누락했다. 앞의 일련번호와 이어진 사진으로 1952년 1월 5일 촬영된 것이다. 현 용산미군기지 사우스포스트 식료품점(Commissary)과 수송부(TMP) 일대의 희귀한 전경이다.

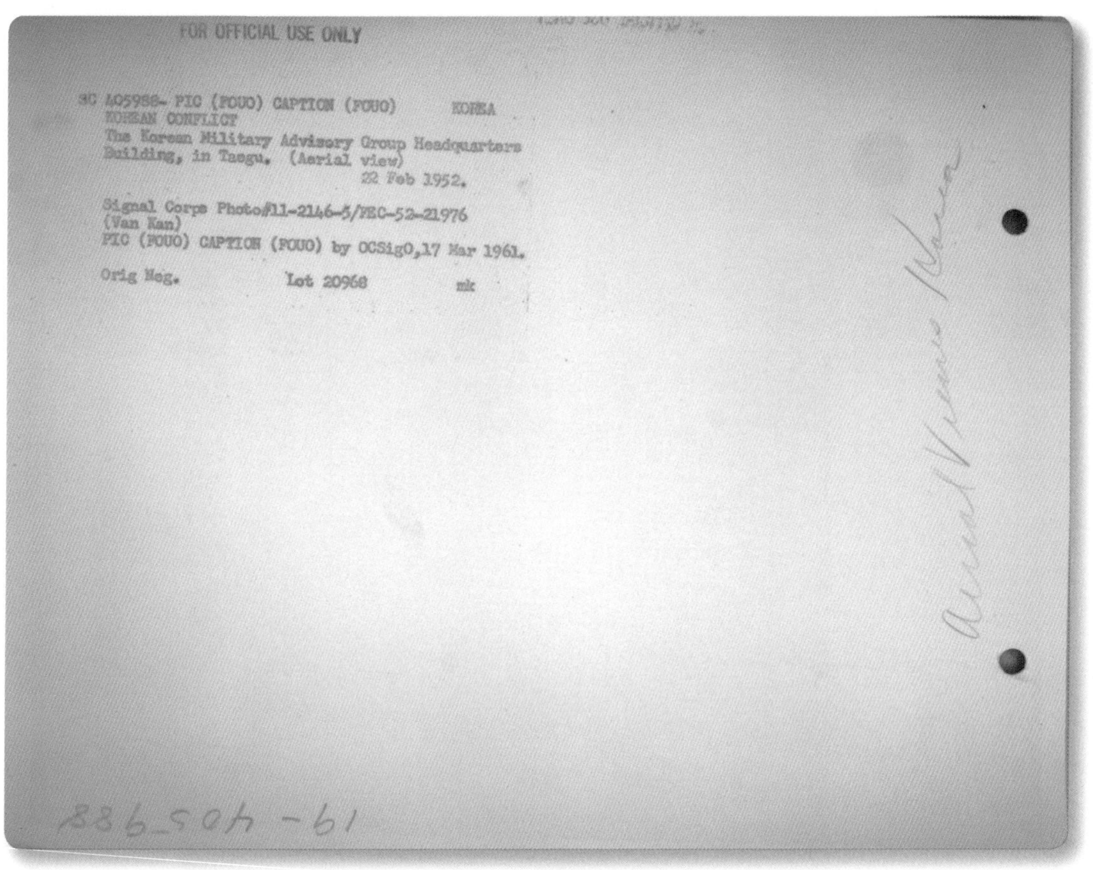
FOR OFFICIAL USE ONLY

SC 405988- PIC (FOUO) CAPTION (FOUO) KOREA
KOREAN CONFLICT
The Korean Military Advisory Group Headquarters
Building, in Taegu. (Aerial view)
22 Feb 1952.

Signal Corps Photo#11-2146-5/FEC-52-21976
(Van Kan)
PIC (FOUO) CAPTION (FOUO) by OCSigO,17 Mar 1961.

Orig Neg. Lot 20968 mk

SC 405988(RG 111)

하늘에서 본 대구 미군사고문단 본부 일대

한국전쟁. (항공 전경) 대구 미군사고문단 본부 건물.(1952. 2. 22 촬영, 국사편찬위원회 소장)

＊해제: 미군사고문단(KMAG)은 당시 대구 삼덕동 대구사범대 건물을 사용하고 있었다. 한편 육군본부는 인근 대구금융조합(현 한국은행 경북본부 부지) 자리에 위치했다. 한국전쟁이 끝난 후 1955년 미군사고문단은 육군본부와 함께 용산기지로 이동한다. 미군사고문단의 후신이 앞서 설명했던(RG 111, SC 391470, 1952.1.4) 한미가교 역할을 수행하는 주한미합동군사업무단(JUSMAG-K)이다.

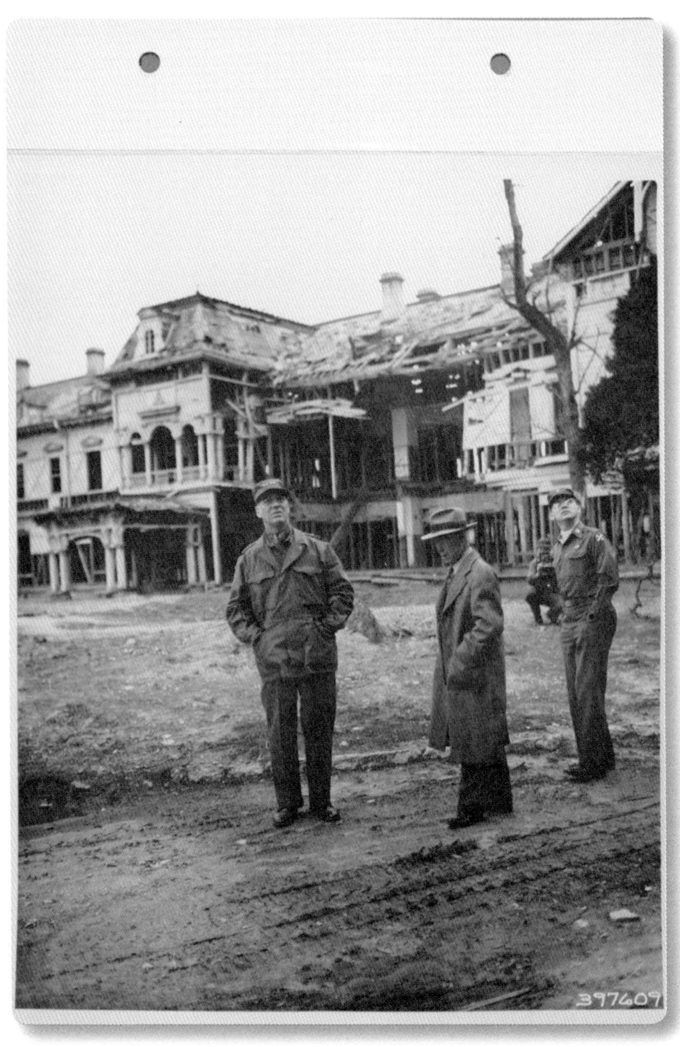
397609

SC 397609 KOREA
KOREAN CONFLICT
General James A. Van Fleet, CG, U. S. Eighth Army, (left) and President Syngman Rhee of the Republic of Korea, visit the pre-war headquarters, in Seoul, Korea.
18 April 1952.

Signal Corps Photo#1-3128-14/FEC-52-11092. (Walker) UNCLASSIFIED by OCSigO, 3 June 1952.

Orig. Neg. Lot 20655 mk

SC 397609(RG 111)

옛 국방부 및 육군본부 일대를 시찰하는 이승만과 밴플리트

한국전쟁. 미8군사령관 밴플리트(왼쪽)와 한국대통령 이승만이 한국 서울에 있는 전쟁 발발 전의 사령부를 시찰 중이다(1952. 4. 18 촬영, 국사편찬위원회 소장)

* 해제: 여기에서 말하는 전쟁 발발 전의 사령부(pre-war headquarters)란 한국전쟁 직전 대한민국 국방부 및 육군본부로 사용됐던 청사를 말한다. 앞의 SC 389214(1952.1.5) 사진과 동일한 장소다.

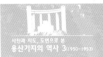

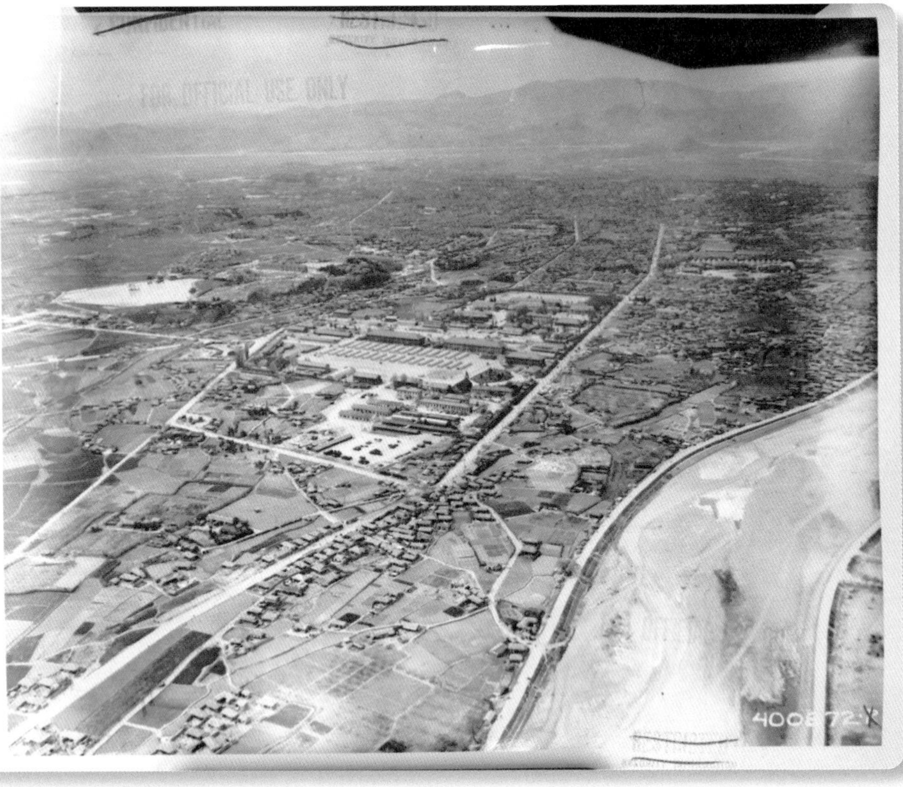
FOR OFFICIAL USE ONLY
400E72-R

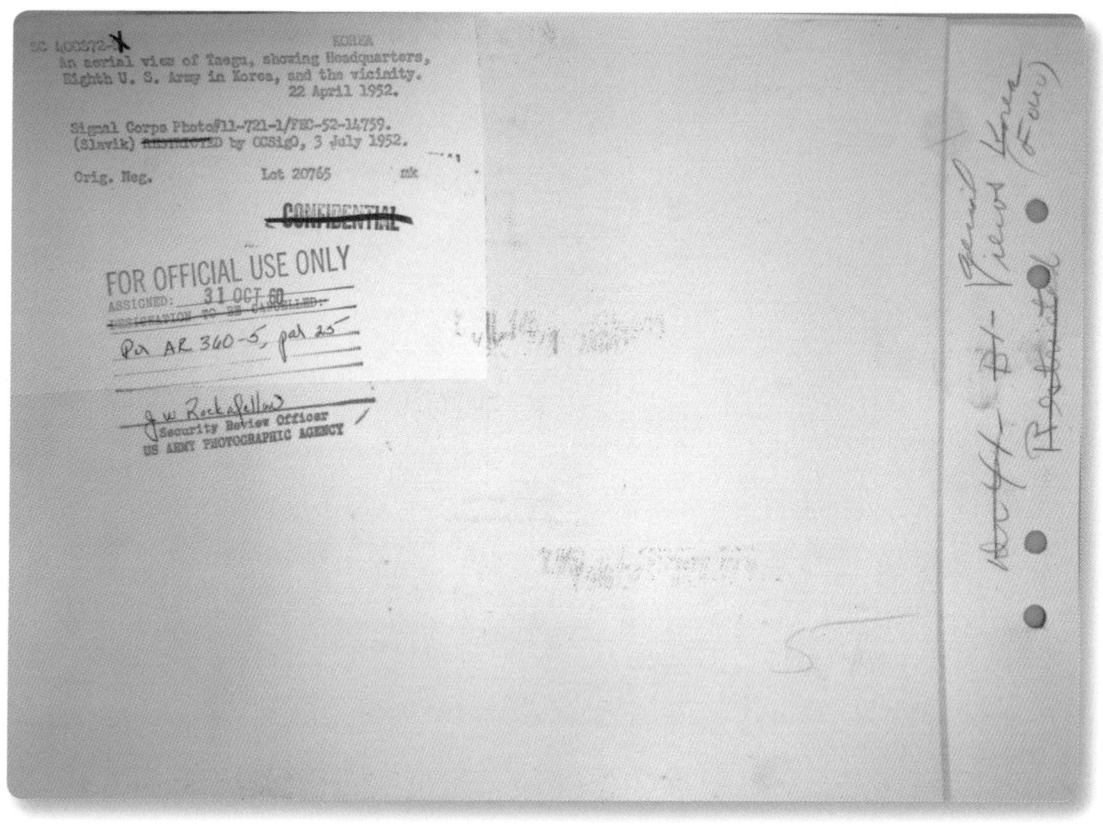

SC 400872-X KOREA
An aerial view of Taegu, showing Headquarters, Eighth U. S. Army in Korea, and the vicinity.
22 April 1952.

Signal Corps Photo#11-721-1/FEC-52-14759.
(Slavik) ~~RESTRICTED~~ by OCSigO, 3 July 1952.

Orig. Neg. Lot 20765 mk

~~CONFIDENTIAL~~

FOR OFFICIAL USE ONLY
ASSIGNED: 31 OCT 60
~~DESIGNATION TO BE CANCELLED:~~
Per AR 340-5, par 25

J. W. Rockafellow
Security Review Officer
US ARMY PHOTOGRAPHIC AGENCY

#SC 400872(RG 111)

하늘에서 본 대구 미8군사령부와 그 일대(1952. 4. 22 촬영, 국사편찬위원회 소장)

*해제: 1952년 7월 미8군사령부는 서울과 대구로 이원화되어 있었다. 미군은 대구에 한국후방관구사령부를 설치(1952.7~1955.6)했고, 미8군사령부는 서울로 이전하여 전투에 전념하도록 하였다. 현재의 대구 캠프 헨리 일대다.

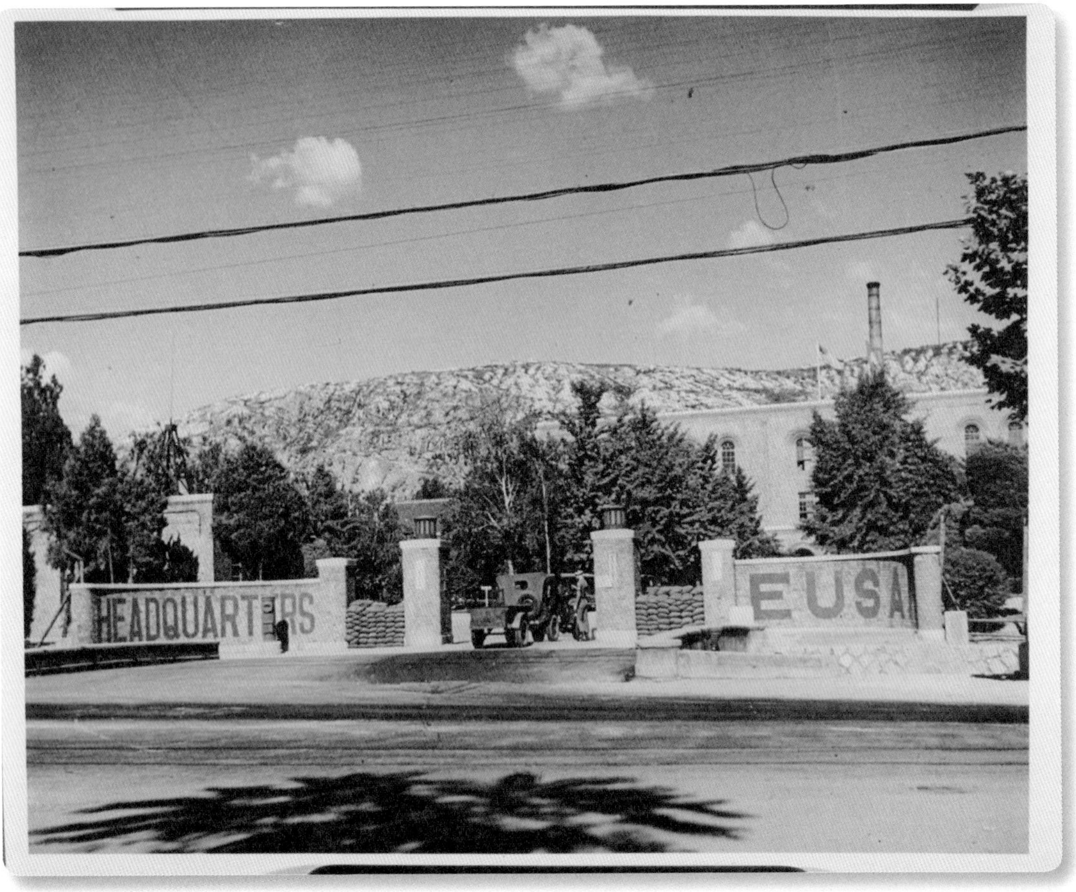

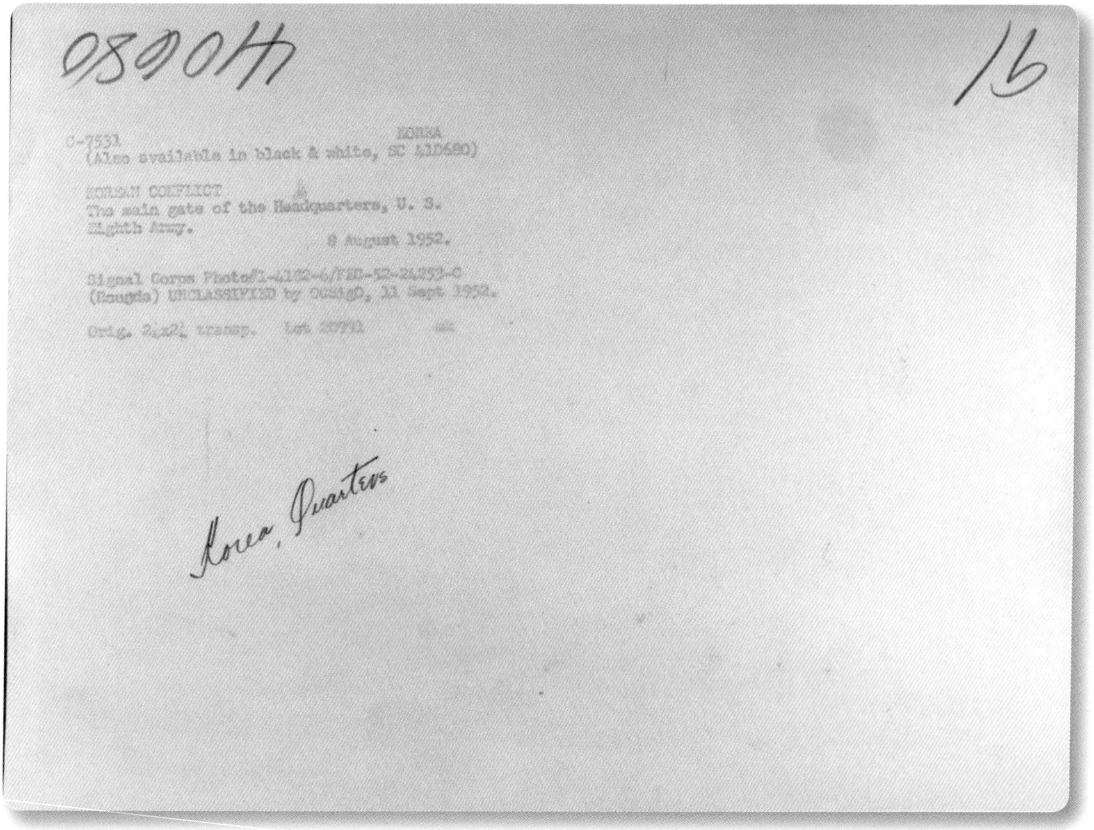

080041 16

C-7531 KOREA
(Also available in black & white, SC 410680)

KOREAN CONFLICT
The main gate of the Headquarters, U. S.
Eighth Army.
8 August 1952.

Signal Corps Photo#1-4182-6/FEC-52-24253-C
(Rougds) UNCLASSIFIED by OCSigO, 11 Sept 1952.

Orig. 2¼x2¼ transp. Lot 20791 ak

Korea, Quarters

#SC 410680(RG 111)

서울 동숭동 미8군사령부 정문

한국전쟁. 미8군사령부 정문.(1952. 8. 8 촬영, 국사편찬위원회 소장)

*해제: 서울 동숭동 서울대 문리대에 위치한 미8군사령부의 모습이다. 원래는 일제강점기 경성제대 본관으로 사용됐던 건물로 현재는 한국문화예술위원회 예술가의 집으로 사용 중이다. 뒤에 보이는 언덕(산)은 낙산이다.

C-7532 KOREA
(Also available in black & white, SC 410681)

KOREAN CONFLICT
Headquarters, U. S. Eighth Army, in Korea.
8 August 1952.

U. S. ARMY PHOTOGRAPH

SC 410681(RG 111)

서울 동숭동 미8군사령부 정문

한국전쟁. 한국 미8군사령부.(1952. 8. 8 촬영, 국사편찬위원회 소장)

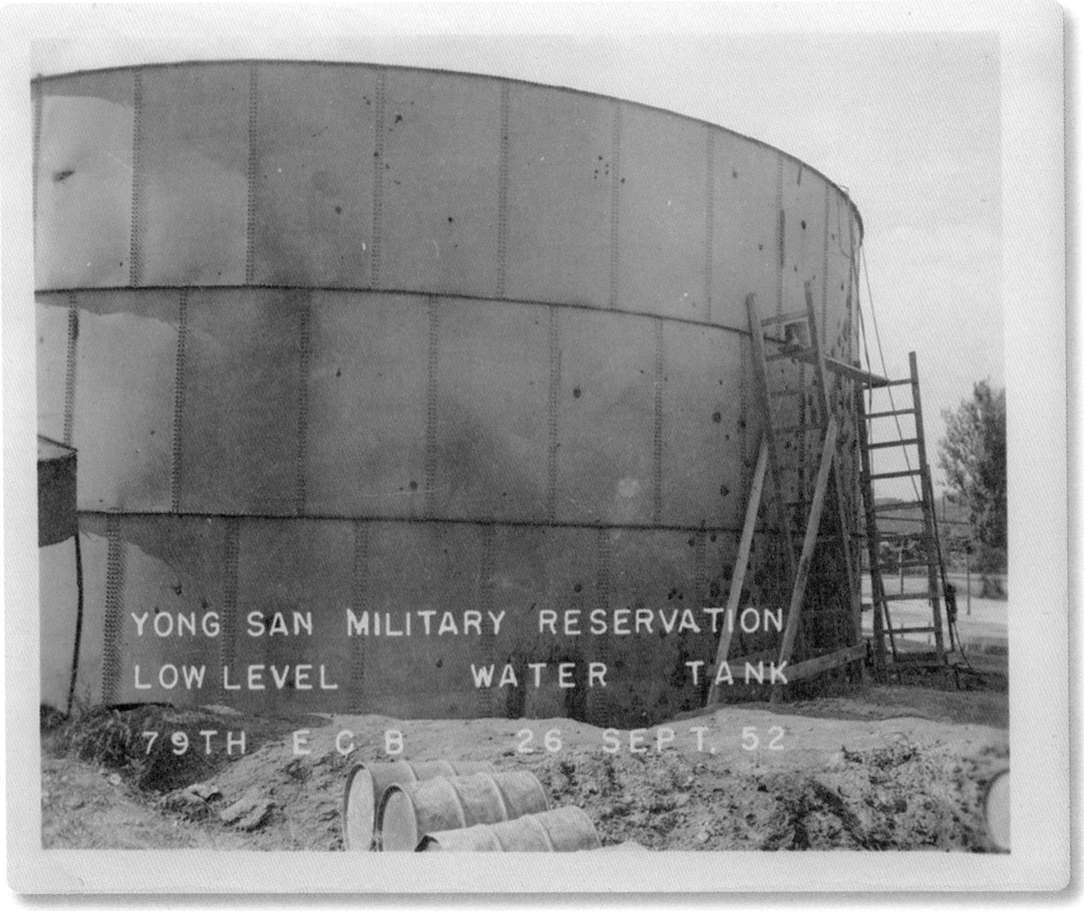

YONG SAN MILITARY RESERVATION
LOW LEVEL WATER TANK
79TH E C B 26 SEPT. 52

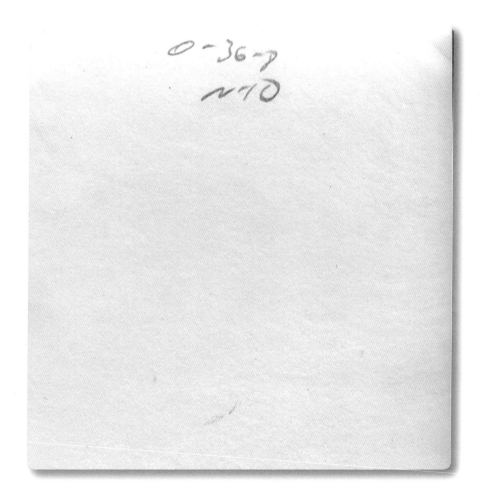

#79ECB_O-36-8_N-10(RG 338)

용산기지 저수위 물탱크

용산 군용지 저수위 물탱크. 제79건축공병대대(ECB : Engineer Construction Battalion).(1952. 9. 26 촬영)

＊해제: 삼각지에 있는 용산기지 물탱크 모습으로 현재도 남아있다(용산기지 15번 게이트 내).

SEOUL MEMORIAL BELL
24 E C G 26 SEPT. 52

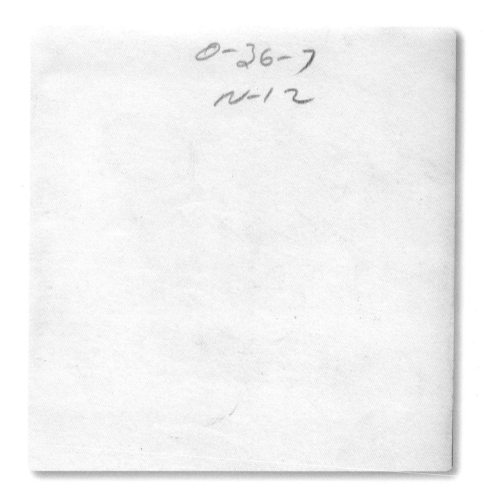

#62ECB_O-36-7_N-12(RG 338)

복구 중인 서울 보신각종

서울 보신각종. 제24건축공병단(ECG : Engineer Construction Group).(1952. 9. 26 촬영)

*해제: 제24건축공병단은 용산기지의 복구 및 재건을 실질적으로 담당한 제79건축공병대대의 상급부대다.

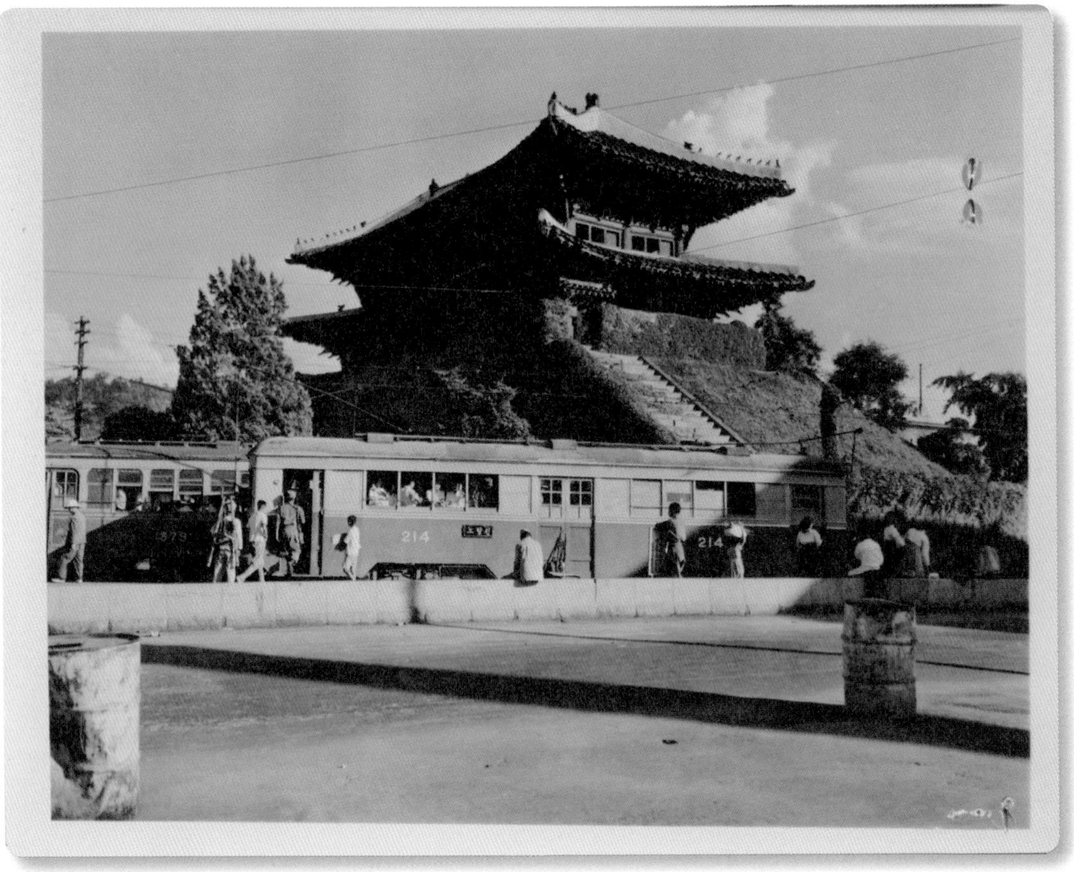

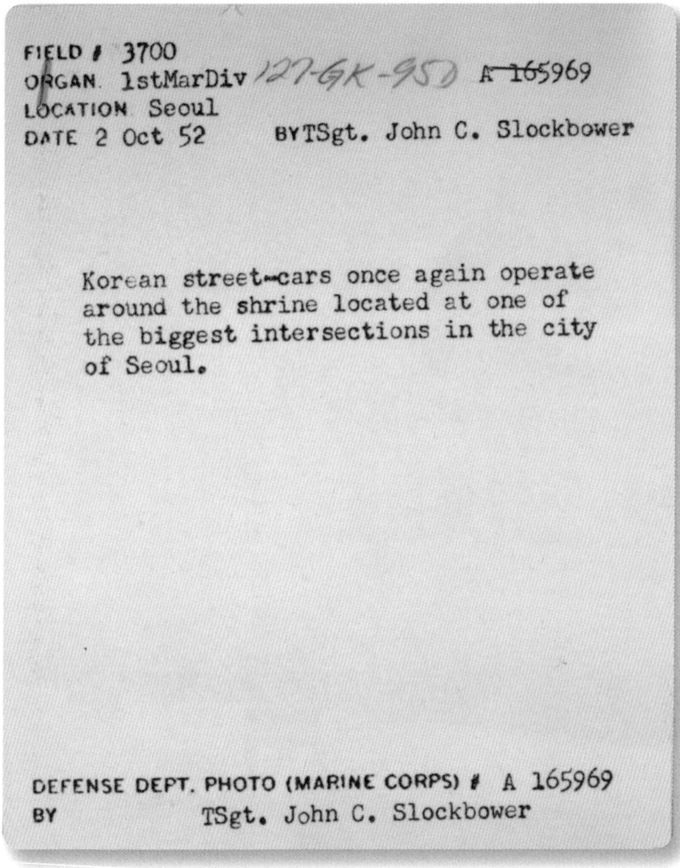

FIELD # 3700
ORGAN. 1stMarDiv 127-GK-95D A-165969
LOCATION Seoul
DATE 2 Oct 52 BY TSgt. John C. Slockbower

Korean street-cars once again operate around the shrine located at one of the biggest intersections in the city of Seoul.

DEFENSE DEPT. PHOTO (MARINE CORPS) # A 165969
BY TSgt. John C. Slockbower

A 165969(RG 127)

남대문 옆을 지나 노량진으로 가는 전차
한국의 전차들이 다시 한 번 서울의 가장 큰 교차로 중 하나에 위치한 신사 주위에서 운행되고 있다.(1952. 10. 2 촬영, 국사편찬위원회 소장)

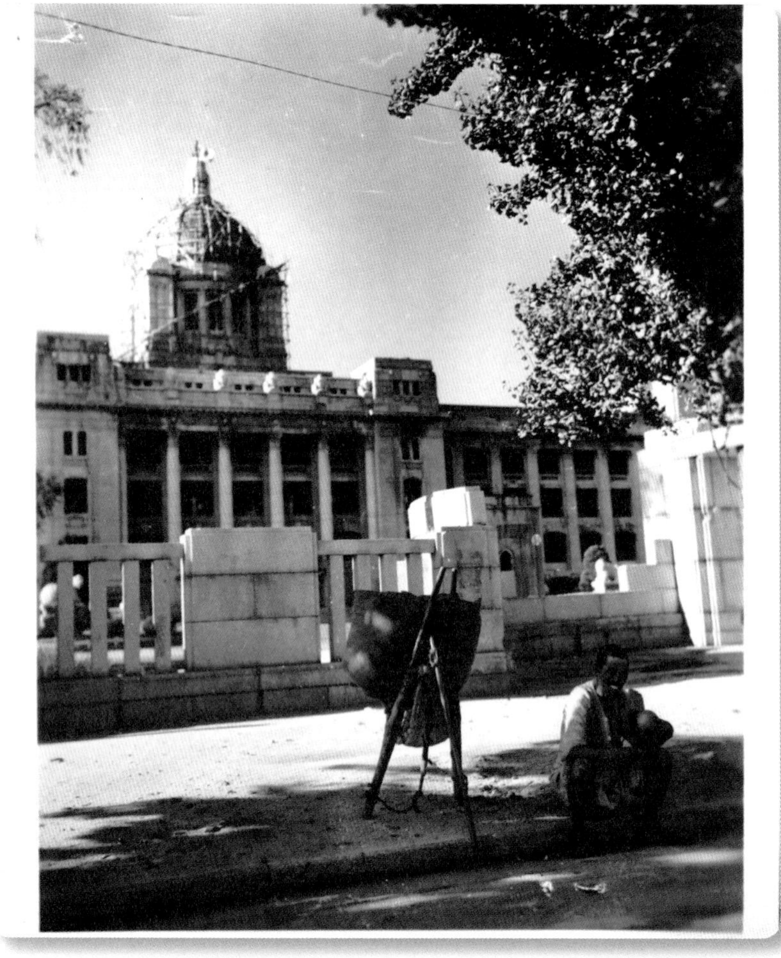

FIELD #3701
ORGAN 1stMarDiv 127-GK-95D A 165970
LOCATION Seoul
DATE 2 Oct 52 BY TSgt. John C. Slockbower

Korean rests in shade in front of the capital building in Seoul. Scaffolding can be seen on the dome as repairs are in progress to reconstruct the war-torn government center.

DEFENSE DEPT. PHOTO (MARINE CORPS) # A 165970
BY TSgt. John C. Slockbower

A 165970(RG 127)

보수 중인 중앙청 앞에서 휴식을 취하는 사람

한국인이 서울 중앙청 앞 그늘에서 휴식을 취하고 있다. 전쟁으로 폐허가 된 정부 센터를 재건하기 위해 보수작업이 진행 중인 관계로 지붕(돔)의 발판을 볼 수 있다.(1952. 10. 2 촬영, 국사편찬위원회 소장)

ROCK CRUSHER
62 E.C.B. 4 OCT 52

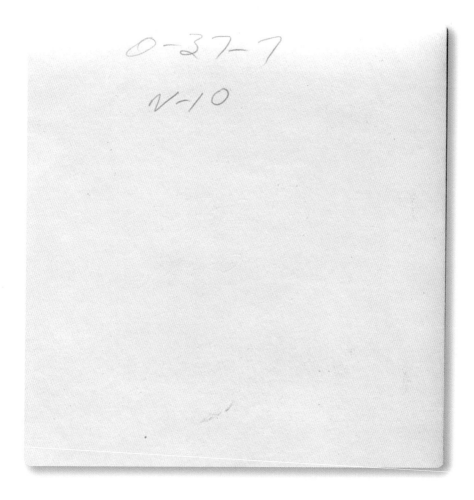

#62ECB_O-37-7_N-10(RG 338)

채석장에서 작업중인 62건설공병단
암석 분쇄기.(1952. 10. 4 촬영)

YONG SAN WATER TANK (UPPER)
79E C B 4 OCT 52

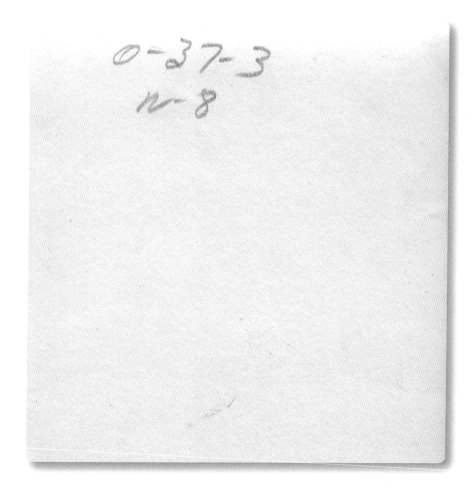

79ECB_O-37-3_N-8(RG 338)

피해를 당한 용산기지 물탱크

용산 군용지 물탱크(고지대).(1952. 10. 4 촬영)

YONG SAN MILITARY RESERVATION
79 ECB 7 OCT 52

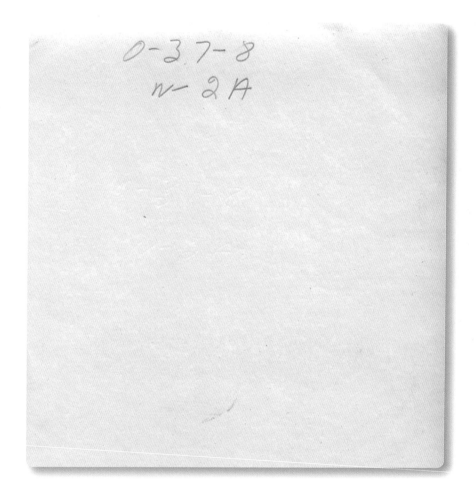

#79ECB_O-37-8_N-2A(RG 338)

용산기지 메인포스트 내 퀀셋 건물 공사

용산 군용지 제79건축공병대대.(1952. 10. 7 촬영)

*해제: 용산기지 메인포스트에서 미공병대와 함께 한국노무단(KSC)이 복구 공사 중이다. 사진에 보이는 건물은 일제 말기에 건축되어 현재도 그대로 남아있다. 이 건물은 1949년 주한미군 철수 당시 미5연대전투단 본부로 사용되기도 했다. 한국전쟁 이후 미8군 예하 여러부대가 사용하다가 2018년까지 미8군 본부 및 본부중대 건물로 사용되었다.

YONG SAN MILITARY RESERVATION
BLDG. NO. 13
79 E C B 7 OCT 52

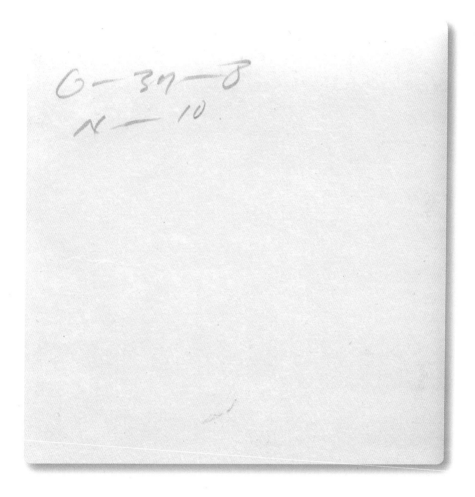

79ECB_O-37-8_N-10(RG 338)

용산기지 메인포스트 내 파손된 목조건물

용산군용지 건물 13번. 제79 건축공병대대.(1952. 10. 7 촬영)

＊해제: 용산기지 메인포스트 내 붉은 벽돌 병영 인근에 위치한 목조 건물로 보인다.

YONG SAN MILITARY RESERVATION
79 E C B 27 OCT 52

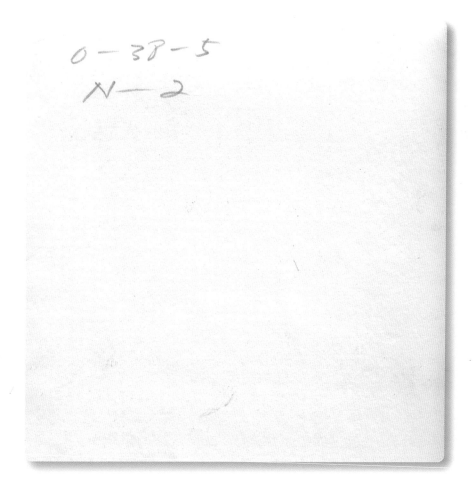

#79ECB_O-38-5_N-2(RG 338)

복구 중인 용산기지 메인포스트

사진설명 없음(1952. 10. 27 촬영)

*해제: 사진 뒷면에 특별한 설명이 없이, 앞면에 용산 군용지 제79건축공병대대라 적혀 있다. 오른쪽 목조 건물(앞 용산군용지 건물 13번)이 폭격에 피해를 입었음을 알 수 있다. 건물 바로 앞에는 퀀셋 건물 기초 공사가 진행되고 있다.

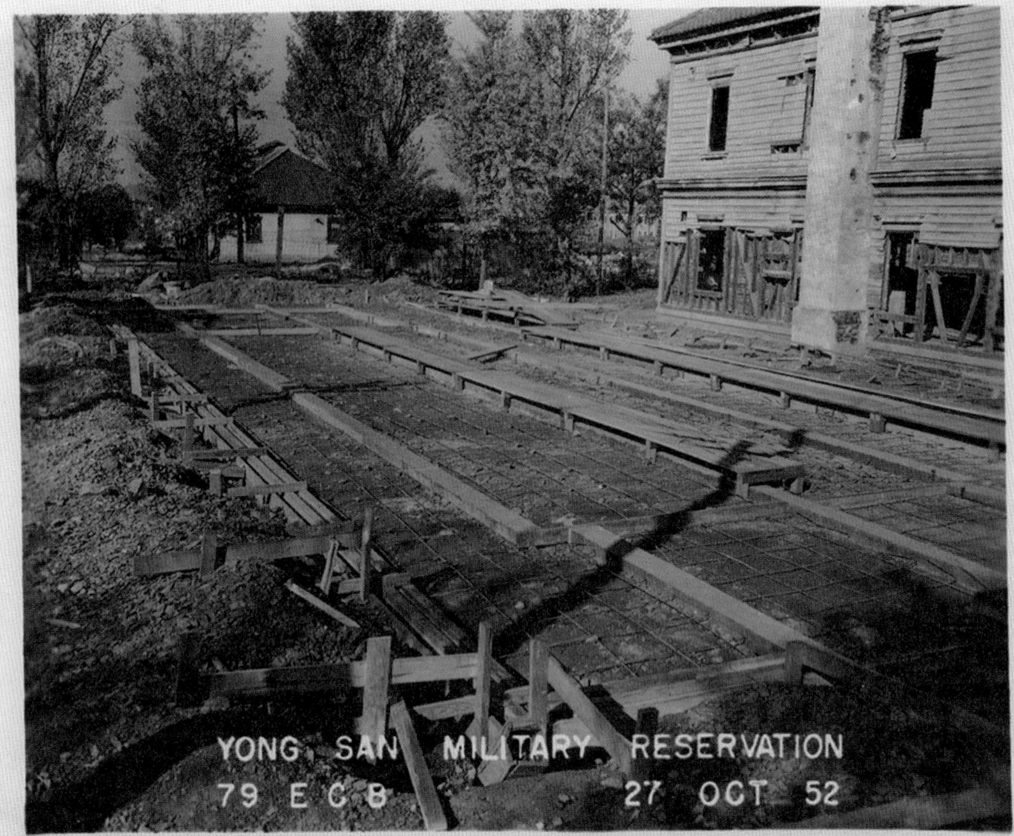

YONG SAN MILITARY RESERVATION
79 E C B 27 OCT 52

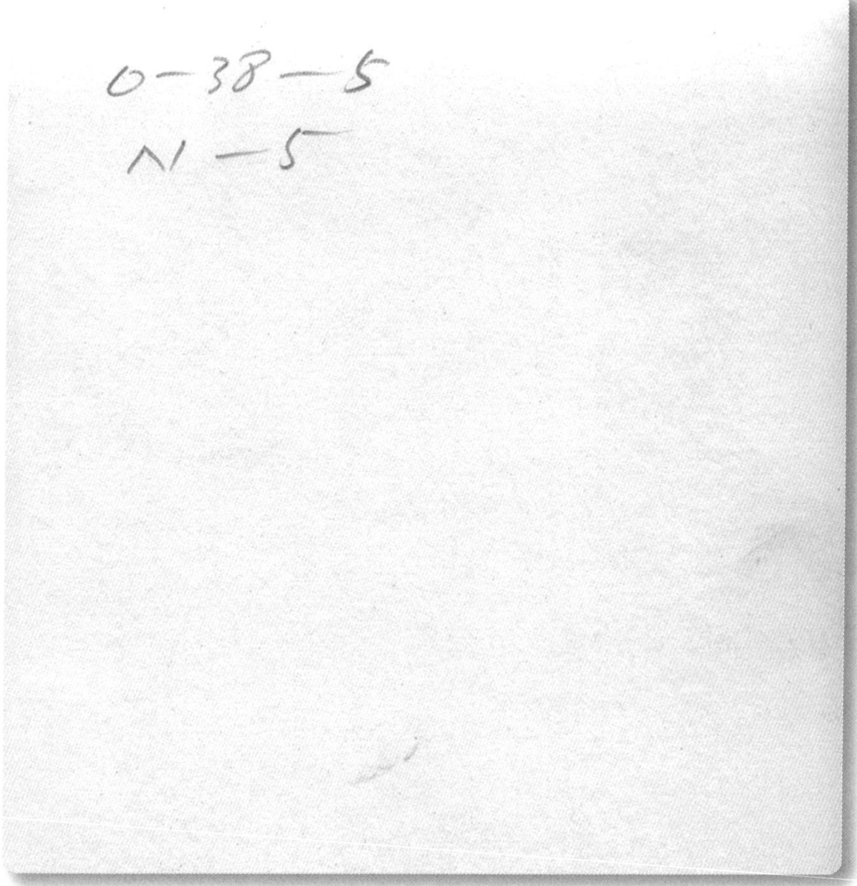

79ECB_O-38-5_N-5(RG 338)

기초 공사 중인 용산기지 메인포스트 내 퀀셋

사진설명 없음(1952. 10. 27 촬영)

*해제: 사진 뒷면에 특별한 설명이 없이, 앞면에 용산 군용지 제79건축공병대대라 적혀 있다. 미8군 공병대가 한국노무단(KSC)과 함께 복구공사를 진행 중이다. 사진 왼쪽 위 병영 건물 지붕을 자세히 보면 포탄 피해를 입었음을 알 수 있다.

DECLASSIFIED
Authority NND887540
YONG SAN MILITARY RESERVATION
79 E C B 13 NOV 52

79ECB_O-39-4_N-2(RG 338)

외관이 완공된 용산기지 메인포스트 내 퀀셋

용산 군용지 제79 건축공병대대.(1952. 11. 13 촬영)

* 해제: 사진 뒷면에 특별한 설명이 없이, 앞면에 용산 군용지 제79건축공병대대라 적혀 있다. 신축 퀀셋 건물 너머 사우스포스트의 장교관사 건물이 어렴풋이 보인다. 이 건물 역시 한국전쟁 당시 폭격으로 지붕이 크게 파손되었음을 알 수 있다. 주한미군은 리모델링하여 용산기지사령부로 사용하고 있다. 사진에 보이는 퀀셋은 멸실돼 현재는 없고 다른 건물이 들어서 있다.

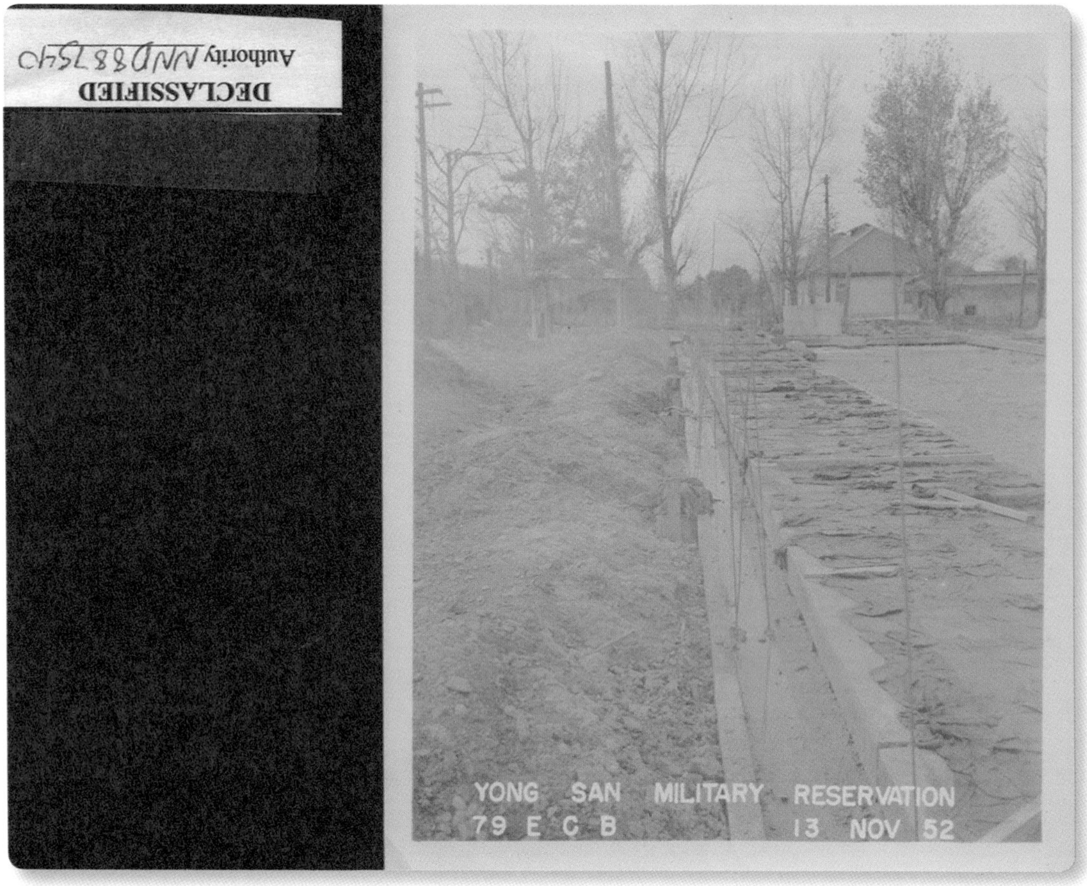

YONG SAN MILITARY RESERVATION
79 E C B 13 NOV 52

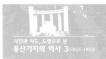

79ECB_O-39-4_N-5(RG 338)

기반 시설 공사 중인 용산기지 메인포스트

사진설명 없음(1952. 11. 13 촬영)

* 해제: 사진 뒷면에 특별한 설명이 없이, 앞면에 용산 군용지 제79건축공병대대라 적혀 있다. 용산 군용지 제79건축공병대대.

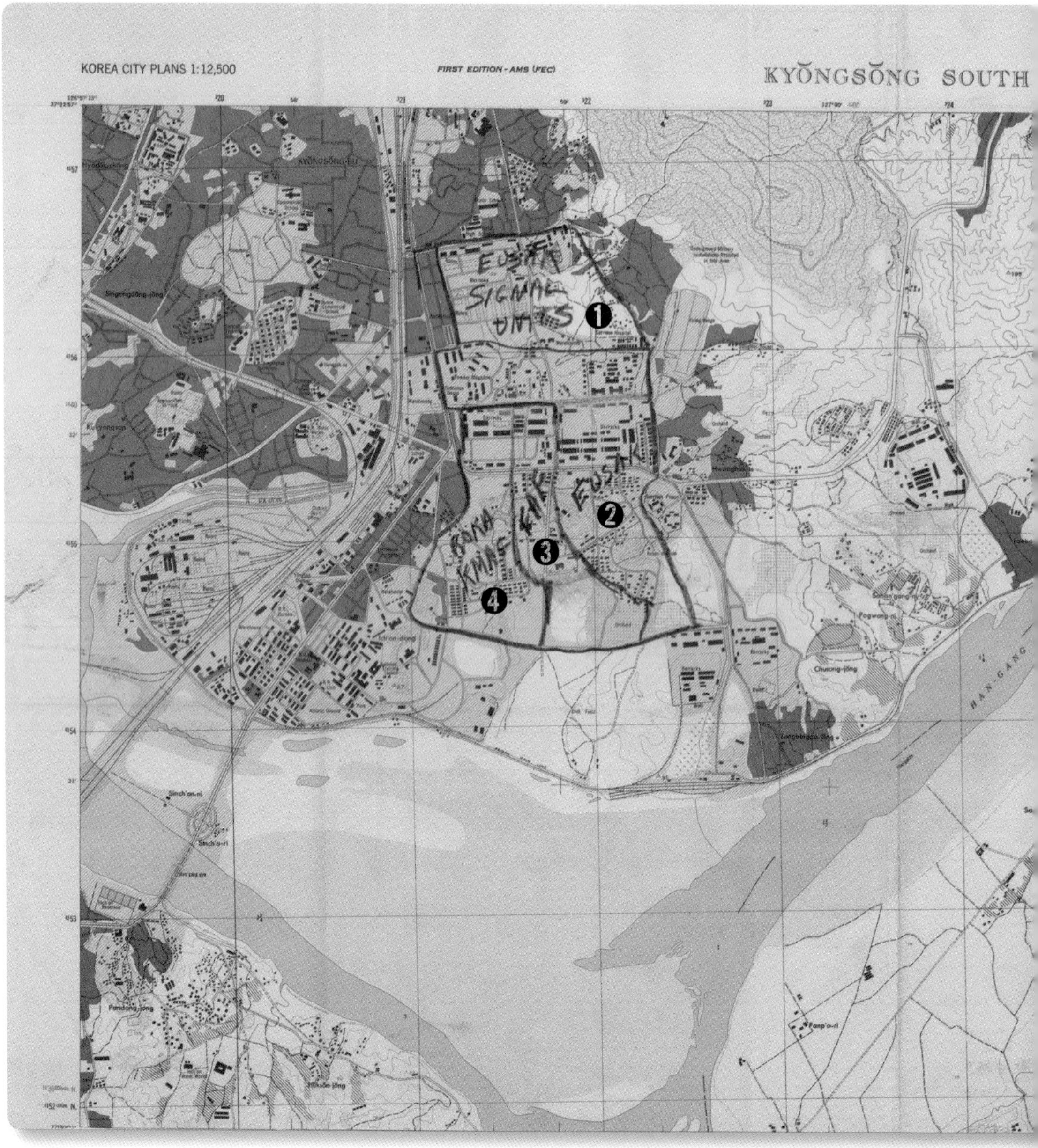

KOREA CITY PLANS 1:12,500

FIRST EDITION - AMS (FEC)

KYŎNGSŎNG SOUTH

EUSAK
SIGNAL
UNITS
❶

EUSAK
❷

❸

ROKA
KMAG
❹

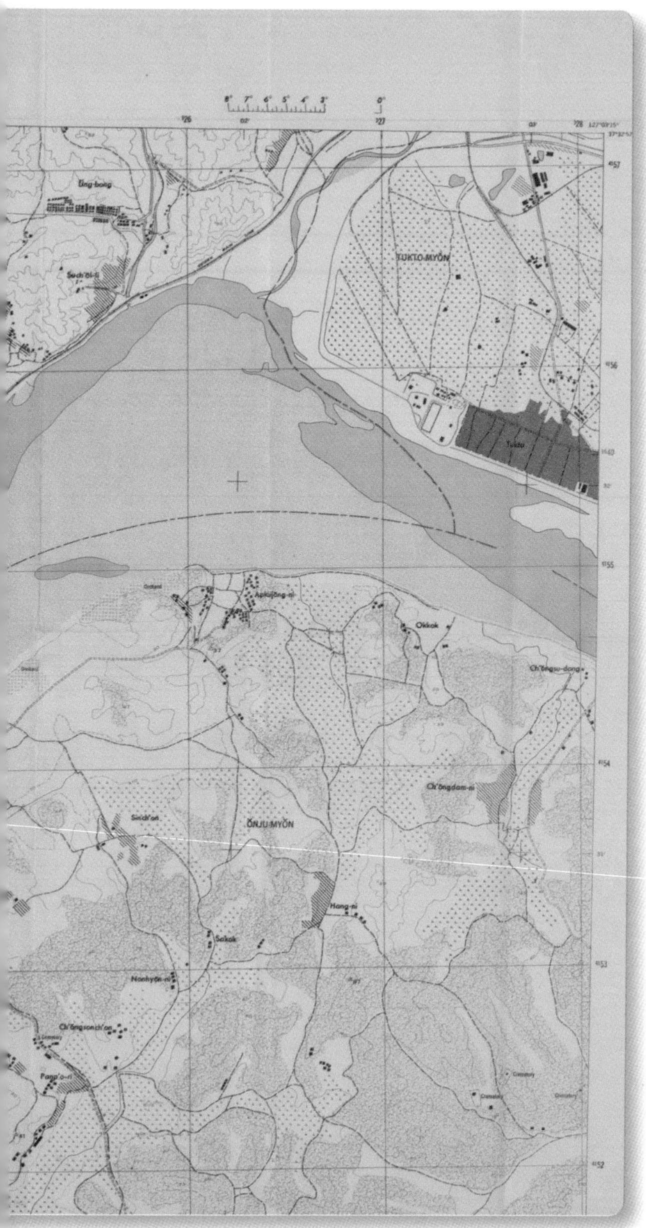

RG338, Entry A-1 133, Box 836, Mvm't of Hq. EUSAK to Seoul-Yongsan Area, 1952 문서 속 첨부지도

Korea city plans 1:12,500, Kyongsong South. AMS L952 Prepared under the direction of the Engineer, General Headquarters, Far East Command, by the 64th Engineer Base Topographic Battalion. Compiled in 1951

*해제: 1952년 용산기지 재배치 계획을 보여주는 지도

❶ EUSAK SIGNAL UNITS:미8군 통신부대
❷ EUSAK(Elghth US Amy Korea): 미8군
❸ FAF(Fifth Air Force): 미5공군
❹ ROKA-KMAG(ROK Amy-Korean Military Advisory Group): 한국 육군(본부) 및 미군사고문단

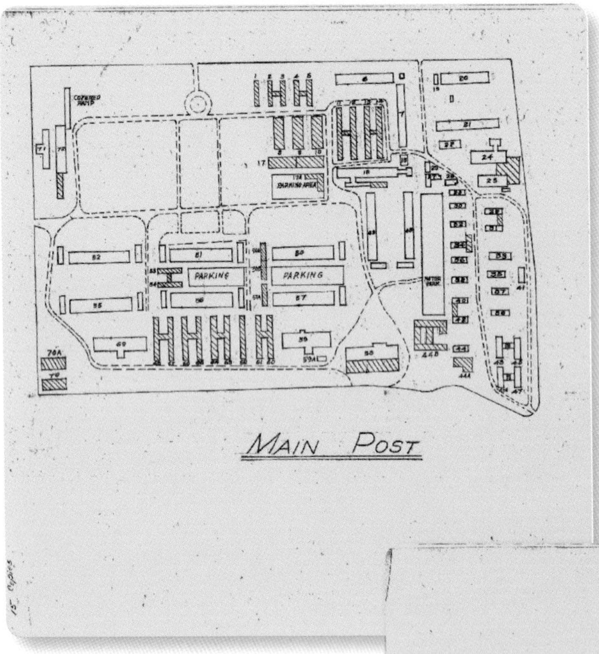
PARKING
PARKING
MAIN POST

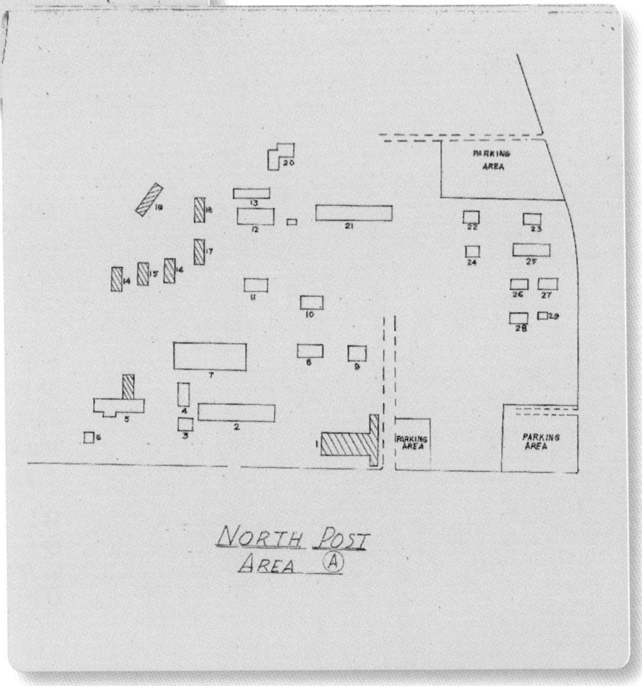
PARKING AREA
PARKING AREA
PARKING AREA
NORTH POST
AREA Ⓐ

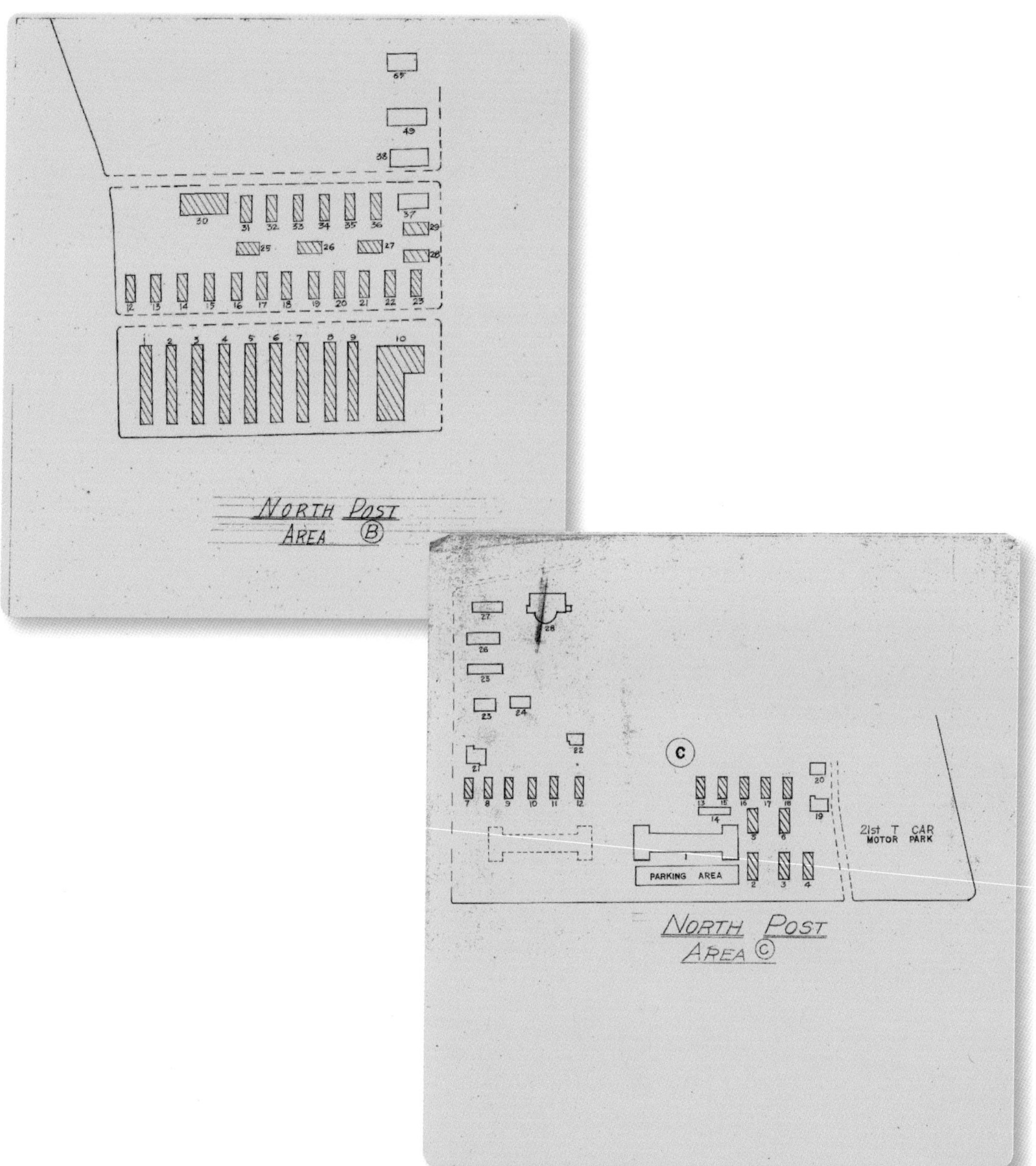
NORTH POST
AREA Ⓑ
NORTH POST
AREA Ⓒ
21st T CAR
MOTOR PARK
PARKING AREA

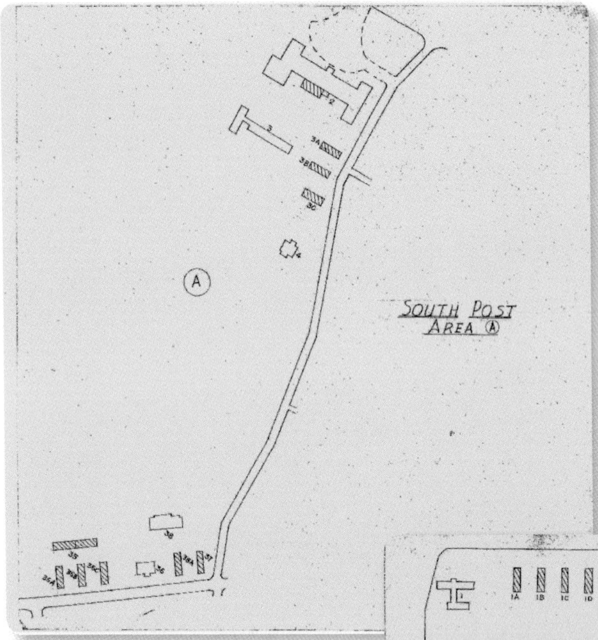

SOUTH POST
AREA Ⓐ

SOUTH POST
AREA Ⓑ

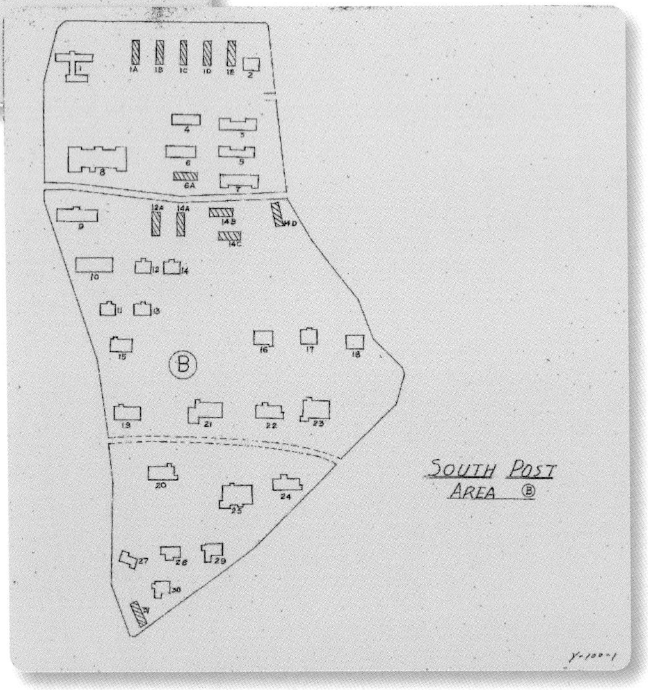

Y-100-1

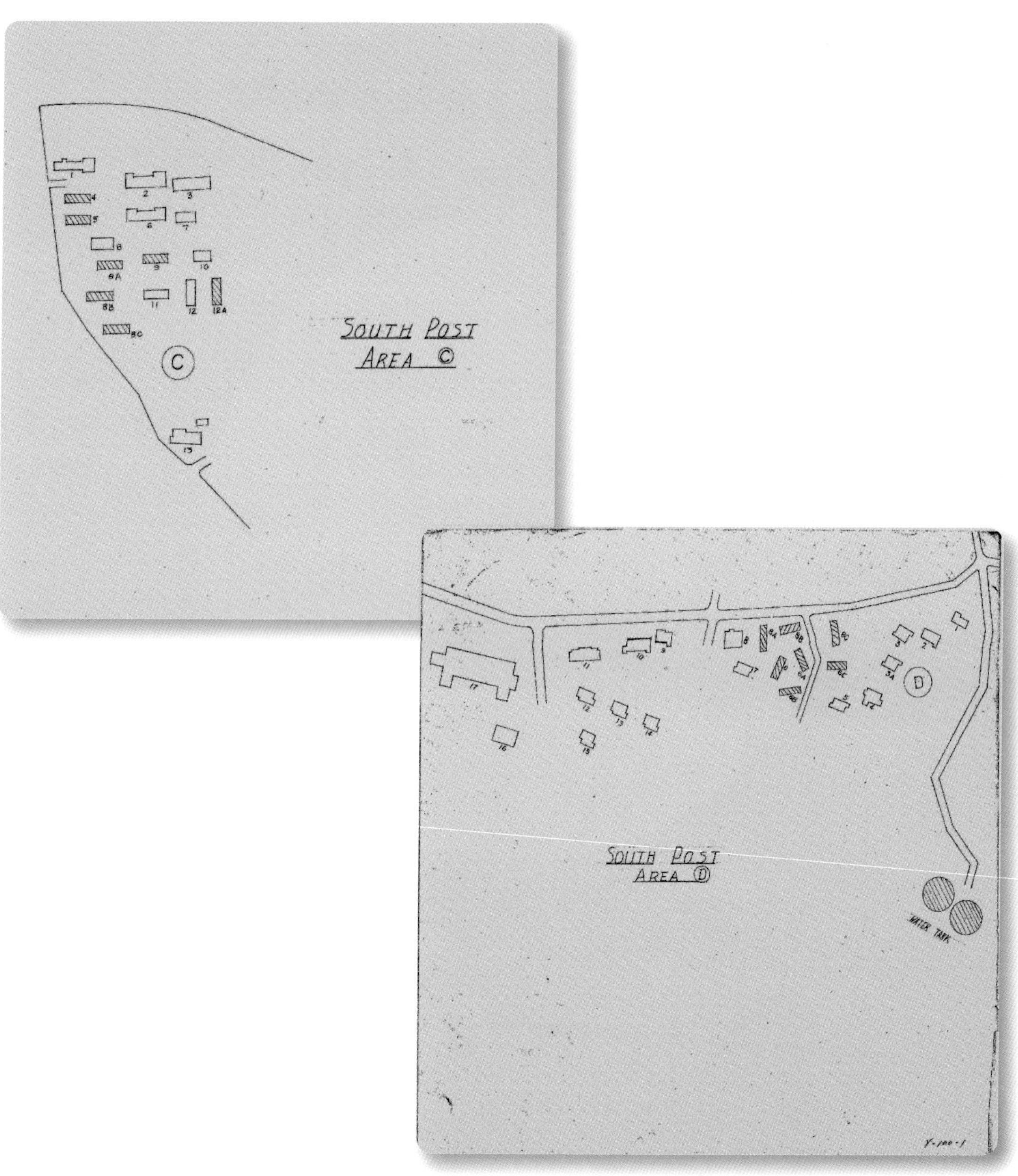
SOUTH POST
AREA ©
SOUTH POST
AREA Ⓓ
WATER TANK
Y-100-1

제IV부

전쟁의 끝과
용산기지_1953년

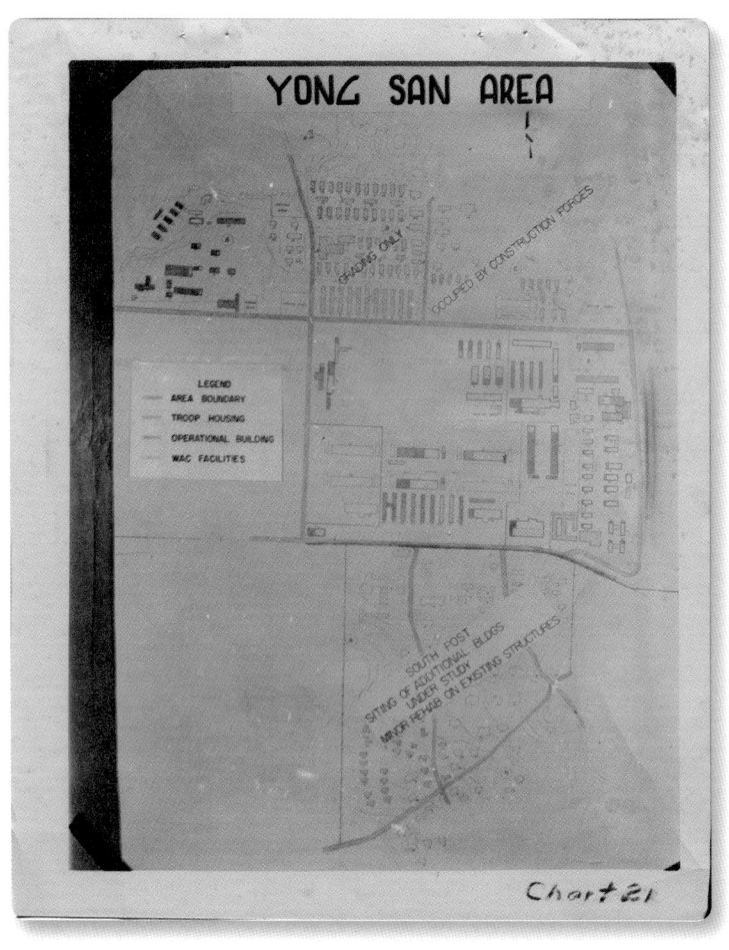

#RG338, Entry A-1 101, Box3, resume of staff activities, EUSAK, No 9(1953.1.3.)
Chart 21

1953년 1월 3일 용산기지 복구 및 재건 상황도

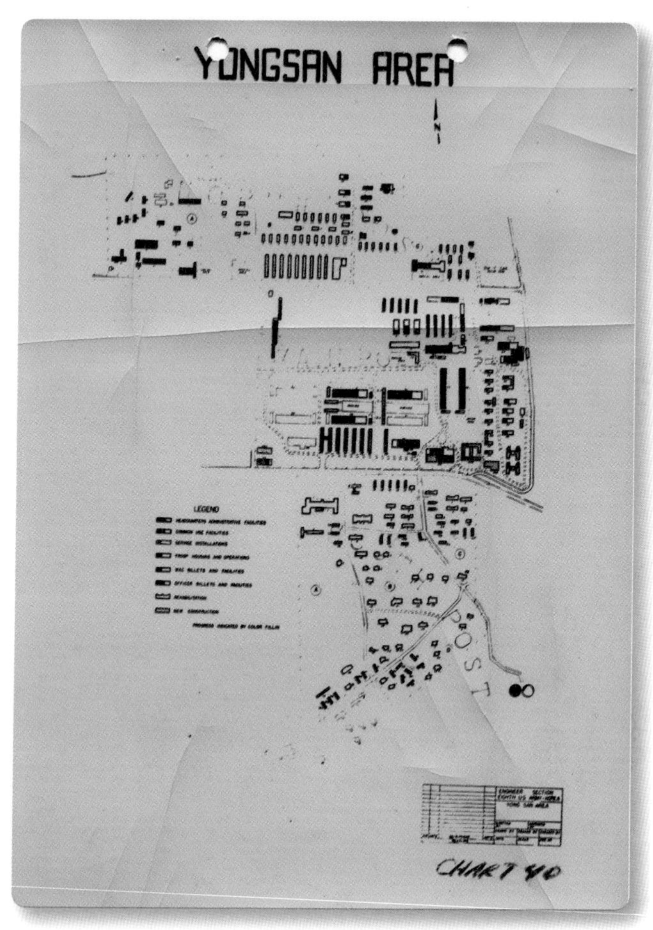

#RG338, Entry A-1 101, Box3, resume of staff activities, EUSAK, No 11(1953.1.31.) Chart 40

1953년 1월 31일 용산기지 복구 및 재건 상황도

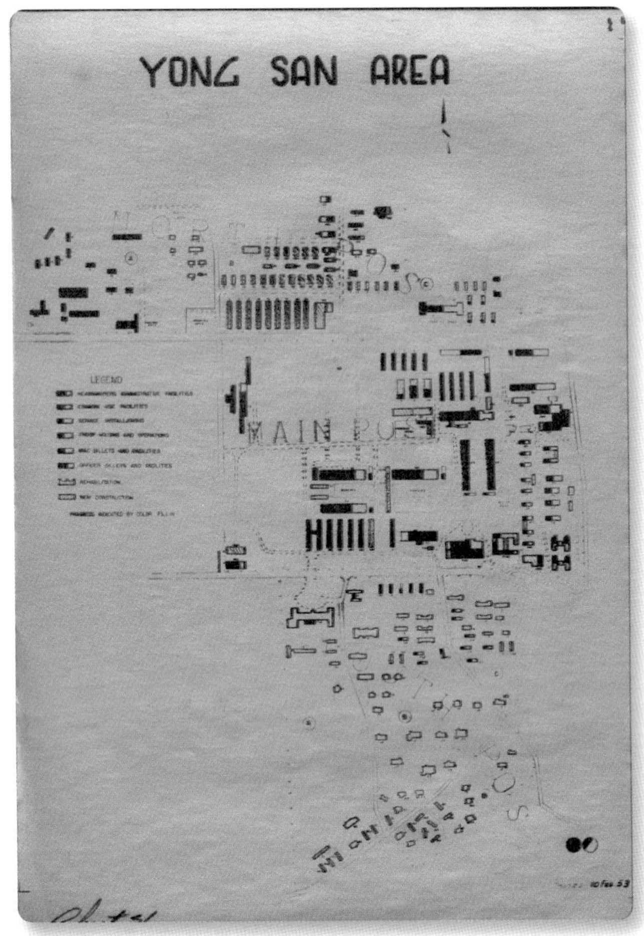

RG338, Entry A-1 101, Box3, resume of staff activities, EUSAK, No 12(1953.2.14.) Chart 31

1953년 2월 14일 용산기지 복구 및 재건 상황도

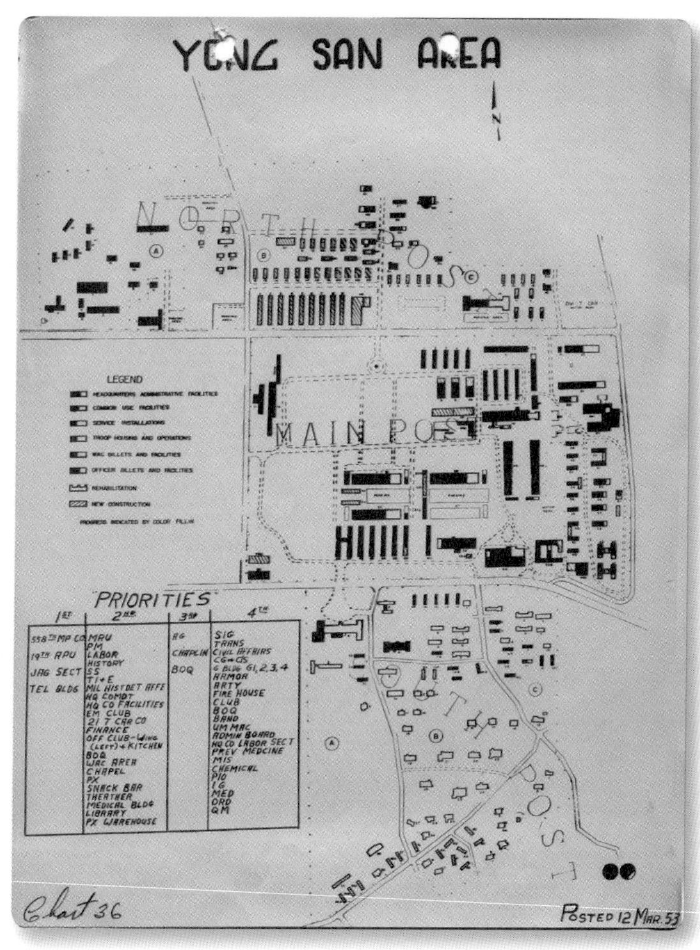

#RG338, Entry A-1 101, Box3, resume of staff activities, EUSAK, No 14(1953.3.14.) Chart 36

1953년 3월 14일 용산기지 복구 및 재건 상황도

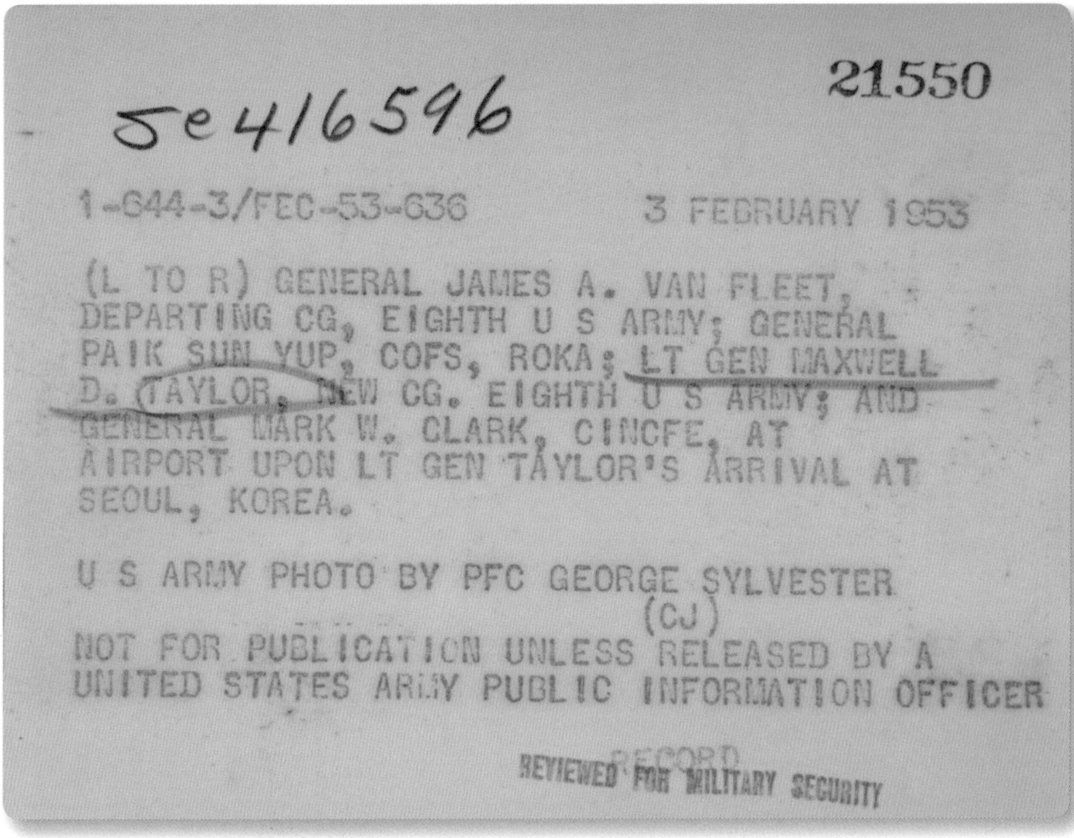

SC 416596

21550

1-644-3/FEC-53-636 3 FEBRUARY 1953

(L TO R) GENERAL JAMES A. VAN FLEET, DEPARTING CG, EIGHTH U S ARMY; GENERAL PAIK SUN YUP, COFS, ROKA; LT GEN MAXWELL D. TAYLOR, NEW CG. EIGHTH U S ARMY; AND GENERAL MARK W. CLARK, CINCFE, AT AIRPORT UPON LT GEN TAYLOR'S ARRIVAL AT SEOUL, KOREA.

U S ARMY PHOTO BY PFC GEORGE SYLVESTER (CJ)

NOT FOR PUBLICATION UNLESS RELEASED BY A UNITED STATES ARMY PUBLIC INFORMATION OFFICER

RECORD

REVIEWED FOR MILITARY SECURITY

SC 416596(RG 111)

서울 공항에 도착한 신임 미8군사령관 테일러 중장(꽃다발을 든 사람)

한국 서울의 공항에 도착한 멕스웰 D. 테일러 중장. (왼쪽에서 오른쪽으로) 이임하는 미8군사령관 마크 W. 밴플리트 장군, 육군참모총장 백선엽, 신임 미8군사령관 테일러 중장 그리고 극동군사령관 클라크 장군. (1953. 2. 3 촬영, 국사편찬위원회 소장)

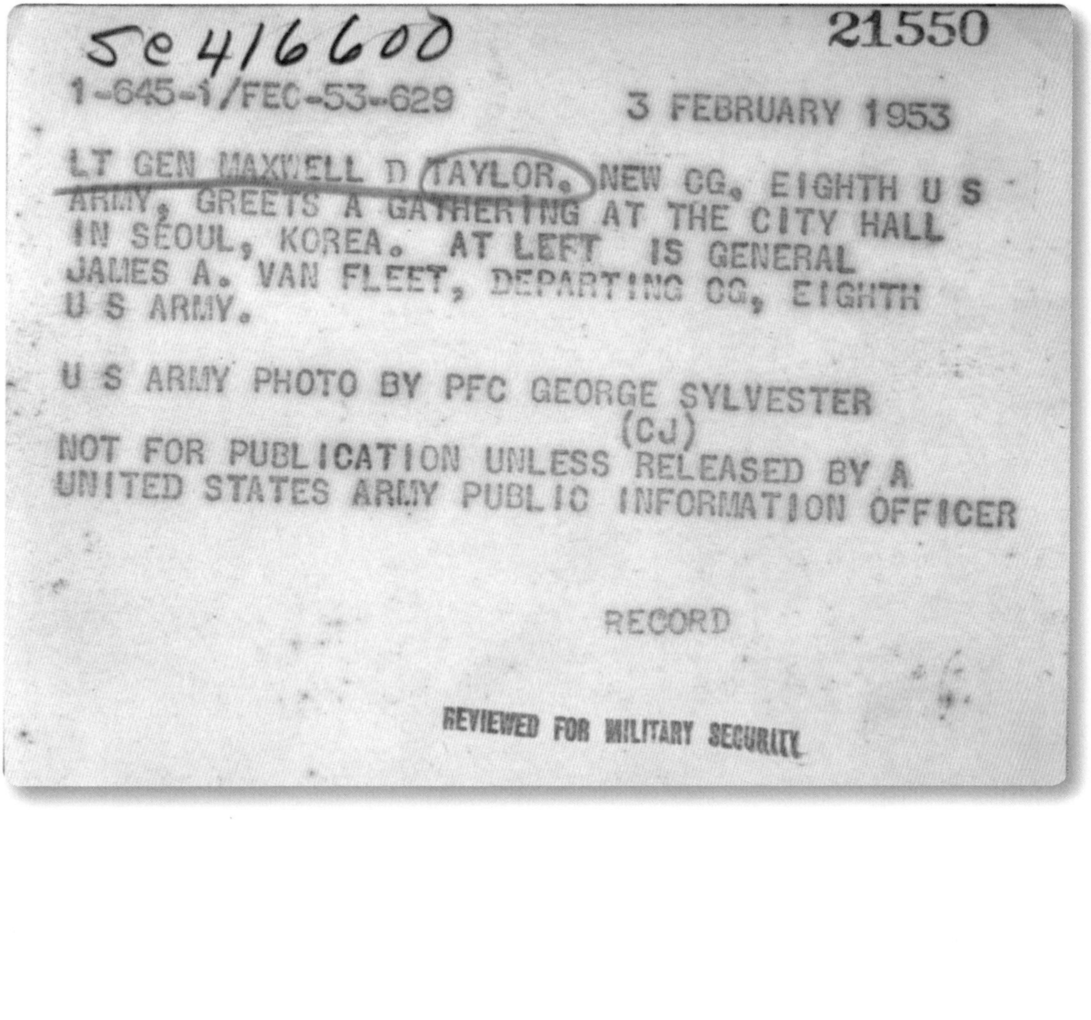

SC 416600

21550

1-645-1/FEC-53-629

3 FEBRUARY 1953

LT GEN MAXWELL D TAYLOR, NEW CG, EIGHTH U S ARMY, GREETS A GATHERING AT THE CITY HALL IN SEOUL, KOREA. AT LEFT IS GENERAL JAMES A. VAN FLEET, DEPARTING CG, EIGHTH U S ARMY.

U S ARMY PHOTO BY PFC GEORGE SYLVESTER (CJ)

NOT FOR PUBLICATION UNLESS RELEASED BY A UNITED STATES ARMY PUBLIC INFORMATION OFFICER

RECORD

REVIEWED FOR MILITARY SECURITY

SC 416600(RG 111)

신임 미8군사령관 맥스웰 테일러 중장의 환영식(서울 시청)

신임 미8군사령관 맥스웰 D. 테일러 중장이 한국 서울 시청에서 군중들에게 인사하고 있다. 왼쪽은 이임하는 미8군사령관 밴플리트 장군.(1953. 2. 3 촬영, 국사편찬위원회 소장)

SC 428275 KOREA
KOREAN CONFLICT
General James A. Van Fleet, retiring CG, U.S. Eighth Army, cuts a cake, baked by Hu Kyong Hwa.. L-r: Brig. Gen. Francis M. Day, Artillery Officer, EUSAK; Brig. Gen. Charles W. Christenberry, Assistant Chief of Staff, EUSAK; Maj. Gen. Cornelius E. Ryan, Chief, KMAG; Lt. Gen. Maxwell D. Taylor, new CG, EUSAK; Mr. Hwa; General Van Fleet, General Paik Sun Yup, Chief of Staff, ROKA; Maj. Gen. Paul D. Adams, Chief of Staff, EUSAK; Col. Frank G. Trew, Signal Officer, EUSAK; Col. William C. Baker, Jr., G-4, EUSAK; and Col. Russell T. Finn, Assistant Chief of Staff, G-1, EUSAK.

10 February 1953

Signal Corps Photo#11-525-3/FEC-53-10959
(St. Denis) UNCLASSIFIED by OCSigO, 4 Nov 1953

Orig.neg. Lot 22155 ms

SC 428275(RG 111)

퇴임 파티에서 케이크를 자르는 미8군사령관 밴플리트와 그의 참모들

한국전쟁. 퇴임하는 미8군사령관 밴플리트 장군이 후경화가 구운 케이크를 자르고 있다. 왼쪽에서 오른쪽으로 미8군 포병장교 준장 Francis M. Day, 미8군참모부장 준장 Charles W. Christenberry, 미군사고문단장 Cornelius E. Ryan, 신임 미8군사령관 테일러 중장, 미스터 화씨, 밴플리트 장군, 육군참모총장 백선엽 장군, 미8군 참모장 Paul D. Adams, 미8군 통신장교 대령 Frank G. Trew, 미8군 군수장교 William C. Baker, Jr 그리고 미8군 인사참모부장 Russell T. Finn.(1953. 2. 10 촬영, 국사편찬위원회 소장)

AIR FORCE ACTIVITIES - Korea - 1953 - FIELDS & INSTALLATIONS

Orig. 4x5 neg. no. 293-1 rec'd 28 July 1953 from Hdq., 2nd Photo. Sqd., APO 328, c/o Postmaster, San Francisco, California.

(over)

NASM 4A 32990

FIFTH AIR FORCE HEADQUARTERS

BETWEEN THE HOURS ONLY STAFF CARS WILL ENTER OR LEAVE THROUGH THIS GATE

INDEXED

83833AC

Headquarters building of Fifth Air Force, Seoul, Korea. 23 March 1953.

NASM 4A 32990(RG 342)

서울 미5공군사령부 건물

한국 서울 5공군사령부 건물.(1953. 3. 23 촬영, 국사편찬위원회 소장)

＊해제: 한국전쟁 당시 미5공군사령부는 서울 종로구 연건동 옛 서울대 의과대 건물에 자리잡고 있었다.

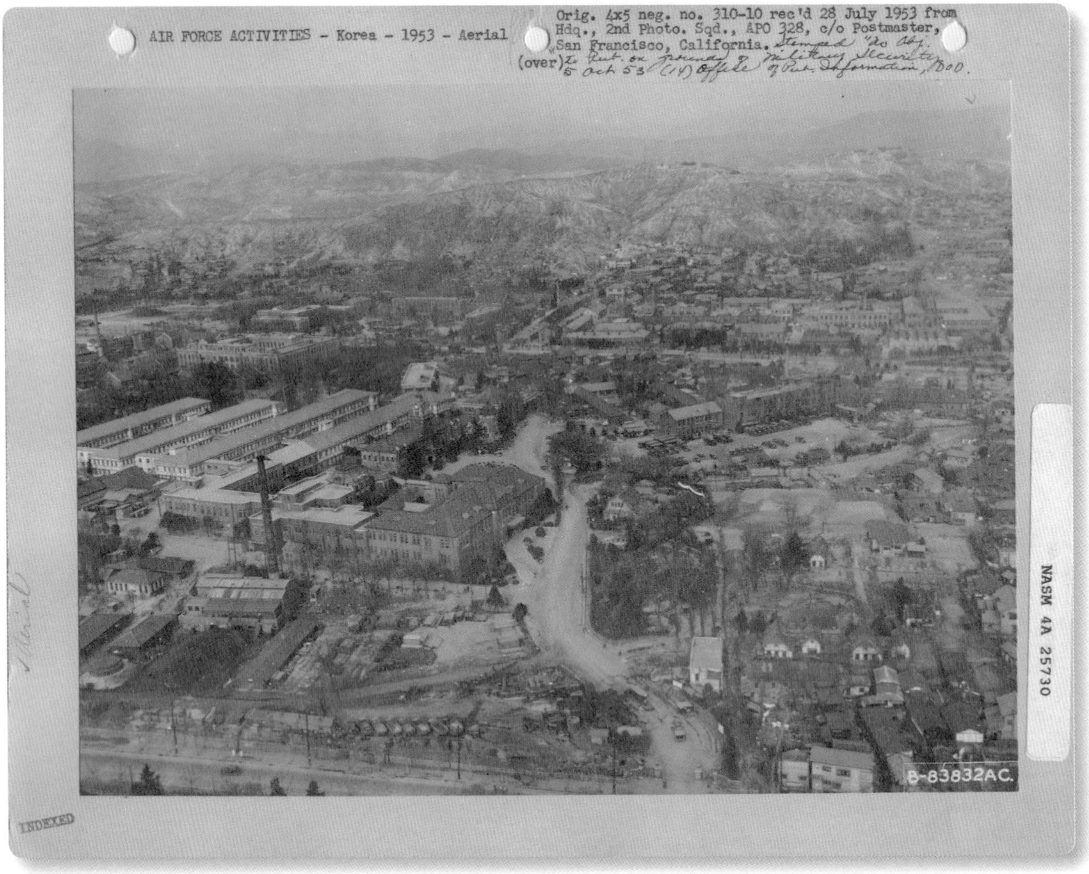

AIR FORCE ACTIVITIES - Korea - 1953 - Aerial

Orig. 4x5 neg. no. 310-10 rec'd 28 July 1953 from Hdq., 2nd Photo. Sqd., APO 328, c/o Postmaster, San Francisco, California. Stamped "No obj. to Pub. on grounds of Military Security 5 Oct 53 (14) Office of Pub. Information, DOD.
(over)

Aerial

B-83832AC.

NASM 4A 25730

INDEXED

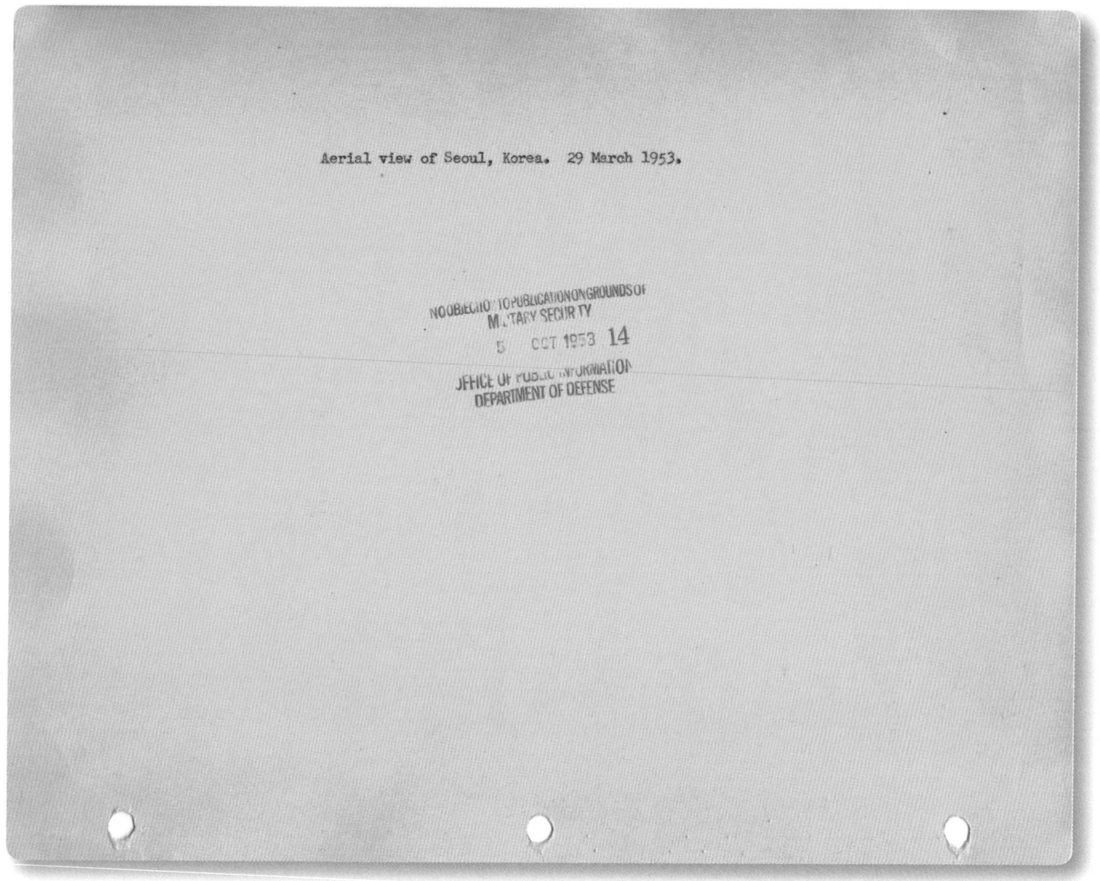
Aerial view of Seoul, Korea. 29 March 1953.

NO OBJECTION TO PUBLICATION ON GROUNDS OF MILITARY SECURITY
5 OCT 1953 14
OFFICE OF PUBLIC INFORMATION
DEPARTMENT OF DEFENSE

NASM 4A 25730(RG 342)

미8군사령부 및 미5공군사령부가 소재한 종로구 동숭동과 연건동 일대

한국 서울의 항공 전경.(1953. 3. 29 촬영, 국사편찬위원회 소장)

＊해제: 현 종로구 연건동과 동숭동 그리고 이화동 일대다. 중앙에 난 큰 도로 왼쪽에 대한의원 본관이 보이고, 그 너머 서울대 의과대 및 문리대 건물 및 오늘날 대학로 길도 보인다. 미8군사령부와 미5공군사령부는 이곳에 위치했었다. 그 뒤쪽의 언덕은 낙산(124m)이다.

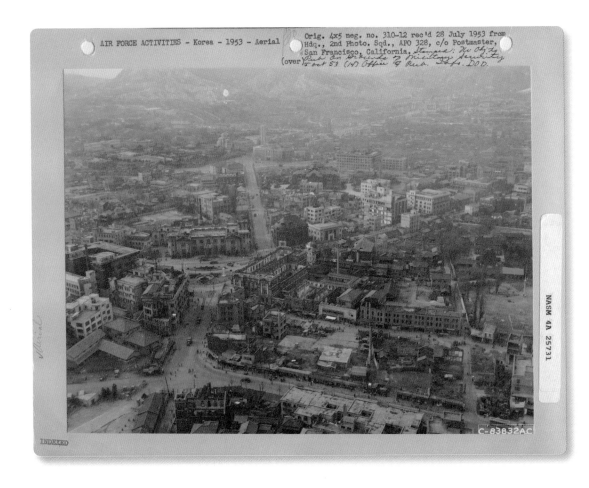

AIR FORCE ACTIVITIES - Korea - 1953 - Aerial

Orig. 4x5 neg. no. 310-12 rec'd 28 July 1953 from Hdq., 2nd Photo. Sqd., APO 328, c/o Postmaster, San Francisco, California. Stamped: No Objection to Pub. on Grounds of Military Security 5 Oct 53 (14) Office of Pub. Info. DOD.

(over)

Aerial

NASM 4A 25731

C-83832AC

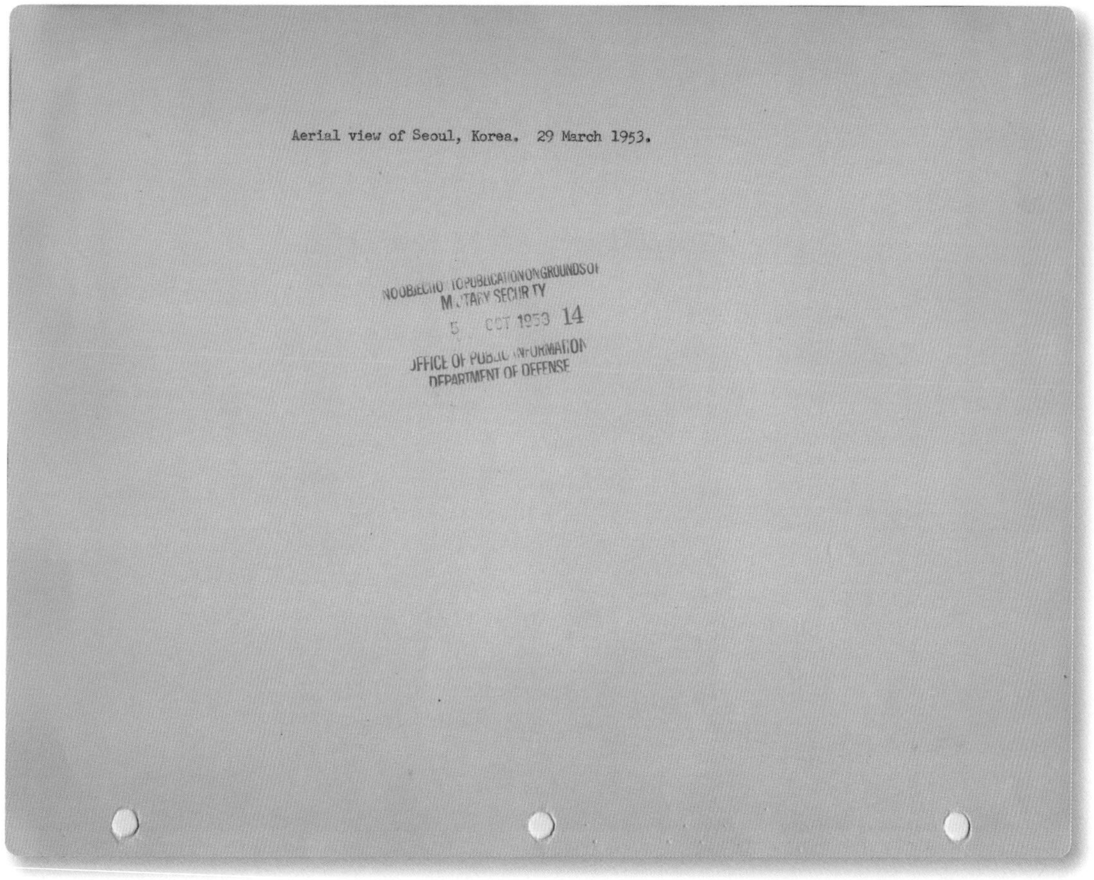
Aerial view of Seoul, Korea. 29 March 1953.

NOOBJECTIO TOPUBLICATIONONGROUNDSOF
MILITARY SECURITY
5 OCT 1953 14
OFFICE OF PUBLIC INFORMATION
DEPARTMENT OF DEFENSE

NASM 4A 25731(RG 342)

파괴된 한국은행과 소공동 일대 항공 전경

한국 서울의 항공 전경.(1953. 3. 29 촬영, 국사편찬위원회 소장)

*해제: 현 중구 명동과 소공동 일대다. 사진 중앙 전화(戰禍)를 입은 한국은행과 그 너머 조선호텔 및 서울 시청 등이 보인다.

25/182-3/FEB-53-8176
GENERAL
TAYLOR FROM SYNGMAN RHEE THE PRESIDENT REPUBLIC OF KOREA

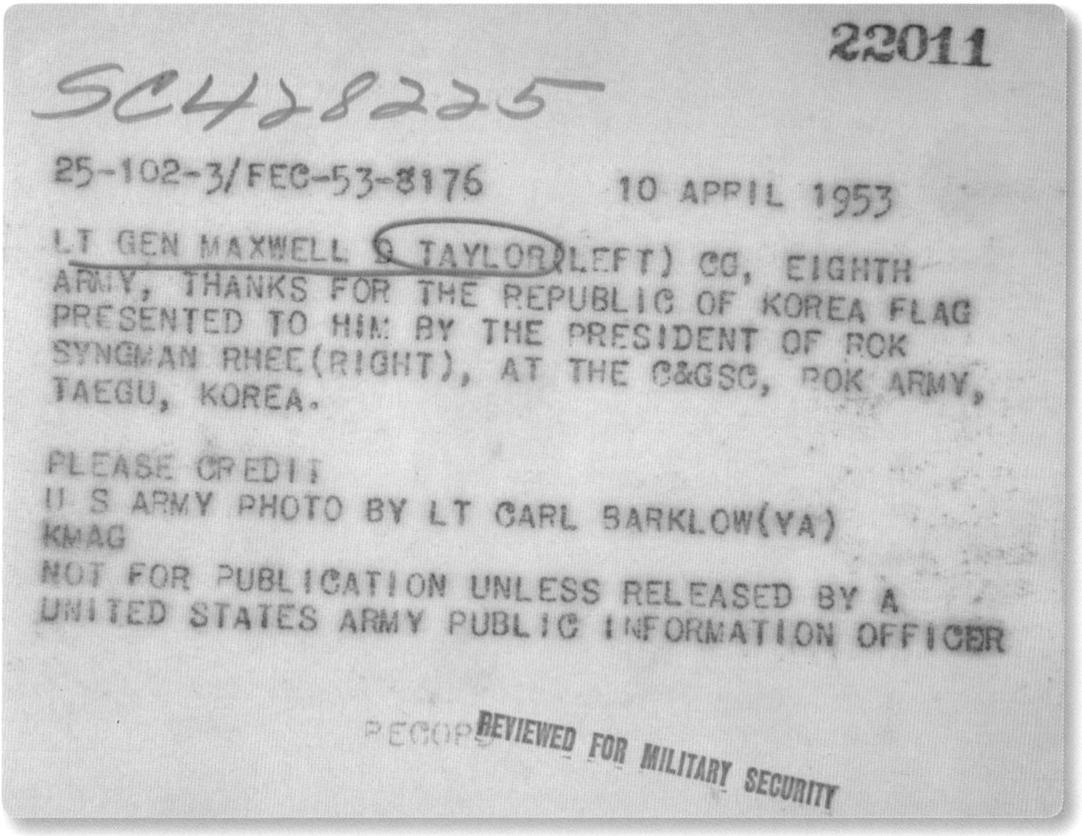

22011

SC428225

25-102-3/FEC-53-8176 10 APRIL 1953

LT GEN MAXWELL D TAYLOR(LEFT) CG, EIGHTH ARMY, THANKS FOR THE REPUBLIC OF KOREA FLAG PRESENTED TO HIM BY THE PRESIDENT OF ROK SYNGMAN RHEE(RIGHT), AT THE C&GSC, ROK ARMY, TAEGU, KOREA.

PLEASE CREDIT
U S ARMY PHOTO BY LT CARL BARKLOW(YA)
KMAG
NOT FOR PUBLICATION UNLESS RELEASED BY A UNITED STATES ARMY PUBLIC INFORMATION OFFICER

RECORD REVIEWED FOR MILITARY SECURITY

SC428225(RG 111)

이승만 대통령이 미8군사령관에게 태극기를 증정하는 모습(대구 육군대학)
한국 대구 육군대학에서 미8군사령관 테일러 중장(왼쪽)이 한국 대통령 이승만(오른쪽)이 증정한 태극기에 감사를 표하고 있다.(1953. 4. 10 촬영, 국사편찬위원회 소장)

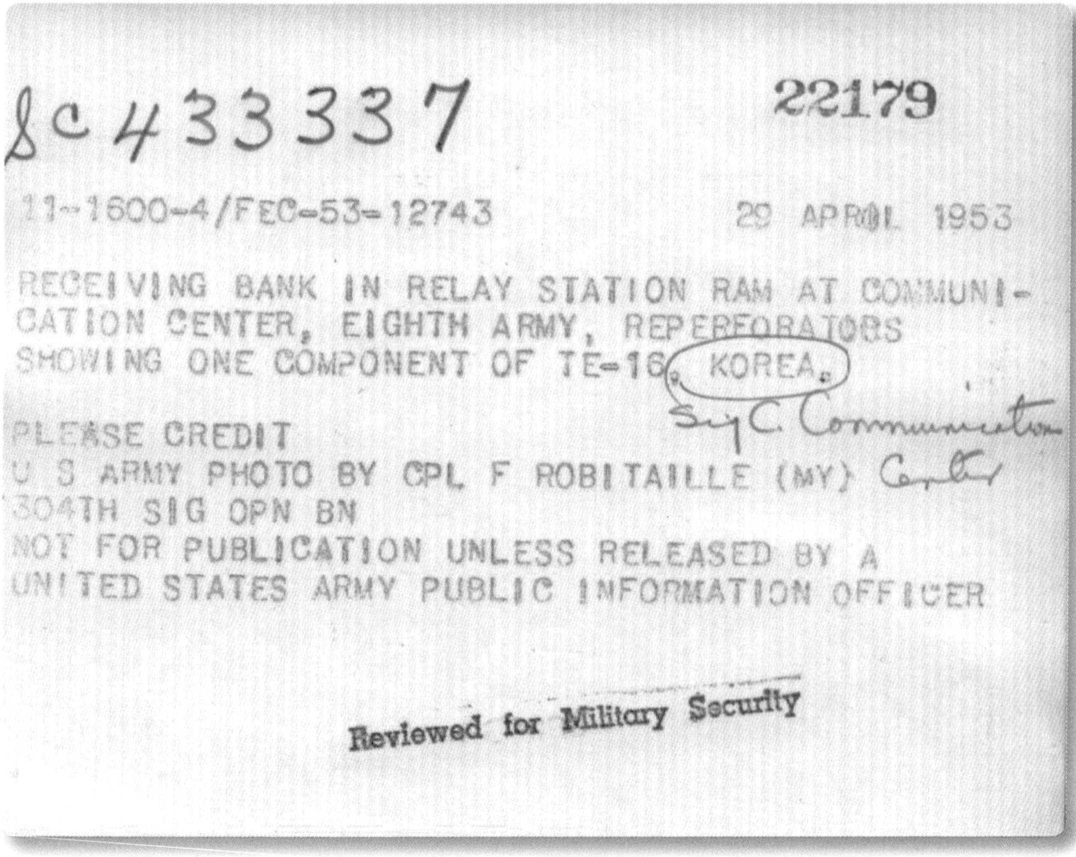

SC 433337 22179

11-1600-4/FEC-53-12743 29 APRIL 1953

RECEIVING BANK IN RELAY STATION RAM AT COMMUNI-
CATION CENTER, EIGHTH ARMY, REPERFORATORS
SHOWING ONE COMPONENT OF TE-16, KOREA.

Sig C. Communication Center

PLEASE CREDIT
U S ARMY PHOTO BY CPL F ROBITAILLE (MY)
304TH SIG OPN BN
NOT FOR PUBLICATION UNLESS RELEASED BY A
UNITED STATES ARMY PUBLIC INFORMATION OFFICER

Reviewed for Military Security

SC 433337(RG 111)

미8군 통신센터 중계국의 데이터 수신 장비들

미8군 통신센터의 중계국에서 뱅크(bank) 수신 모습, TE-16의 한 부분인 수신 천공기.(1953. 4. 29 촬영)

* 해제: (텔레타이프 전송 방식의) 수신 천공기(穿孔機)는 수신된 전신 신호를 종이 테이프에 구멍을 뚫어 복제(複製)를 만드는 기계다. 사진을 자세히 보면 도쿄(TOKYO), 대구(TAEGU), 부산(PUSAN) 등의 글자가 눈에 띈다.

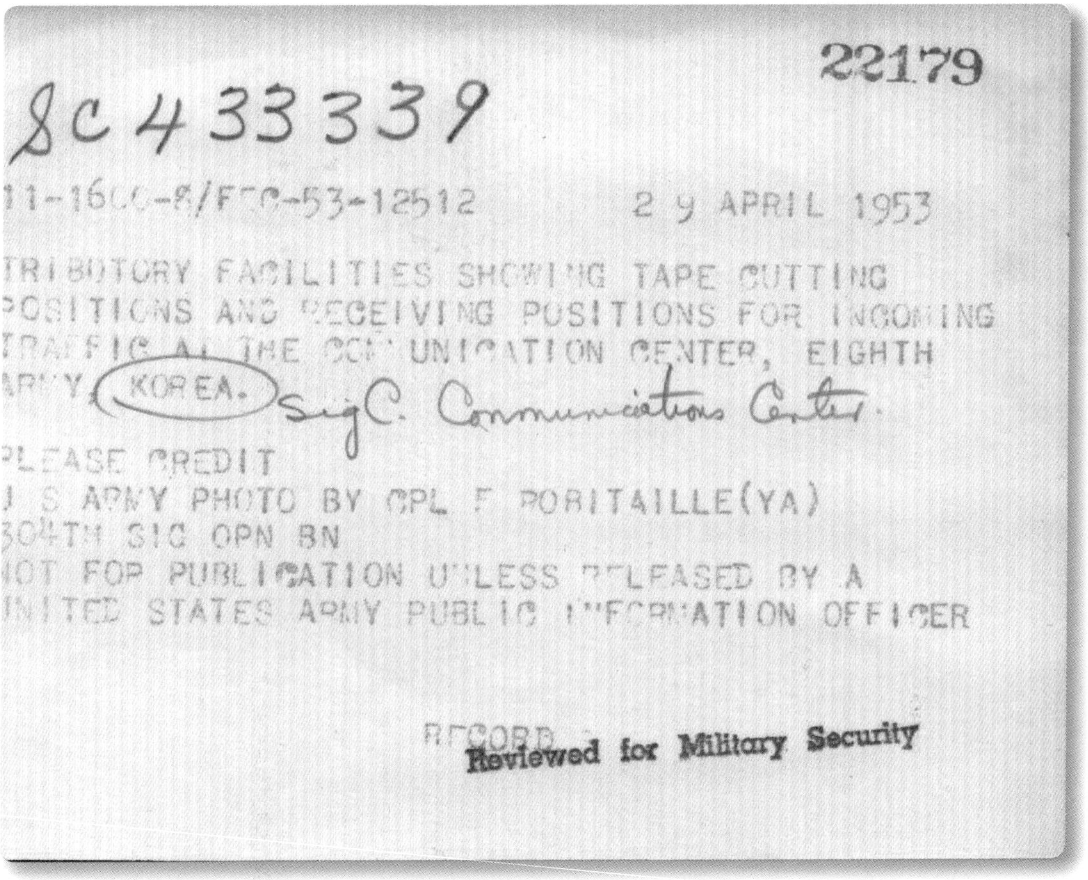

22179

SC 433339

11-1600-8/FEC-53-12512 29 APRIL 1953

TRIBOTORY FACILITIES SHOWING TAPE CUTTING
POSITIONS AND RECEIVING POSITIONS FOR INCOMING
TRAFFIC AT THE COMMUNICATION CENTER, EIGHTH
ARMY, KOREA. SigC. Communications Center.

PLEASE CREDIT
U S ARMY PHOTO BY CPL F PORITAILLE(YA)
304TH SIG OPN BN
NOT FOR PUBLICATION UNLESS RELEASED BY A
UNITED STATES ARMY PUBLIC INFORMATION OFFICER

RECORD Reviewed for Military Security

SC 433339(RG 111)

미8군 통신센터 내부

한국 미8군 통신센터에서 들어오는 통신을 수신하고, 테이프 자르는 위치를 보여 주는 (한국 이-역자) 공여한 시설.(1953. 4. 29 촬영)

8TH ARMY FLIGHT DETACHMENT

SC 433345

22179

11-1735-4/FEC-53-12540 8 MAY 1953

A US ARMY JEEP LEAVES THE RACETRACK AIRSTRIP OF THE EIGHTH ARMY FLIGHT DETACHMENT FOR ARMY HQS IN SEOUL, KOREA. THE TROPICAL SHELL HUT IN THE BACKGROUND HOUSES THE DETACHMENT OPERATIONS.

Korea, Gen.

PLEASE CREDIT
U S ARMY PHOTO BY PVT JACK KANTHAL(YA)
304TH SIG OPN BN
NOT FOR PUBLICATION UNLESS RELEASED BY A UNITED STATES ARMY PUBLIC INFORMATION OFFICER

RECORD

Reviewed for Military Security

SC 433345(RG 111)

미8군 비행파견대에서 미8군사령부를 향해 출발하는 지프(Jeep)

미육군 지프가 한국 서울의 육군사령부를 향해 미8군 비행파견대 경마장 활주로에서 출발 중이다. 뒤에 보이는 트로피컬한 막사에서 파견대의 활동을 수용하고 있다.(1953. 5. 8 촬영)

*해제: 여기서 말하는 경마장 활주로는 신설동에 있던 경마장을 말한다. 전쟁 당시 미8군 비행파견대가 주둔해 임시 활주로로 이용했음을 알 수 있다.

SC 433389 KOREA
KOREAN CONFLICT
The first street car to operate in Yong Dung-po since the start of the Korean conflict in June 1950, leaves the siding.. The cars were imported by the United Nations Civil Assistance Command in Korea,,under the Civil Relief in Korea Program. The cars are from Atlanta,Ga. 18 May 1953.

11-1885-8/FEC-53-12941. (Lyons) UNCLASSIFIED by OCSigO, 11 May 1954. Lot 22179 mk

433389

#SC 433389(RG 111)

다시 운행을 시작한 노면 전차

한국전쟁. 1950년 6월 한국전쟁 발발 이래 영등포에서 첫 전차가 운행 중이다. 전차들은 한국 민간 구호 프로그램 아래 유엔 한국민사원조사령부(UNCACK)가 미국 아틀랜타에서 수입했다.(1953. 5. 18 촬영)

＊해제: 유엔 한국민사원조사령부(UNCACK)는 한국전쟁 당시 전시 민간인 구제와 원조를 위해 만들어진 기구다. 휴전 이후에는 한국민사원조사령부(KCAC)가 이어 받았다.

新吉洞
檀紀4286年5月15日
永鷺線複線開通
(鷺梁津 新吉洞)
415
CAUTION
PASS HALTED CAR
AT 5 MPH
注 意

SC 433390 KOREA
KOREAN CONFLICT
Mr. U. P. Jonckheere, London, England, executive officer, Seoul United Nations Civil Assistance Command in Korea Team, rides the first street car to be put into service at Yong Dung-po, since the outbreak of hostilities in June 1950. The street cars are from Atlanta, Ga., imported under the Civil Relief in Korea Program by UNCACK.
18 May 1953.

11-1885-2/FEC-53-12935. (Lyons) UNCLASSIFIED by OCSigO, 11 May 1954. Lot 22179 mk

#SC 433390(RG 111)

개통된 노량진-신길동 간 복선의 노면 전차

한국전쟁. 유엔 한국민사원조사령부 소속의 실무장교 U.P. Jonckhers씨(영국 런던 출신)가 1950년 6월 한국전쟁 발발 이래 처음으로 영등포에서 운행된 노면전차에 탑승했다. 이 전차들은 한국 민간 구호 프로그램 아래 주한 유엔 한국민사원조사령부(UNCACK)가 미국 아틀랜타에서 수입했다. (1953. 5. 18 촬영)

*해제: 전차 앞에 한자로 단기 4286년(1953년) 5월 15일 영노선 복선 개통(노량진↔신길동)이라 쓰여 있다.

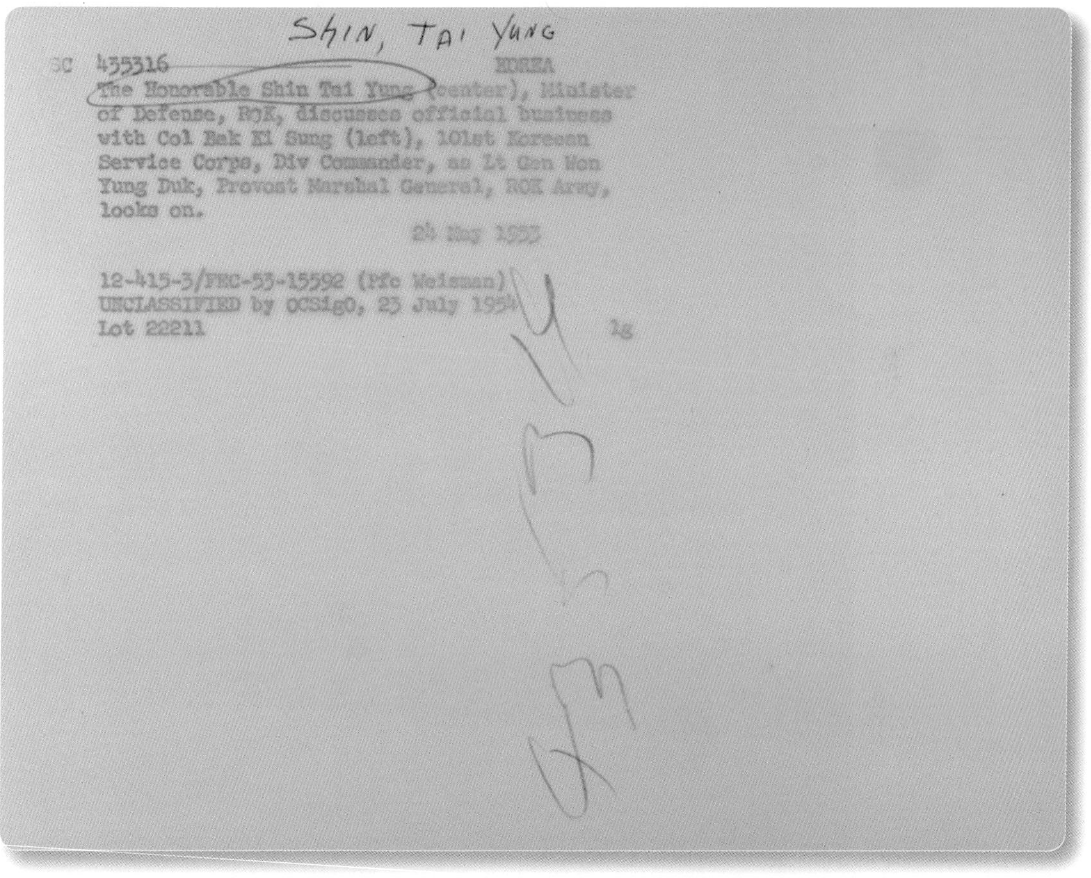

SHIN, TAI YUNG

SC 435316 KOREA

The Honorable Shin Tai Yung (center), Minister of Defense, ROK, discusses official business with Col Bak Ki Sung (left), 101st Korean Service Corps, Div Commander, as Lt Gen Won Yung Duk, Provost Marshal General, ROK Army, looks on.

24 May 1953

12-415-3/FEC-53-15592 (Pfc Weisman)
UNCLASSIFIED by OCSigO, 23 July 1954
Lot 22211 lg

SC 435316(RG 111)

101노무사단장과 논의 중인 신태영 국방장관

한국 국방장관 신태영(가운데)이 육군 헌병감 원용덕 중장이 보는 가운데, 101노무사단장 백기성 대령(왼쪽)과 업무를 논의 중이다. (1953. 5. 24 촬영, 국사편찬위원회 소장)

*해제: 벽에 붙은 종이의 내용 가운데 총참모장 훈시 1. 임무완수 2. 신상필벌 3. 일선 중점주의라는 내용이 있다.

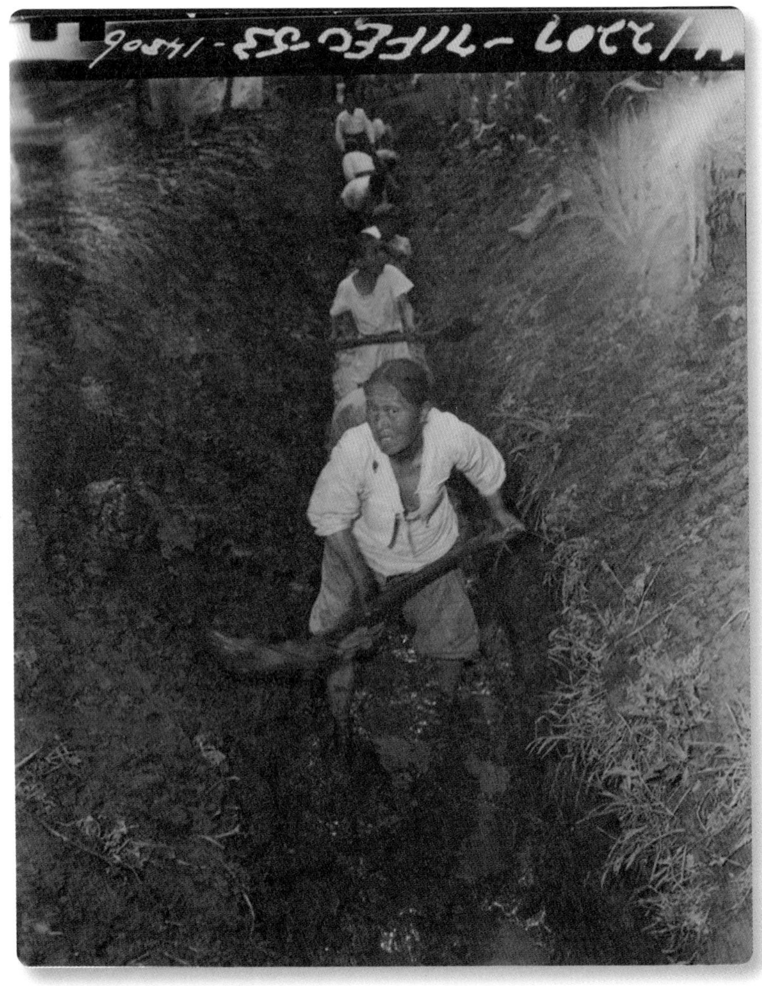

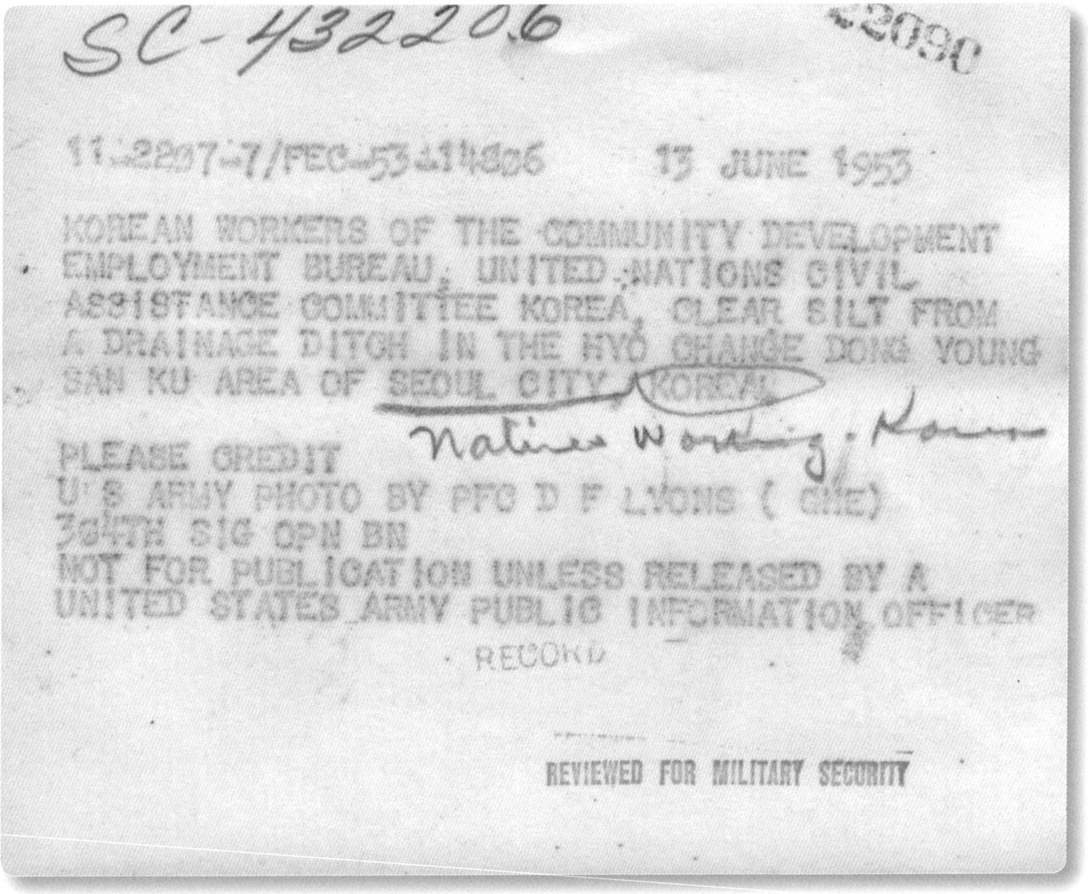

SC-432206

22090

11-2207-7/FEC-53-14806 13 JUNE 1953

KOREAN WORKERS OF THE COMMUNITY DEVELOPMENT EMPLOYMENT BUREAU, UNITED NATIONS CIVIL ASSISTANCE COMMITTEE KOREA, CLEAR SILT FROM A DRAINAGE DITCH IN THE HYO CHANGE DONG YOUNG SAN KU AREA OF SEOUL CITY, KOREA

Natives Working - Korea

PLEASE CREDIT
U S ARMY PHOTO BY PFC D F LYONS (CHE)
304TH SIG OPN BN
NOT FOR PUBLICATION UNLESS RELEASED BY A UNITED STATES ARMY PUBLIC INFORMATION OFFICER

RECORD

REVIEWED FOR MILITARY SECURITY

SC 432206(RG 111)

용산 효창동에서 배수로 토사를 걷어내는 한국인들

유엔 한국민간원조사령부 소속 한국 지역 개발 고용국의 한국인 노동자들, 한국 서울 용산구 효창동에서 배수로 토사 제거 작업 중이다.(1953. 6. 13 촬영)

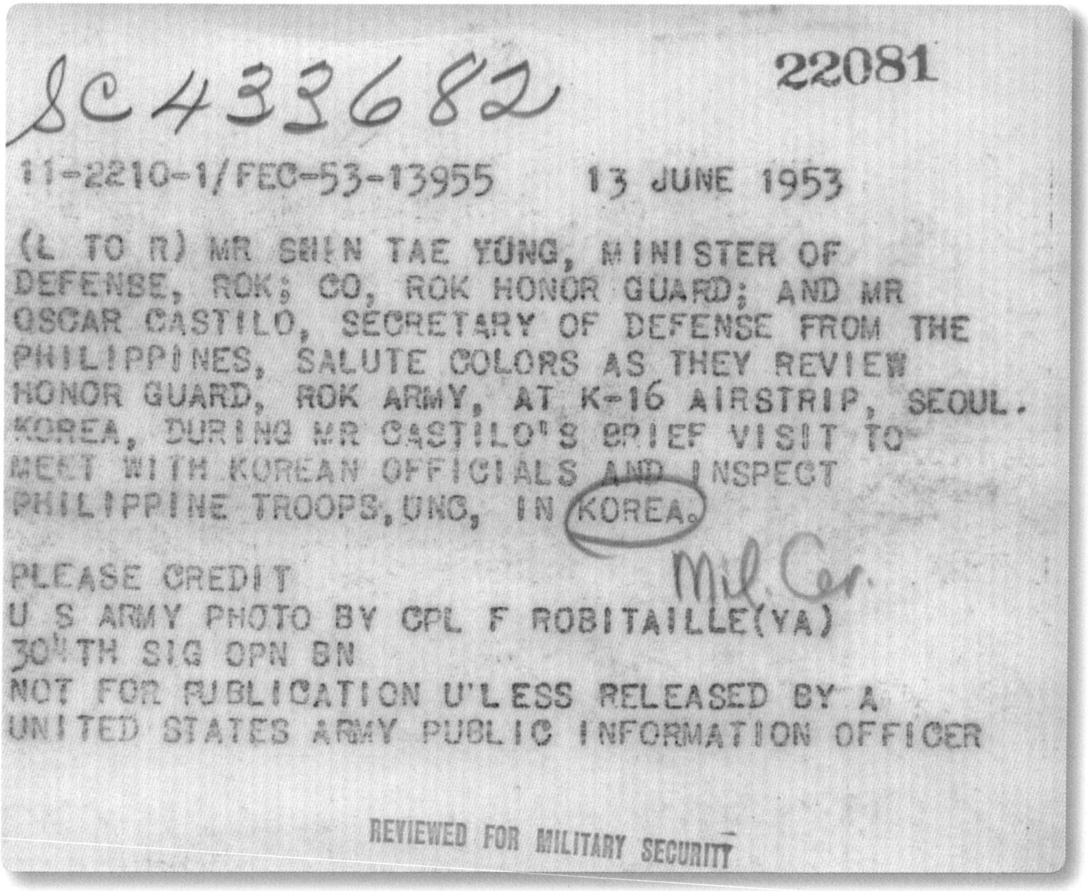

SC 433682 22081

11-2210-1/FEC-53-13955 13 JUNE 1953

(L TO R) MR SHIN TAE YUNG, MINISTER OF DEFENSE, ROK; CO, ROK HONOR GUARD; AND MR OSCAR CASTILO, SECRETARY OF DEFENSE FROM THE PHILIPPINES, SALUTE COLORS AS THEY REVIEW HONOR GUARD, ROK ARMY, AT K-16 AIRSTRIP, SEOUL. KOREA, DURING MR CASTILO'S BRIEF VISIT TO MEET WITH KOREAN OFFICIALS AND INSPECT PHILIPPINE TROOPS, UNC, IN KOREA.

Mil. Cer.

PLEASE CREDIT
U S ARMY PHOTO BY CPL F ROBITAILLE(VA)
304TH SIG OPN BN
NOT FOR PUBLICATION U'LESS RELEASED BY A UNITED STATES ARMY PUBLIC INFORMATION OFFICER

REVIEWED FOR MILITARY SECURITY

SC 433682(RG 111)

서울 K-16 공항에서 사열 중인 신태영 국방장관과 필리핀 국방장관

(왼쪽에서 오른쪽으로) 한국 국방장관 신태영, 의장대장 그리고 필리핀 국방장관 Oscar Castilo가 한국 서울 K-16 공항 활주로에서 의장대 사열 간 군기에 경례하고 있다. Castilo 국방장관은 짧은 방문 기간 중 한국 관리들을 만나고 유엔군 필리핀 군대를 시찰 예정이다. (1953. 6. 13 촬영)

* 해제: 서울 K-16 공항은 여의도 비행장을 말한다. 한국전쟁 중 미극동공군은 비행장 운용 시작을 기준으로 'K-숫자' 형태로 비행장을 사용했다. 참고로 K-1은 부산 서부 비행장, K-2는 대구 대행장, K-13 수원 비행장, K-14 김포 비행장이었다.

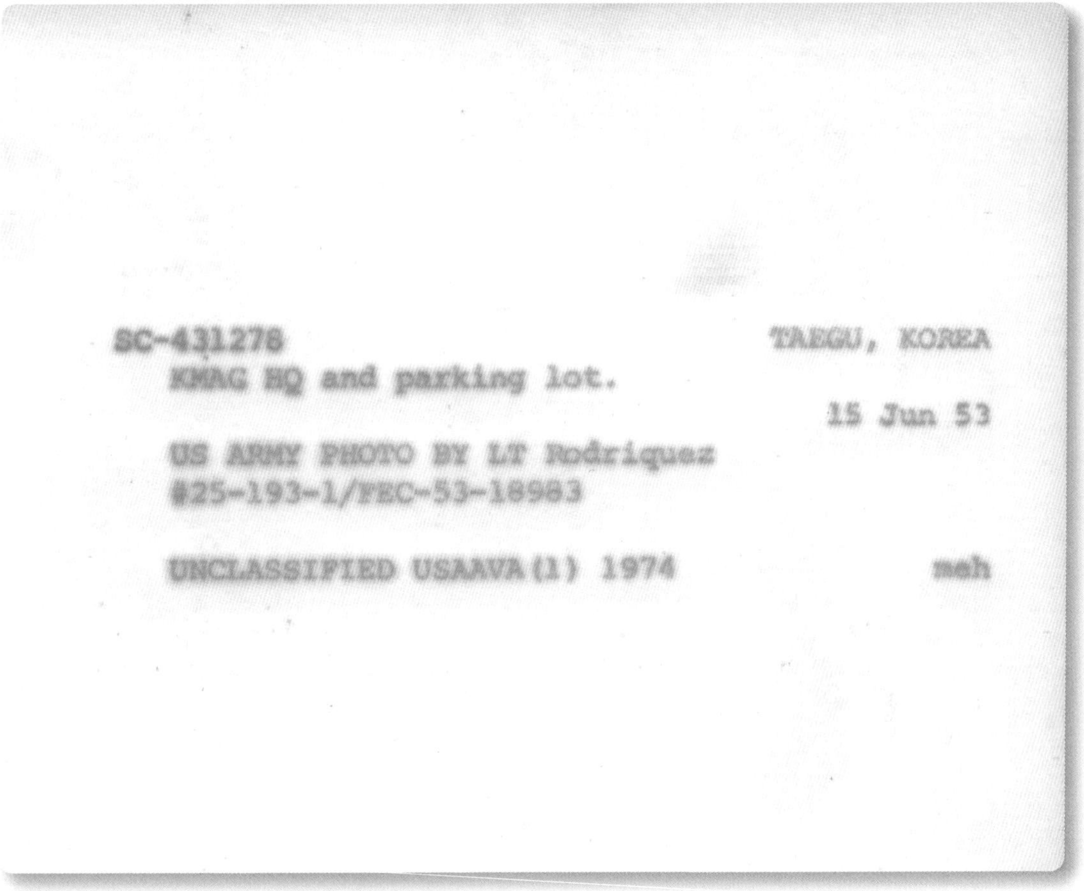

SC-431278 TAEGU, KOREA
KMAG HQ and parking lot.
15 Jun 53
US ARMY PHOTO BY LT Rodriquez
#25-193-1/FEC-53-18983
UNCLASSIFIED USAAVA(1) 1974 meh

SC 431278(RG 111)

대구 미군사고문단 본부와 주차장

한국 대구 미군사고문단 본부와 주차장.(1953. 6. 15 촬영)

*해제: 미군사고문단(KMAG)은 당시 대구 삼덕동 대구사범대 건물을 사용하고 있었다. 한편 육군본부는 인근 대구금융조합(현 한국은행 경북본부 부지) 자리에 위치했다. 미군사고문단은 애초 계획보다 늦은 1955년 육군본부와 함께 용산기지로 이동한다. 미군사고문단의 후신이 앞서 설명했던(RG 111, SC 391470) 한미 교류를 연결하는 역할을 수행하는 주한미합동군사업무단(JUSMAG-K)이다.

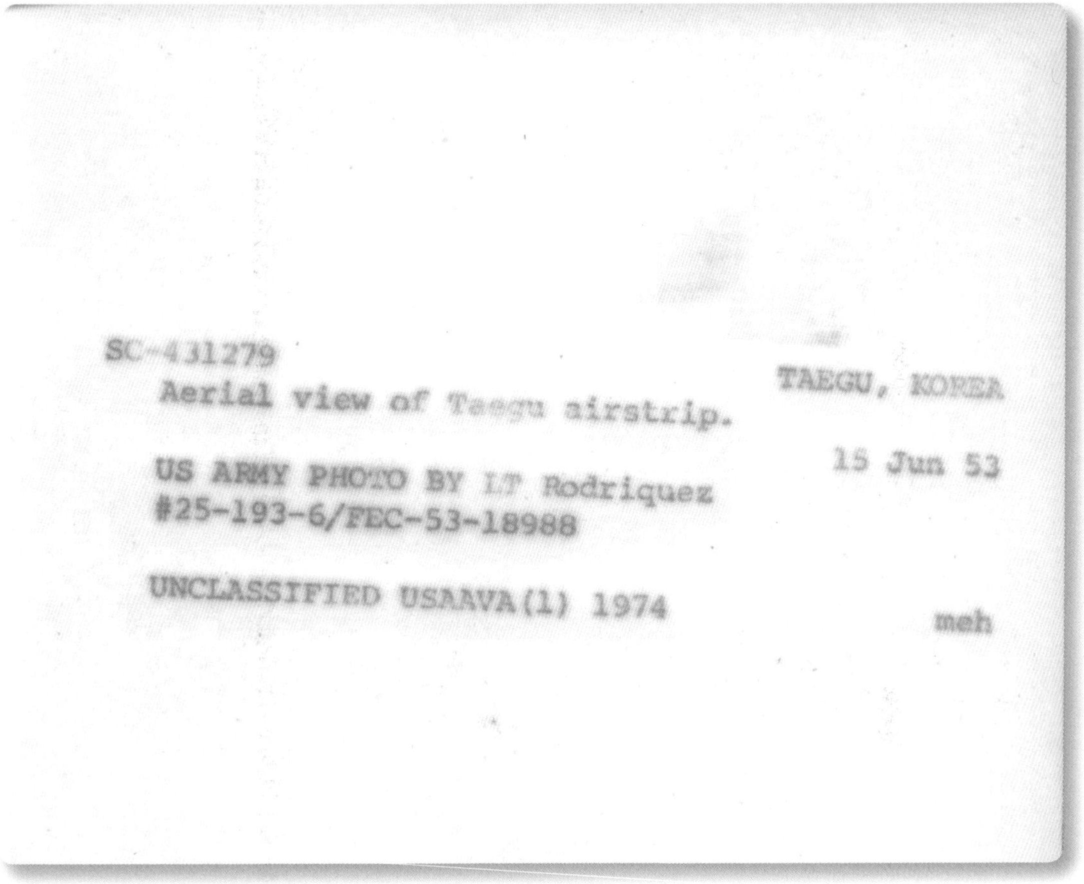

SC-431279 TAEGU, KOREA
Aerial view of Taegu airstrip.

US ARMY PHOTO BY LT Rodriquez 15 Jun 53
#25-193-6/FEC-53-18988

UNCLASSIFIED USAAVA(1) 1974 meh

SC 431279(RG 111)

대구 활주로 항공 전경
한국 대구 활주로 항공 전경.(1953. 6. 15 촬영)

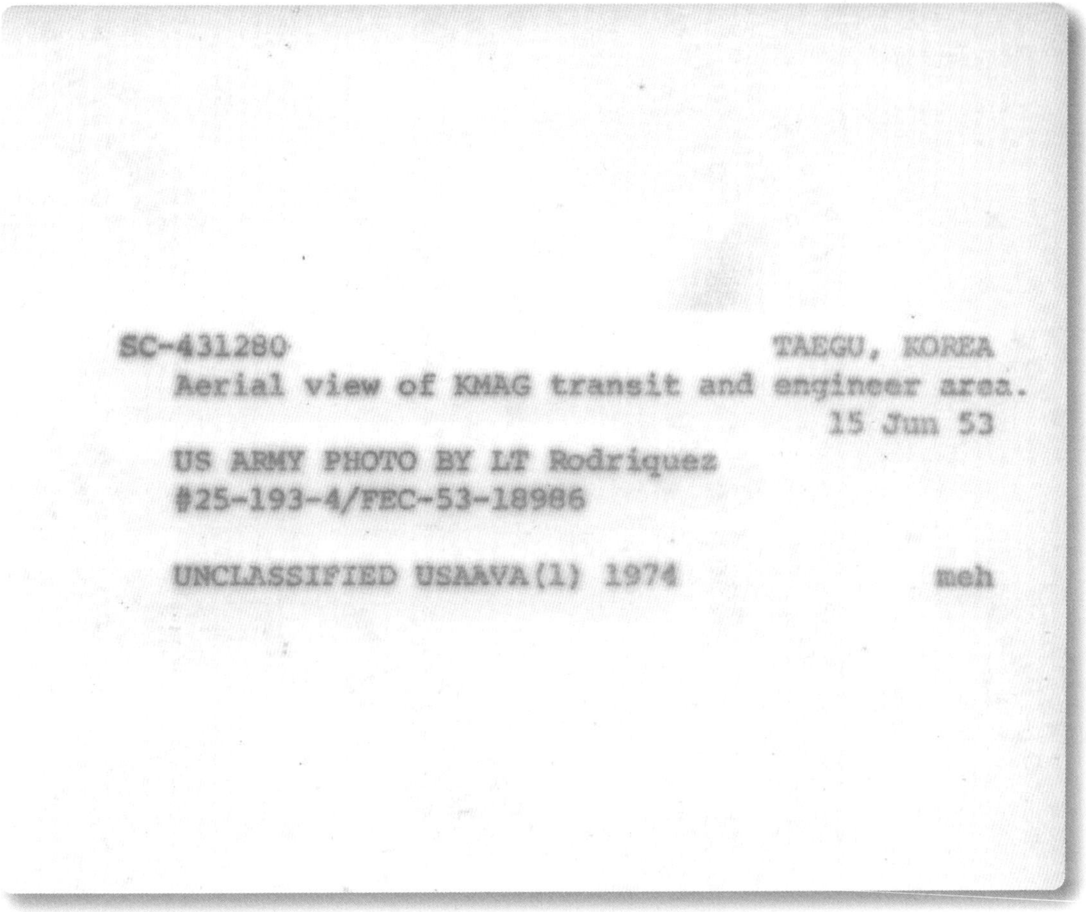

SC-431280 TAEGU, KOREA
Aerial view of KMAG transit and engineer area.
15 Jun 53
US ARMY PHOTO BY LT Rodriquez
#25-193-4/FEC-53-18986

UNCLASSIFIED USAAVA(1) 1974 meh

SC 431280(RG 111)

하늘에서 본 대구 미군사고문단 수송 및 공병대 본부

한국 대구 미군사고문단 수송 및 공병대 항공 전경.(1953. 6. 15 촬영)

SC-431281 TAEGU, KOREA
Aerial view of KMAG officers compound.
15 Jun 53
US ARMY PHOTO BY LT Rodriquez *
#25-193-2/FEC-53-18984
UNCLASSIFIED USAAVA(1) 1974 meh

SC 431281(RG 111)

하늘에서 본 대구 미군사고문단 장교 주둔지
한국 대구 미군사고문단 장교 주둔지 항공 전경.(1953. 6. 15 촬영)

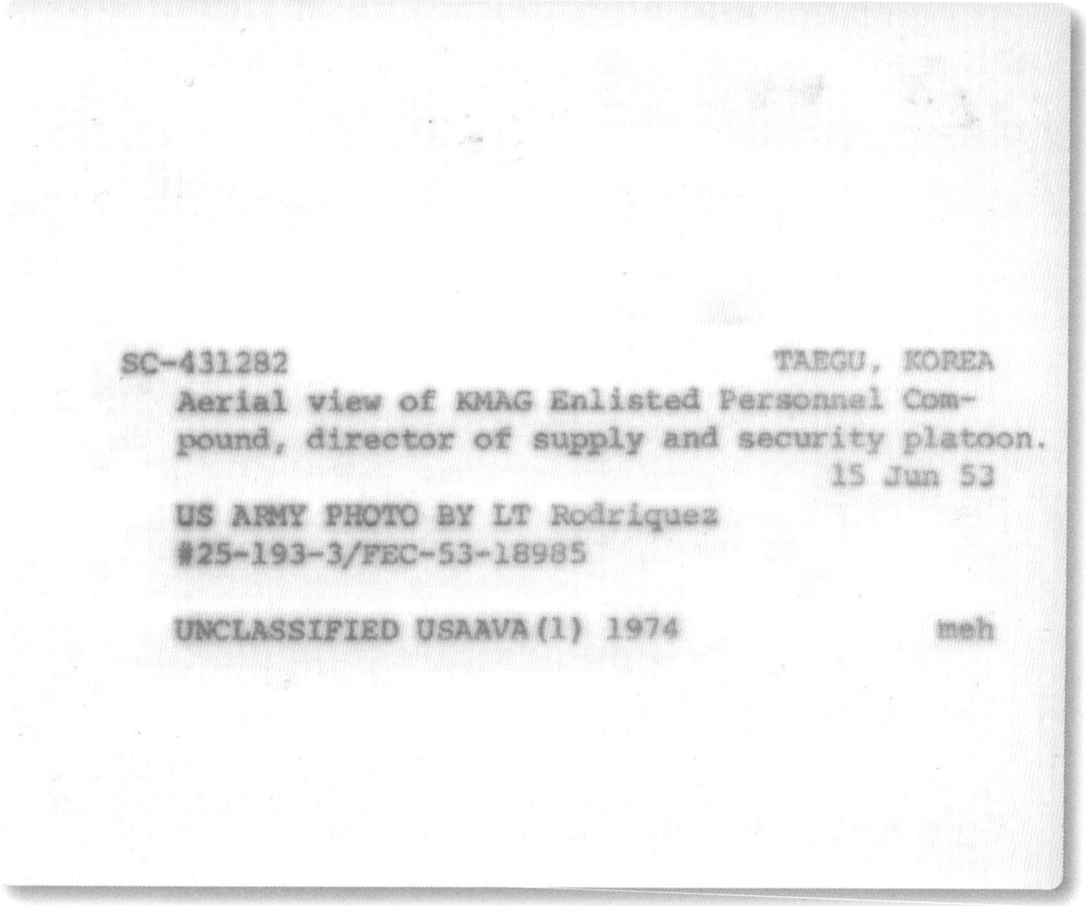

SC-431282 TAEGU, KOREA
Aerial view of KMAG Enlisted Personnel Compound, director of supply and security platoon.
15 Jun 53
US ARMY PHOTO BY LT Rodriquez
#25-193-3/FEC-53-18985
UNCLASSIFIED USAAVA(1) 1974 meh

SC 431282(RG 111)

하늘에서 본 대구 미군사고문단 사병 주둔지와 그 일대
한국 대구 미군사고문단 사병 주둔지, 보급처 및 경계 소대의 항공 전경.(1953. 6. 15 촬영)

SC-431283 TAEGU, KOREA
KMAG Motor Pool and POL.
15 Jun 53
US ARMY PHOTO BY LT Rodriquez
#25-193-5/FEC-53-18987
UNCLASSIFIED USAAVA(1) 1974 meh

SC 431283(RG 111)

하늘에서 본 대구 미군사고문단 수송부

한국 대구 미군사고문단 수송부 및 유류저장소의 항공 전경.(1953. 6. 15 촬영)

＊해제: POL은 Petroleum(석유), Oil(오일), Lubricants(윤활유)를 뜻한다.

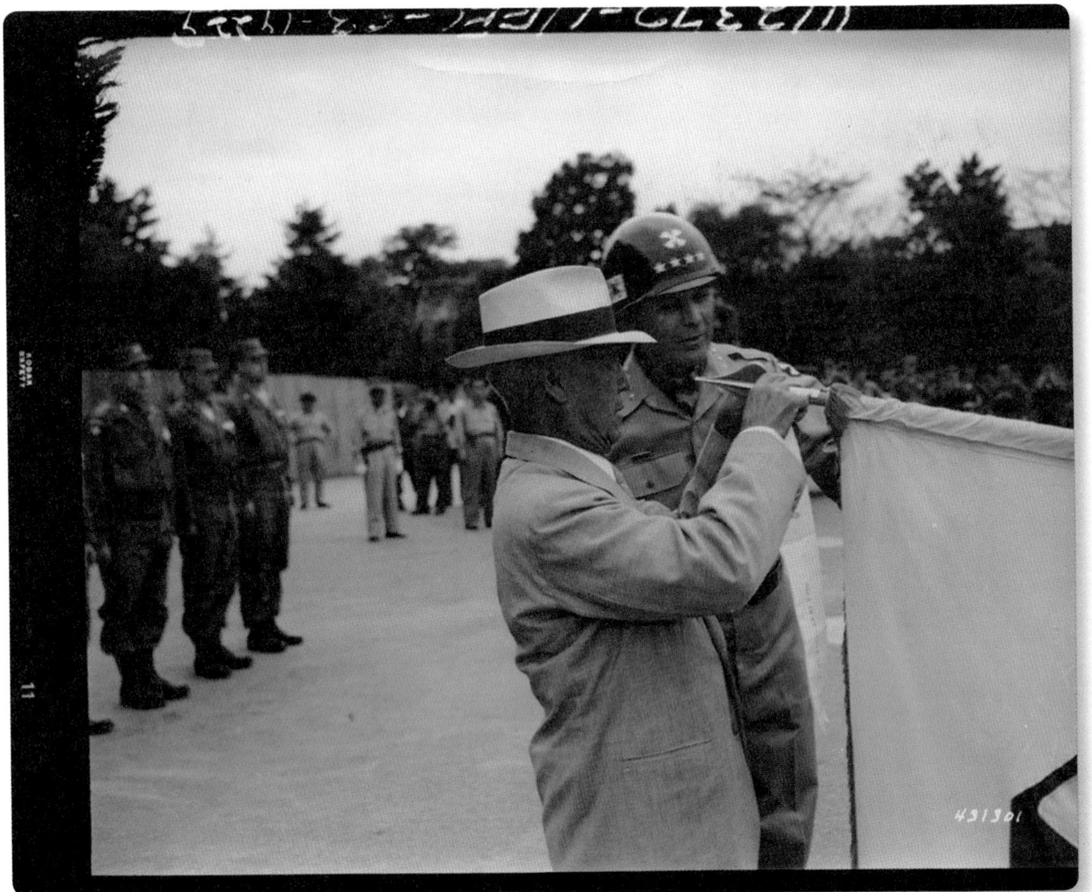

47

SC 431301 KOREA

Syngman Rhee (left) President of the Republic of Korea, attaches the Presidential Unit Citation streamer to the Eighth Army flag, as General Maxwell D Taylor, CG, Eighth Army, assists him, during ceremony held at hqs in Korea.

11 July 1953

#11-2372-1/FEC-53-19229 (Pfc Lyons)

UNCLASSIFIED by OCSigO, 28 January 1954

Lot 22257 sk

SC 431301(RG 111)

미8군 부대기에 대통령 부대표창 띠를 달아주는 이승만

한국 미8군사령부에서 열린 행사에서 미8군사령관 멕스웰 D. 테일러 장군이 도와주는 가운데 대통령 이승만(왼쪽)이 미8군 부대기에 대통령 부대표창 표식을 달고 있다.

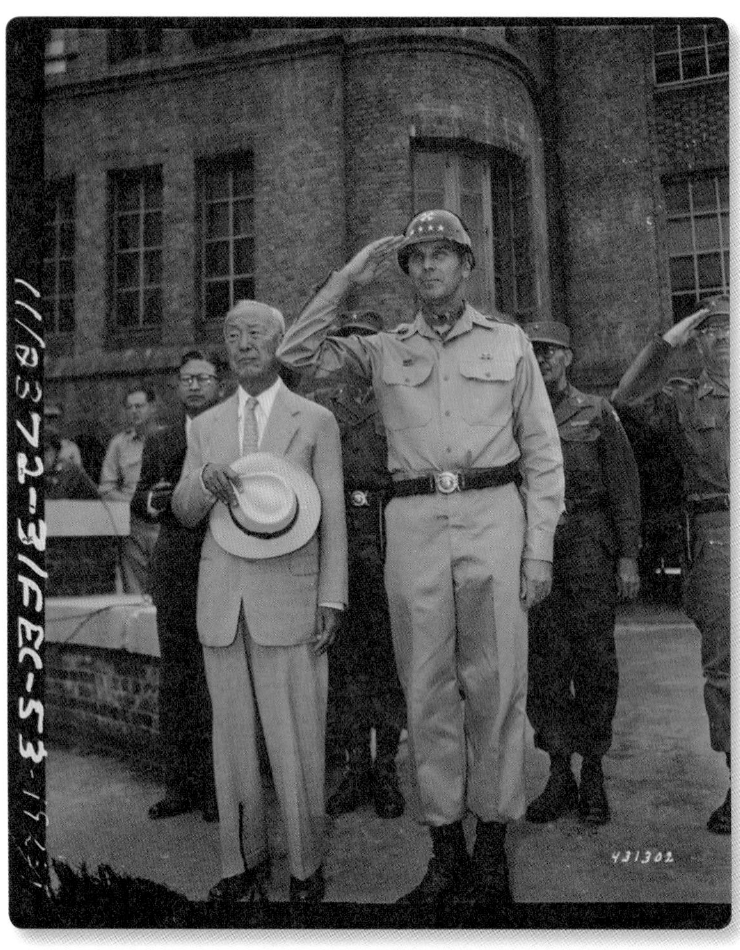

431302

46

SC 431302 KOREA

President Syngman Rhee of the Republic of Korea (left), and General Maxwell D. Taylor, CG, U.S. Eighth Army, salute the colors during ceremony in which President Rhee awarded the Presidential Unit Citation to the U.S. Eighth Army.

11 July 1953

11-2372-3/FEC-53-19231 (Lyons)
UNCLASSIFIED by OCSigO, 28 Jan 1954
Lot 22257 ms

SC 431302(RG 111)

대통령 부대표창 수여식 행사 중 군기에 경례 중인 이승만과 테일러 미8군사령관

한국 대통령 이승만의 미8군 대통령 부대표창 수여식 간 이승만 대통령(왼쪽)과 미8군사령관 테일러 장군이 군기에 경례 중이다.(1953. 7. 11 촬영)

＊해제: 뒤에 보이는 건물은 미8군사령부가 위치했던 종로구 동숭동 옛 서울대 문리대 건물

11-2408-3/FEC-53-19280 18 JULY 1953
SC 431345
DEDICATION MONUMENT OF NEW EIGHTH ARMY HQS,
AT YONG SAN ,KOREA. 2225

PLEASE CREDIT
U S ARMY PHOTO BY W R MENEFEE(YA)
304TH SIG OPN BN
NOT FOR PUBLICATION UNLESS RELEASED BY A
UNITED STATES ARMY PUBLIC INFORMATION OFFICER

Korea - Monument

REVIEWED FOR MILITARY SECURITY

RECORD

SC 431345(RG 111)

용산기지의 미8군 기념비

한국 용산 신(新) 미8군사령부 기념비.(1953. 7. 18 촬영)

*해제: 이 기념비는 원래 일제강점기 만주사변 전몰자 충혼비였다. 아이러니하게도 이 충혼비는 한국 전쟁 기간 미8군전몰자 기념비로 다시 용도가 변경되었다. 지난 2017년 미8군사령부가 평택기지(캠프 험프리)로 이전하면서 기념비도 함께 평택으로 이동되었다. 기념비 너머로 보이는 산은 서울 남산.

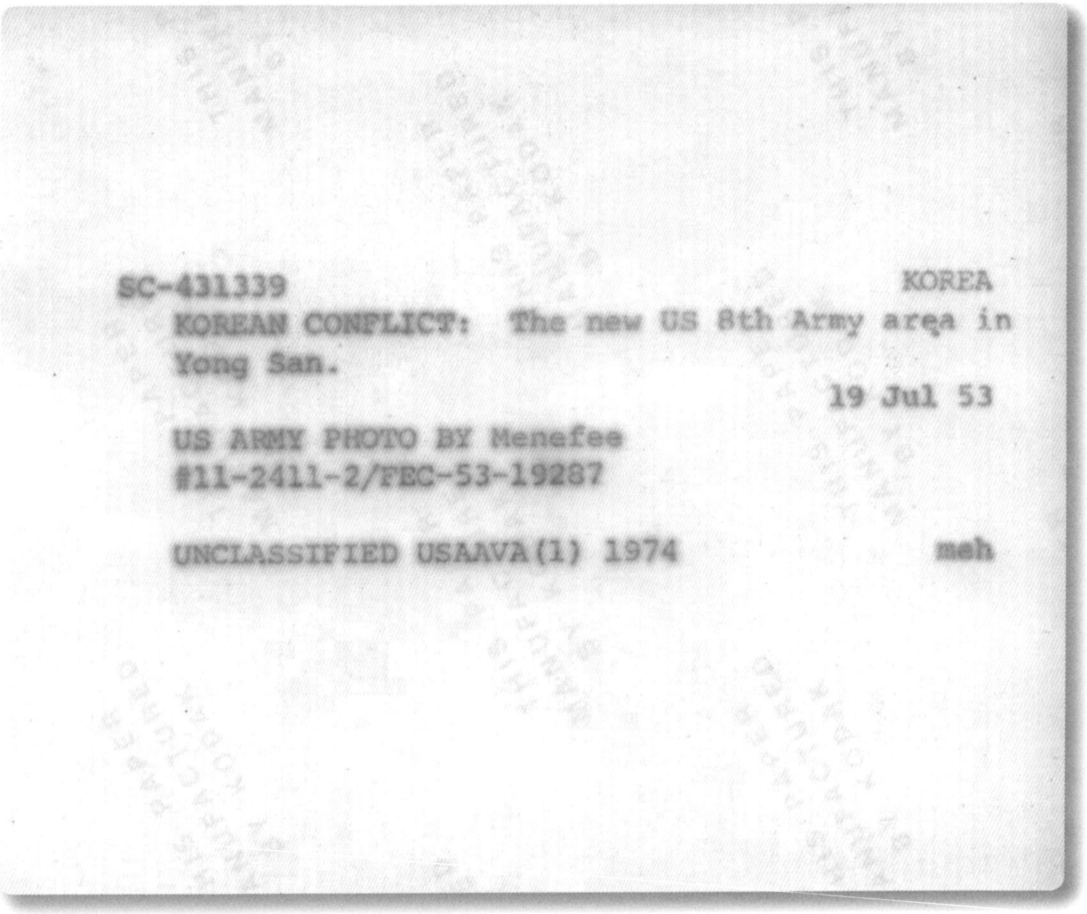

SC-431339 KOREA
KOREAN CONFLICT: The new US 8th Army area in Yong San.
19 Jul 53
US ARMY PHOTO BY Menefee
#11-2411-2/FEC-53-19287
UNCLASSIFIED USAAVA(1) 1974 meh

SC 431339(RG 111)

용산기지에 새로 자리 잡은 미8군사령부

한국전쟁: 용산의 새로운 미8군 지역.(1953. 7. 19 촬영)

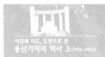

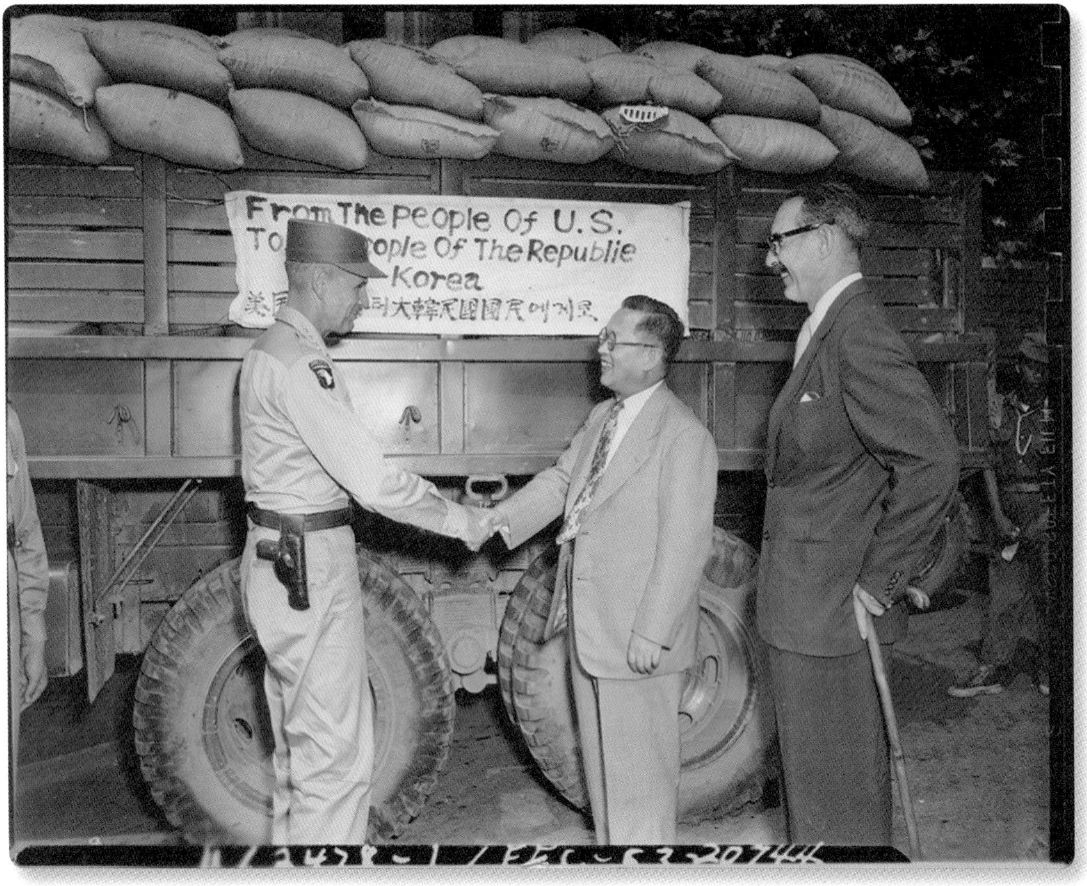
From The People Of U.S.
Korea

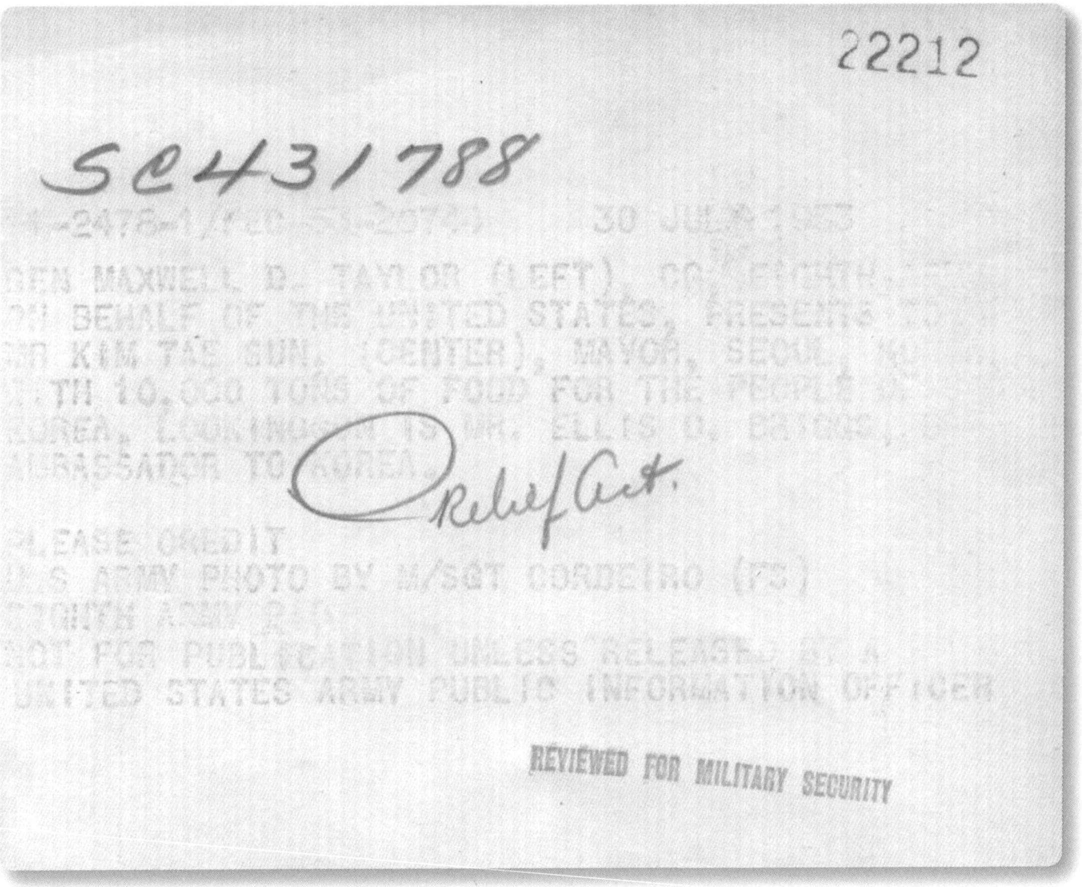

22212

SC431788

GEN MAXWELL D. TAYLOR (LEFT), CG, EIGHTH
ON BEHALF OF THE UNITED STATES, PRESENTS TO
MR KIM TAE SUN, (CENTER), MAYOR, SEOUL,
WITH 10,000 TONS OF FOOD FOR THE PEOPLE OF
KOREA. LOOKING ON IS MR. ELLIS O. BRIGGS,
AMBASSADOR TO KOREA.

Relief Act.

PLEASE CREDIT
U S ARMY PHOTO BY M/SGT CORDEIRO (FS)
EIGHTH ARMY
NOT FOR PUBLICATION UNLESS RELEASED BY A
UNITED STATES ARMY PUBLIC INFORMATION OFFICER

REVIEWED FOR MILITARY SECURITY

SC 431788(RG 111)

서울시장에게 식량을 전달하는 테일러 미8군사령관

미국을 대표하는 미8군사령관 테일러 장군(왼쪽)이 한국 국민을 위해 1만 톤의 식량을 김태선 서울 시장에게 증정하고 있다. 지켜보는 사람은 엘리스 O. 브릭스 주한 미대사이다.(1953. 7. 30 촬영)

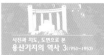

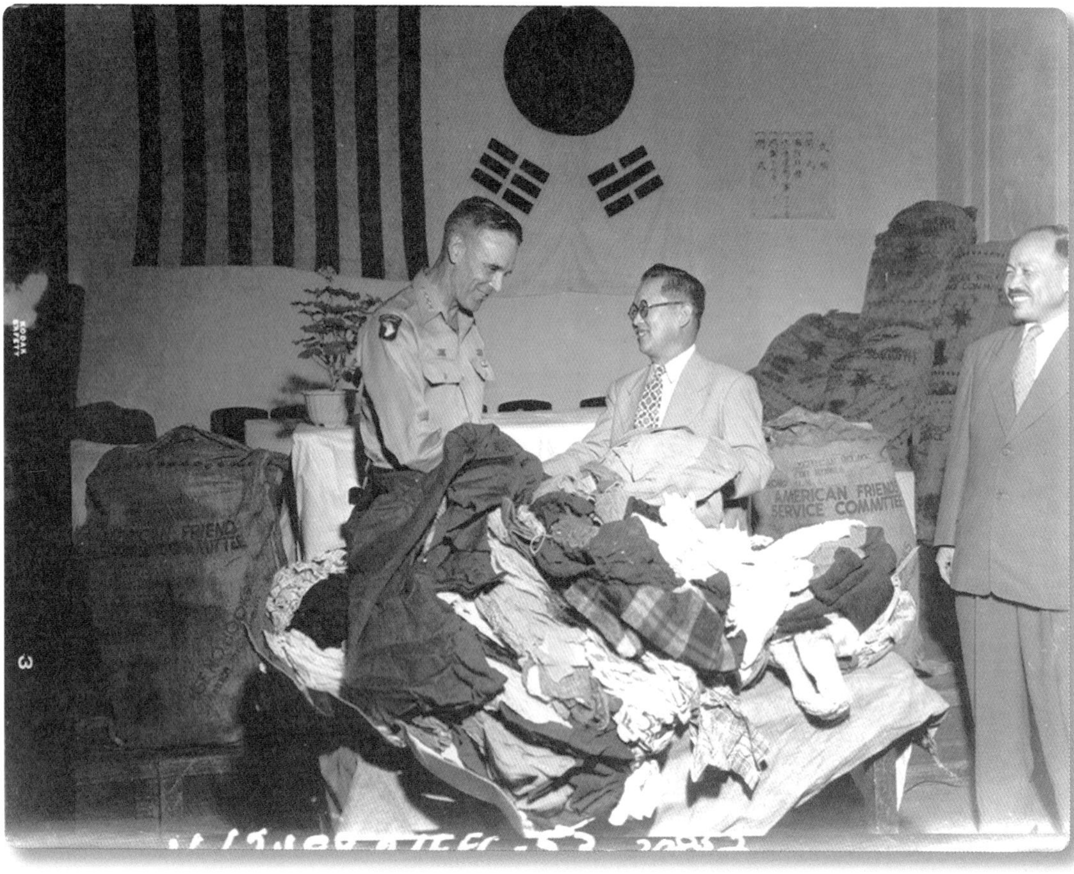
AMERICAN FRIEND
SERVICE COMMITTEE

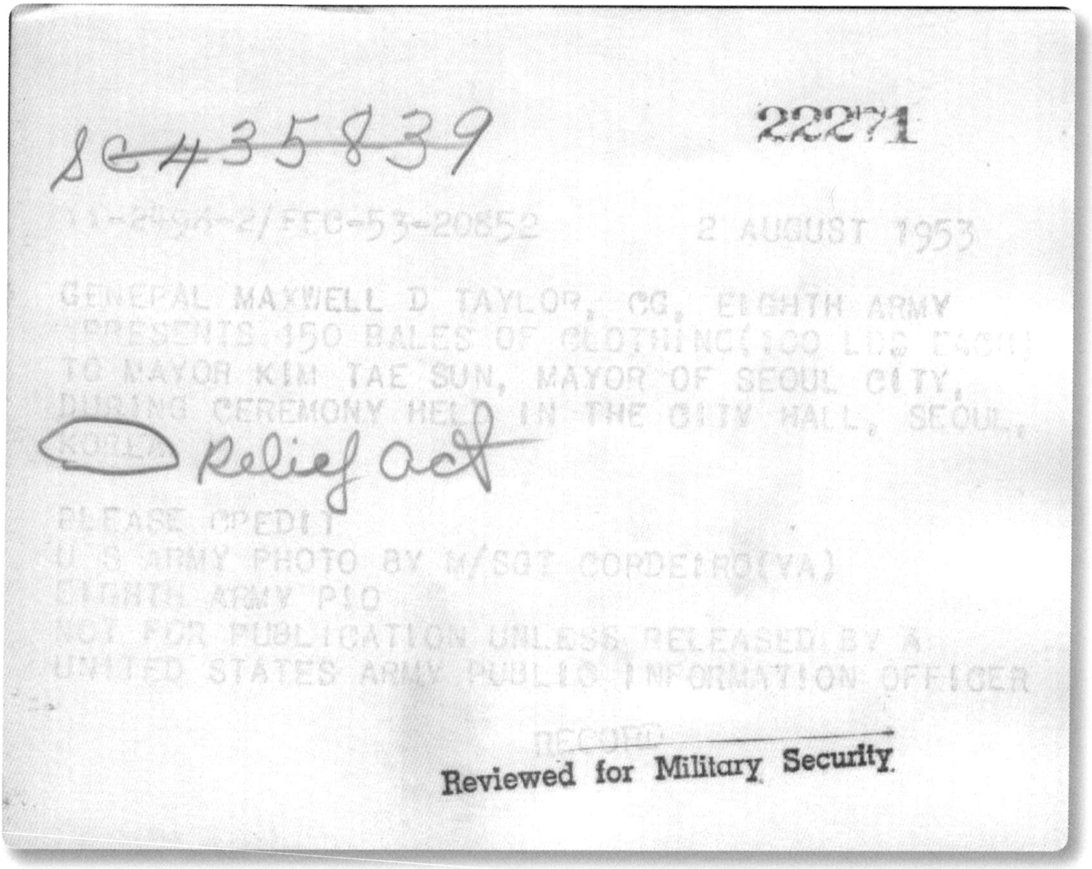

SC 435839 22271

2 AUGUST 1953

GENERAL MAXWELL D TAYLOR, CG, EIGHTH ARMY PRESENTS 150 BALES OF CLOTHING(100 LBS EACH) TO MAYOR KIM TAE SUN, MAYOR OF SEOUL CITY, DURING CEREMONY HELD IN THE CITY HALL, SEOUL, KOREA

Relief act

PLEASE CREDIT
U S ARMY PHOTO BY M/SGT CORDEIRO(VA)
EIGHTH ARMY PIO
NOT FOR PUBLICATION UNLESS RELEASED BY A UNITED STATES ARMY PUBLIC INFORMATION OFFICER

RECORD

Reviewed for Military Security

SC 435839(RG 111)

서울시장에게 옷을 전달하는 테일러 미8군사령관

미8군사령관 테일러 장군이 한국 서울 시청에서 열린 행사 중 김태선 서울 시장에게 150벌의 옷(각 100파운드)을 증정하고 있다.(1953. 8. 2 촬영)

＊해제: 100파운드는 약 45.35kg 정도다.

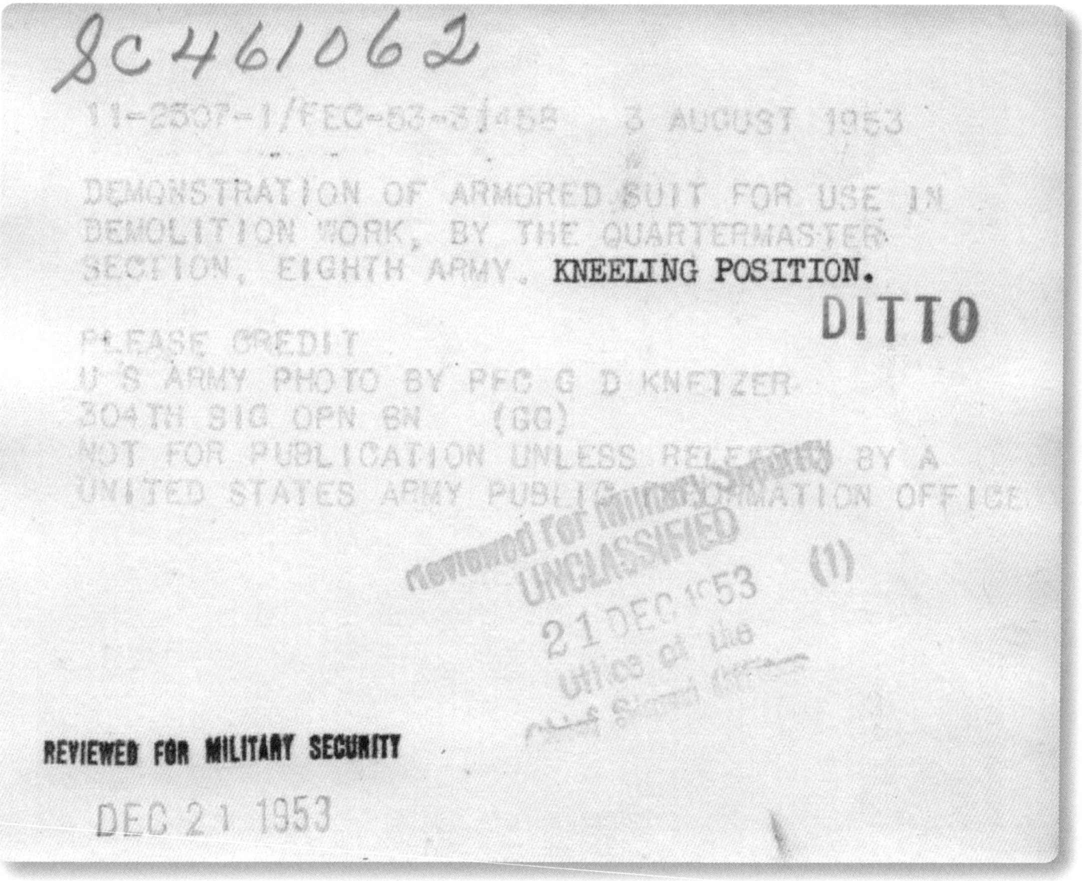

SC 461062

11-2507-1/FEC-53-31458 3 AUGUST 1953

DEMONSTRATION OF ARMORED SUIT FOR USE IN DEMOLITION WORK, BY THE QUARTERMASTER SECTION, EIGHTH ARMY. KNEELING POSITION.

DITTO

PLEASE CREDIT
U S ARMY PHOTO BY PFC G D KNEIZER
304TH SIG OPN BN (GG)
NOT FOR PUBLICATION UNLESS RELEASED BY A UNITED STATES ARMY PUBLIC INFORMATION OFFICE

Reviewed for Military Security
UNCLASSIFIED
21 DEC 1953 (1)
Office of the Chief Signal Officer

REVIEWED FOR MILITARY SECURITY
DEC 21 1953

SC 461062(RG 111)

지뢰 제거 작업을 시연 중인 미8군 병사

미8군 병참과 소속 병사가 장구를 갖춘 채 제거 작업을 시연하는 모습. 앉은 자세.(1953. 8. 3 촬영)

＊해제: 용산기지 미8군사령부 앞에서 지뢰 제거 작업을 시연 중이다. 현 용산미군기지 메인포스트 나이트필드 연병장이다.

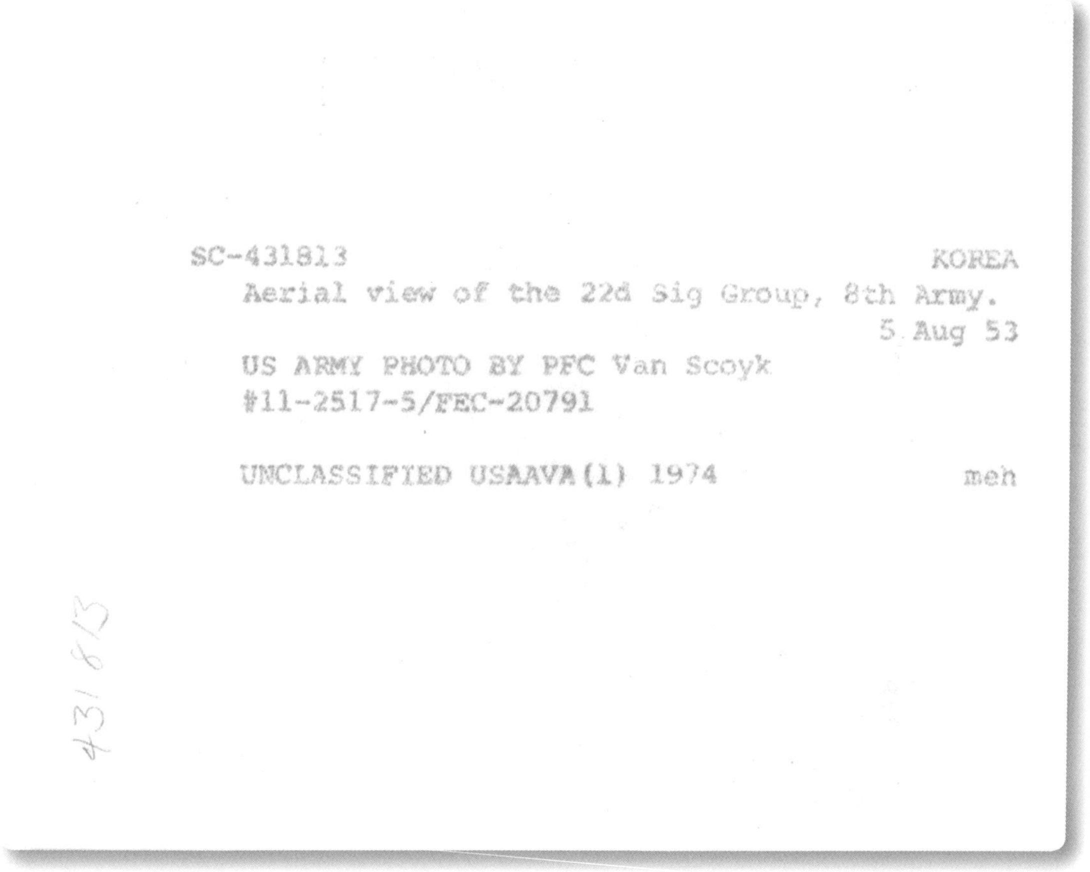

SC-431813 KOREA
Aerial view of the 22d Sig Group, 8th Army.
5 Aug 53
US ARMY PHOTO BY PFC Van Scoyk
#11-2517-5/FEC-20791

UNCLASSIFIED USAAVA(1) 1974 meh

SC 431813(RG 111)

미8군 제22통신단 항공사진

미8군 제22통신단 항공사진.(1953. 8. 5 촬영)

*해제: 현 용산미군기지 캠프코이너 일대로 이곳은 원래 일제강점기 일본군 제26야포병연대가 있던 곳이다. 한국전쟁 당시 거의 대부분 파괴되었다. 이곳에 통신단이 들어서면서 반원형 퀀셋 건물 25동이 들어섰다. 향후 광화문에 위치한 주한미대사관이 이곳 캠프코이너로 이전 예정이다.

431811

SC-431811 KOREA
Aerial view of the 22d Sig Group, 8th Army.
5 Aug 53

US ARMY PHOTO BY PFC Van Scoyk
#11-2517-3/FEC-53-20790

UNCLASSIFIED USAAVA(1) 1974 meh

431811

SC 431811(RG 111)

미8군 제22통신단 항공사진

미8군 제22통신단 항공사진.(1953. 8. 5 촬영)

＊해제: 제22통신단 건너편 학교가 옛 수도여고로 일제강점기 때는 경성제2고등보통학교 자리였다.

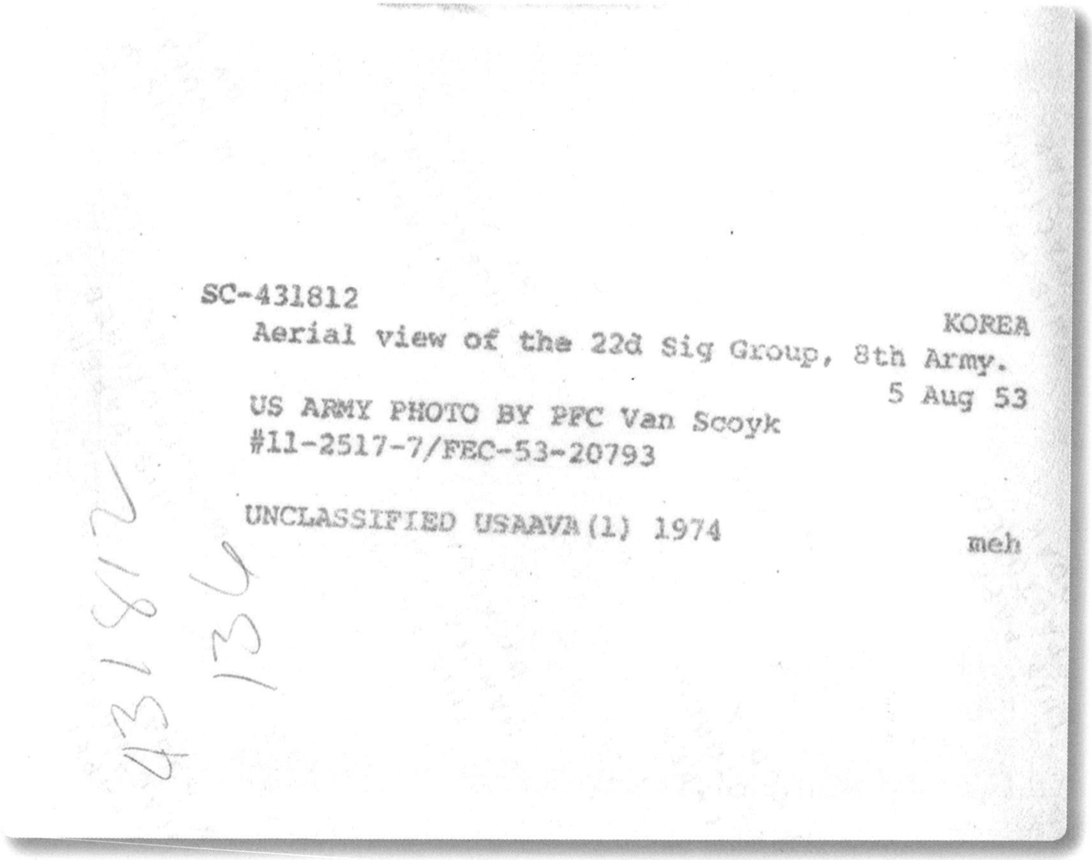

SC-431812

KOREA

Aerial view of the 22d Sig Group, 8th Army.

5 Aug 53

US ARMY PHOTO BY PFC Van Scoyk
#11-2517-7/FEC-53-20793

UNCLASSIFIED USAAVA(1) 1974

meh

SC 431812(RG 111)

미8군 제22통신단 항공사진

미8군 제22통신단 항공사진.(1953. 8. 5 촬영)

*해제: 현 용산구 남영동쪽에서 용산중고등학교 방향으로 바라 본 항공사진이다. 용산중고등학교는 사진 상단의 비행기 날개 밑에 보인다. 왼쪽에 보이는 공지는 옛 수도여고인데, 학교 앞으로 지금은 복개되어 알 수 없는 후암천이 보인다.

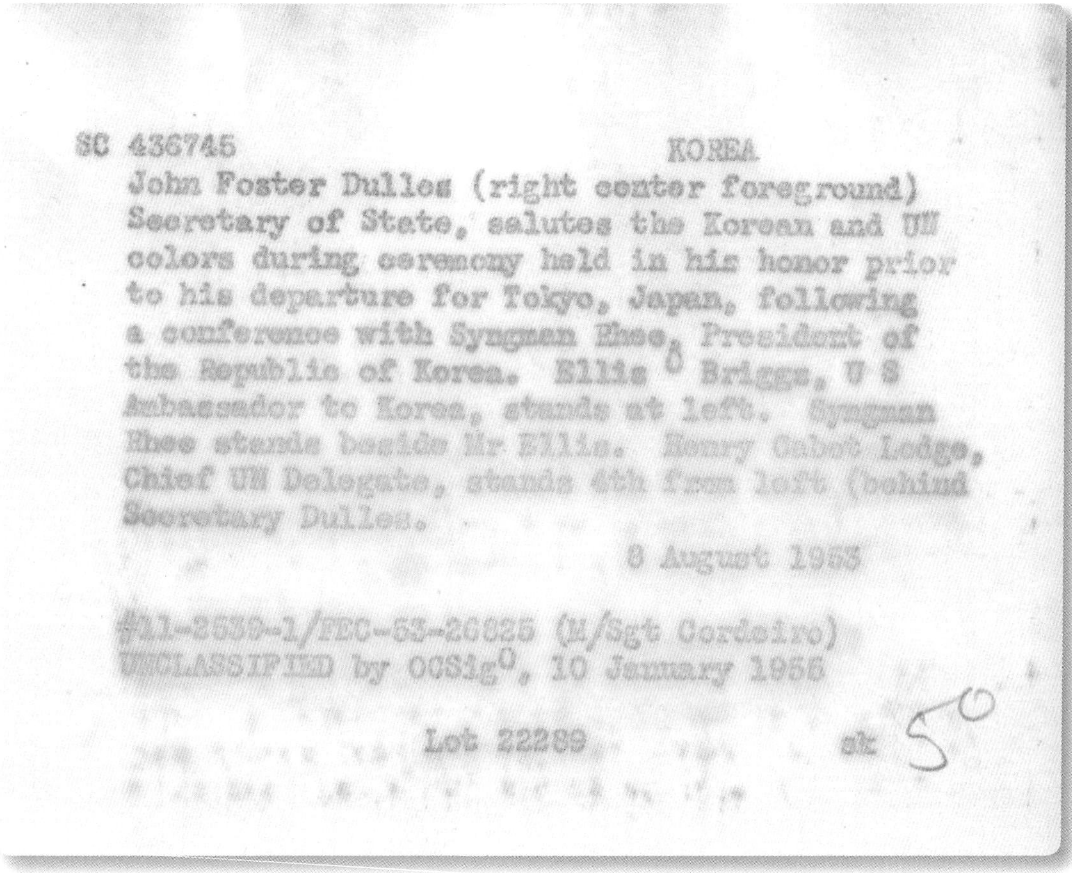

SC 436745 KOREA
John Foster Dulles (right center foreground) Secretary of State, salutes the Korean and UN colors during ceremony held in his honor prior to his departure for Tokyo, Japan, following a conference with Syngman Rhee, President of the Republic of Korea. Ellis O Briggs, U S Ambassador to Korea, stands at left. Syngman Rhee stands beside Mr Ellis. Henry Cabot Lodge, Chief UN Delegate, stands 4th from left (behind Secretary Dulles.

8 August 1953

#11-2539-1/FEC-53-20825 (M/Sgt Cordeiro)
UNCLASSIFIED by OCSigO, 10 January 1956

Lot 22289 ak 50

SC 436745(RG 111)

도쿄로 출발 전 행사장에서 덜레스 미국무장관과 주요 인사
존 포스터 덜레스 미국무장관(앞쪽 중앙)이 일본 도쿄로 출발 전 그를 위한 행사 간 태극기와 유엔기에 경례를 하고 있다. 이어서 대한민국 대통령 이승만과의 회담이 이어졌다. 주한 미대사 엘리스 O. 브릭스는 왼쪽에 서 있다. 이승만은 브릭스 미대사 옆에 있다. UN 대표단장 헨리 카봇 로지는 왼쪽에서 네 번째에 있다(덜레스 국무장관 뒤). (1953. 8. 8 촬영, 국사편찬위원회 소장)

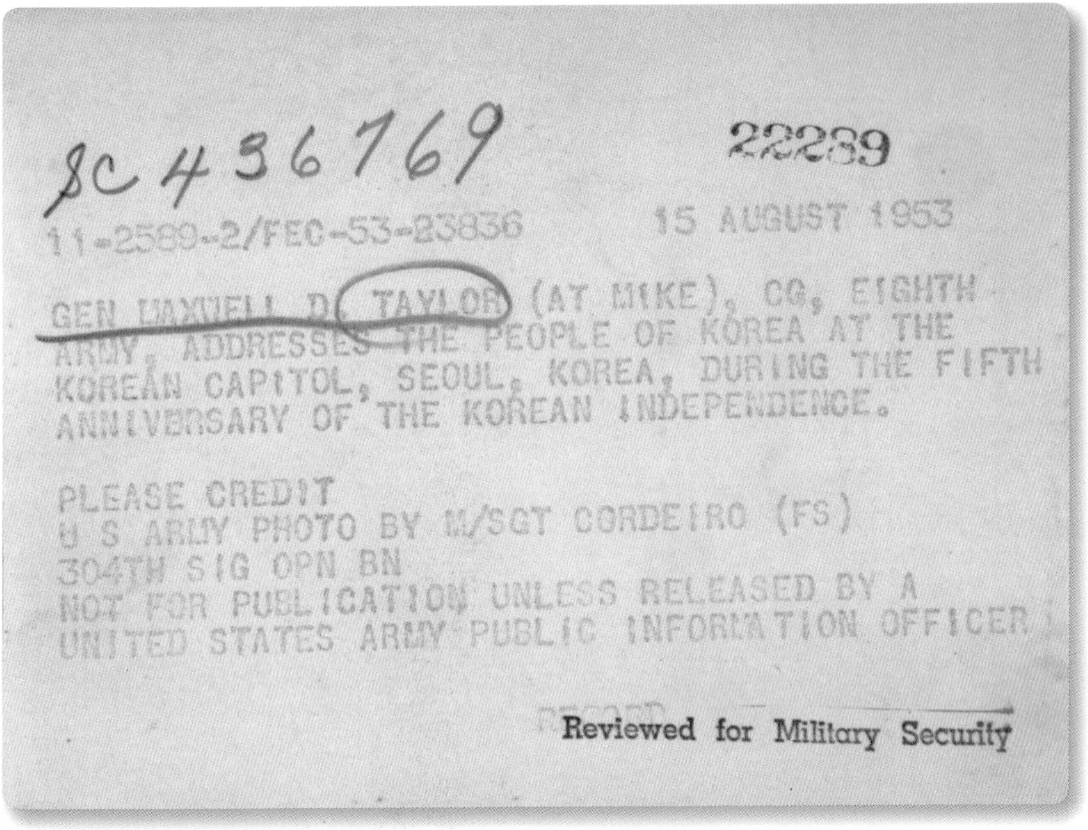

SC 436769

22289

11-2589-2/FEC-53-23836 15 AUGUST 1953

GEN MAXWELL D. TAYLOR (AT MIKE), CG, EIGHTH ARMY, ADDRESSES THE PEOPLE OF KOREA AT THE KOREAN CAPITOL, SEOUL, KOREA, DURING THE FIFTH ANNIVERSARY OF THE KOREAN INDEPENDENCE.

PLEASE CREDIT
U S ARMY PHOTO BY M/SGT CORDEIRO (FS)
304TH SIG OPN BN
NOT FOR PUBLICATION UNLESS RELEASED BY A UNITED STATES ARMY PUBLIC INFORMATION OFFICER

Reviewed for Military Security

SC 436769(RG 111)

대한민국 정부 수립 5주년 기념식에서 연설 중인 테일러 미8군사령관

미8군사령관 테일러 장군(연단 앞)이 대한민국 정부 수립 5주년 기념식 행사 중 서울 중앙청에서 한국민에게 연설 중이다.(1953. 8. 8 촬영, 국사편찬위원회 소장)

SC 434481 KOREA
General James A. Van Fleet (retired) waves at UN correspondents upon his arrival at K-16 airstrip with other members of the Rusk Korean Rehabilitation Mission.
20 Aug 1953.

1-4618-7/FEC-53-21757. (Cordeiro) UNCLASSIFIED by OCSigO, 7 June 1954. Lot 22278 mk

665

SC 434481(RG 111)

여의도 비행장에 도착한 러스크 사절단

(퇴역) 하워드 A. 러스크 한국재건 사절단 인원들과 함께 밴플리트 장군이 K-16 비행장에 도착하자마자 유엔 특파원들에게 손을 흔들고 있다.(1953. 8. 20 촬영)

* 해제: 러스크 사절단(Rusk Mission)은 한국재건의 목적으로 뉴욕 밸뷰물리치료연구소 소장 겸 사절단장인 하워드 러스크(Howard A. Rusk) 박사와 그의 일행으로 구성되었다.

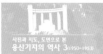

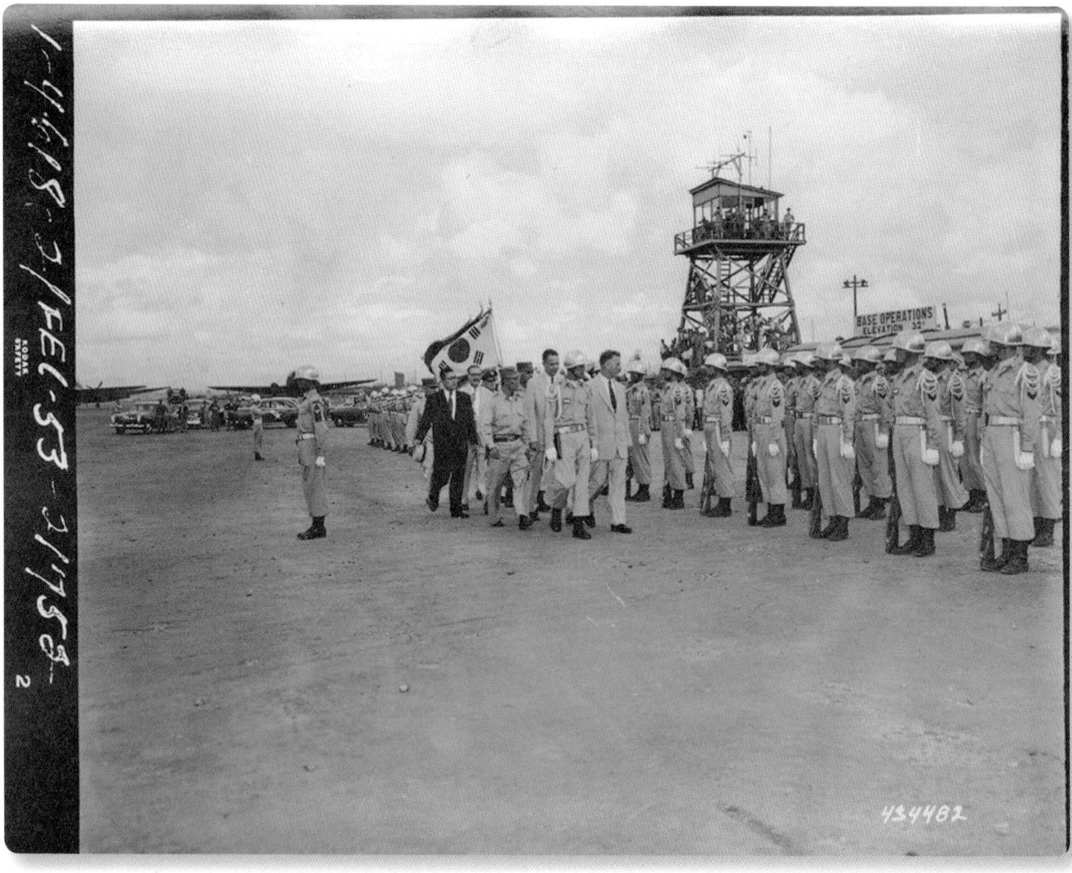
BASE OPERATIONS
ELEVATION 32'
434482

SC 434482 KOREA

Members of the Rusk Korean Rehabilitation Mission review the ROK Army Honor Guard at K-16 airstrip upon their arrival. In the group are: Gen James A. Van Fleet (retired); Dr. Howard A. Rusk, Gen Paik Sun Yup, CofS, ROK Army; and US Ambassador to Korea Ellis O. Briggs.

20 Aug 1953.

I-4618-2/FEC-53-21752. (Cordeiro) UNCLASSIFIED by OCSigO, 7 June 1954. Lot 22278 mk

#SC 434482(RG 111)

여의도 비행장에서 사열 받는 러스크 사절단

하워드 A. 러스크 한국재건 사절단 인원들이 K-16 비행장에 도착해 한국 육군의장대로부터 사열을 받고 있다. 이들은 (퇴역) 밴플리트 장군, 러스크 박사, 육군참모총장 백선엽 장군 그리고 브릭스 주한 미대사이다.(1953. 8. 25 촬영)

11/2661 -351 FEC-53 26830

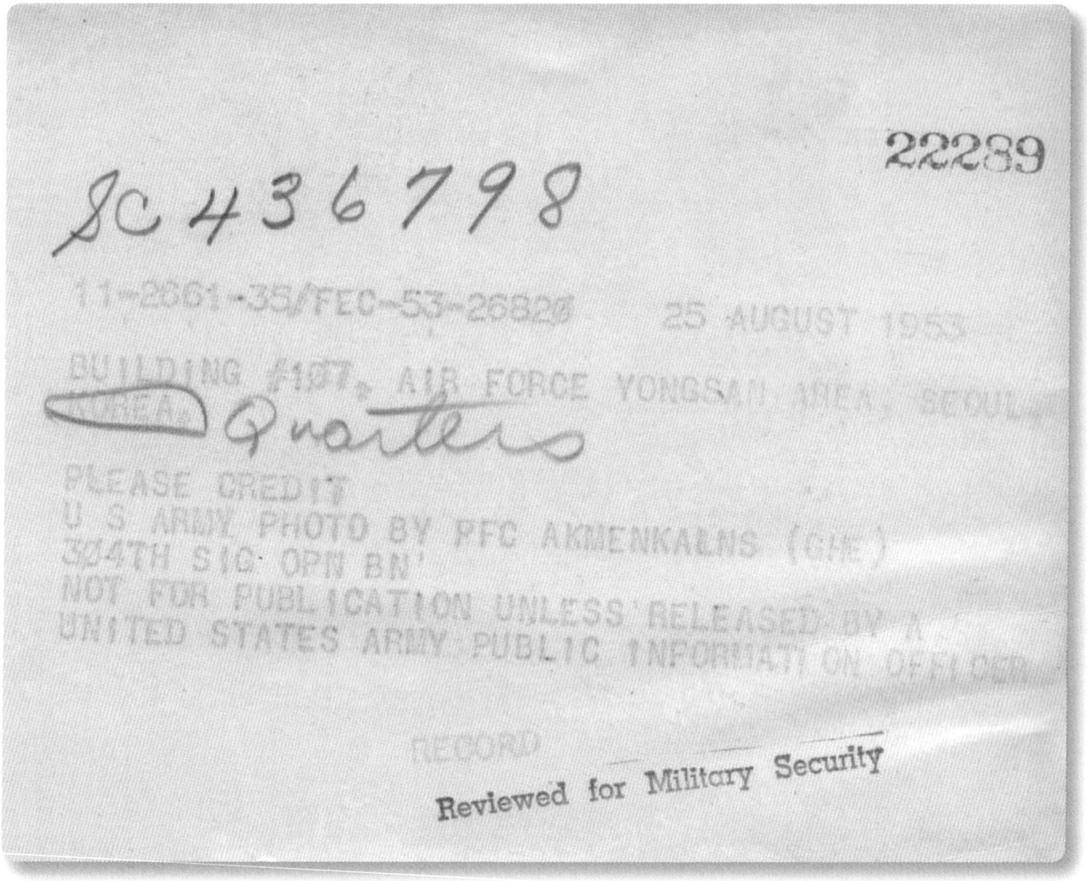

22289

SC 436798

11-2861-35/FEC-53-2682Ø 25 AUGUST 1953

BUILDING #1Ø7, AIR FORCE YONGSAN AREA, SEOUL, KOREA. Quarters

PLEASE CREDIT
U S ARMY PHOTO BY PFC AKMENKALNS (GHE)
3Ø4TH SIG OPN BN
NOT FOR PUBLICATION UNLESS RELEASED BY A
UNITED STATES ARMY PUBLIC INFORMATION OFFICER

RECORD

Reviewed for Military Security

SC 436798(RG 111)

용산기지 공군 건물 전경

한국 서울 용산지역 공군 107번 건물 전경.(1953. 8. 25 촬영)

*해제: 이 건물은 원래 일제강점기 일본군 보병숙소로 현재도 주한미군과 한미연합사에서 사용 중이다. 사진으로 볼 때 한국전쟁 때 전화를 입어 한창 복구 작업 중임을 알 수 있다. 캡션에는 애초 이전 계획에 따라 공군 건물로 표기되어 있지만 이후 용도가 바뀌게 된다.

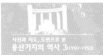

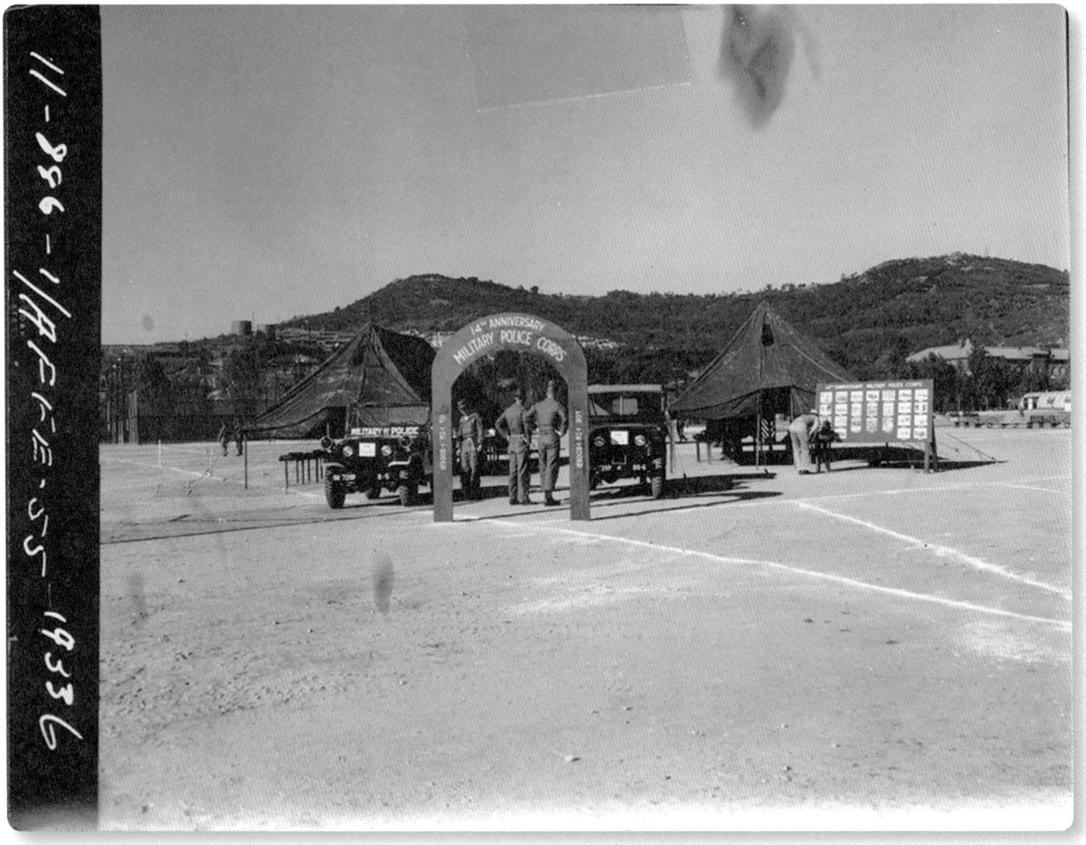
14TH ANNIVERSARY
MILITARY POLICE CORPS

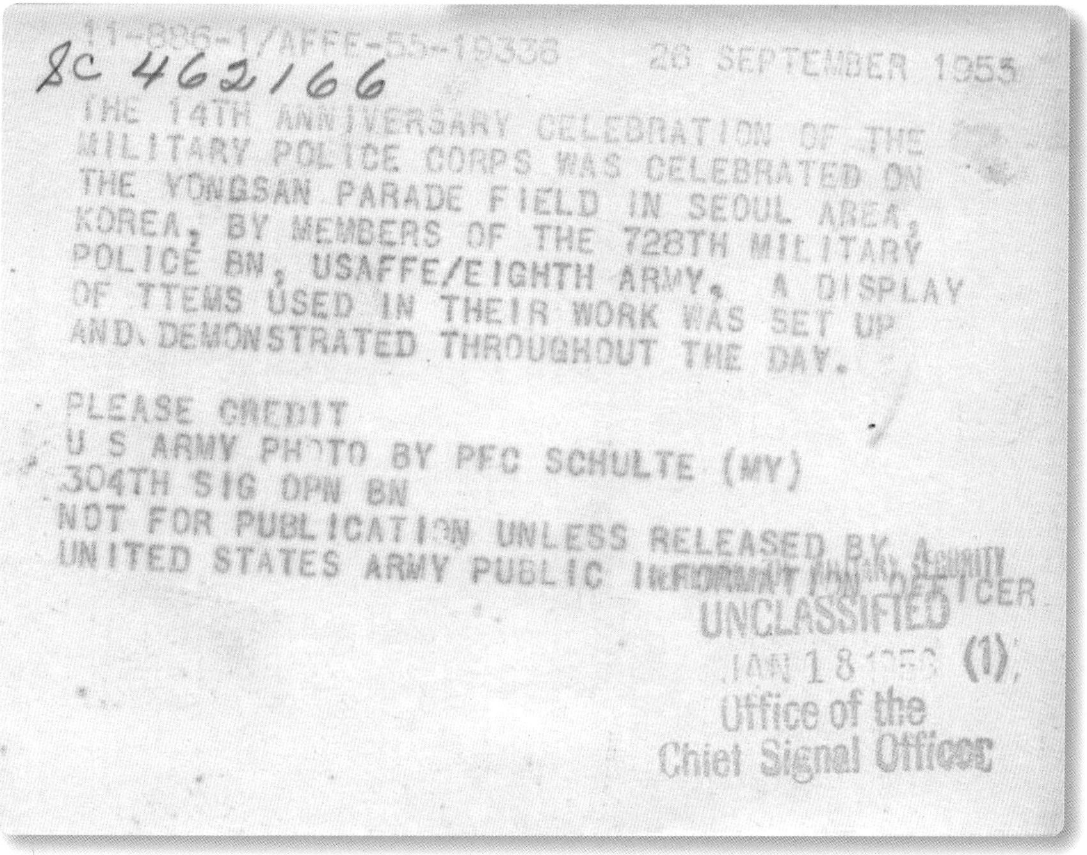

11-886-1/AFFE-55-19338 26 SEPTEMBER 1955

SC 462166

THE 14TH ANNIVERSARY CELEBRATION OF THE MILITARY POLICE CORPS WAS CELEBRATED ON THE YONGSAN PARADE FIELD IN SEOUL AREA, KOREA, BY MEMBERS OF THE 728TH MILITARY POLICE BN, USAFFE/EIGHTH ARMY. A DISPLAY OF TTEMS USED IN THEIR WORK WAS SET UP AND DEMONSTRATED THROUGHOUT THE DAY.

PLEASE CREDIT
U S ARMY PHOTO BY PFC SCHULTE (MY)
304TH SIG OPN BN
NOT FOR PUBLICATION UNLESS RELEASED BY A UNITED STATES ARMY PUBLIC INFORMATION OFFICER

UNCLASSIFIED
JAN 18 (1)
Office of the
Chief Signal Officer

SC 462166(RG 111)

용산 연병장에서 헌병단 제14주년 기념 축하식 개최

한국 서울 용산 연병장에서 미극동지상군/미8군 소속 제728 헌병대대 장병들이 헌병단 제14주년 기념 축하식을 개최 중이다. 근무에 사용하는 품목들을 하루 종일 전시하고 시연했다.(1953. 9. 26 촬영)

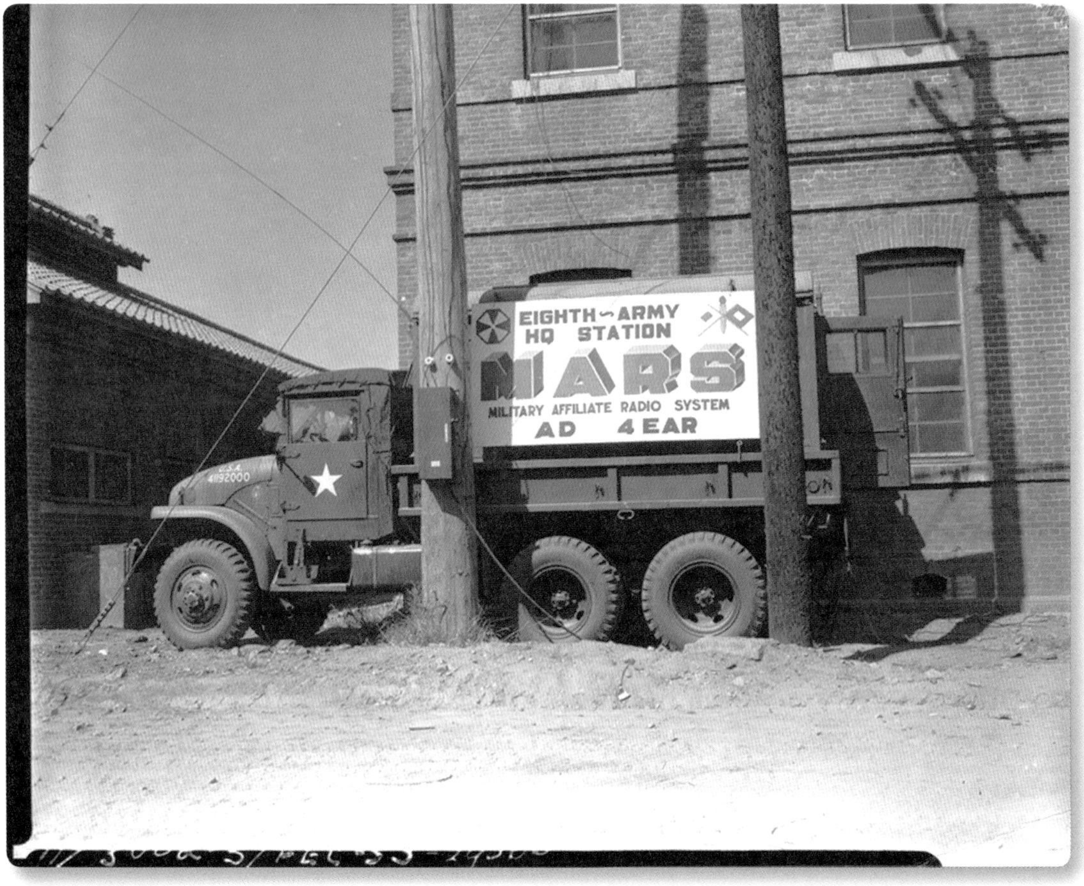
EIGHTH ARMY
HQ STATION
MARS
MILITARY AFFILIATE RADIO SYSTEM
AD 4EAR
U.S.A.
4119200

SC-430963 22322

PROJECT AT-46

11-3002-5/FEC-53-29366 4 OCTOBER 1953

EXTERIOR OF MARS RADIO STATION, SIGNAL SECTION,
EIGHTH ARMY, SEOUL, KOREA sigc-Radio-Fixed

PLEASE CREDIT
U S ARMY PHOTO BY CPL E GREEN(MY)
304TH SIG OPN BN
NOT FOR PUBLICATION UNLESS RELEASED BY A
UNITED STATES ARMY PUBLIC INFORMATION OFFICER

REVIEWED FOR MILITARY SECURITY

SC 430964(RG 111)

용산기지 미8군 통신대 MARS 라디오 방송국

한국 서울 미8군 통신대의 MARS 라디오 방송국 외부 전경. (1953. 10. 4 촬영)

＊해제: MARS는 군사 보조 라디오 시스템(Military Affiliate Radio System)의 약어로 미국방부와 군대에 비상용 통신을 제공하는 역할을 했다. 이후 잘 알려져 있듯이, 미8군은 1950년대 중반 용산기지 메인포스트 내에 AFKN 방송국을 설치했다.

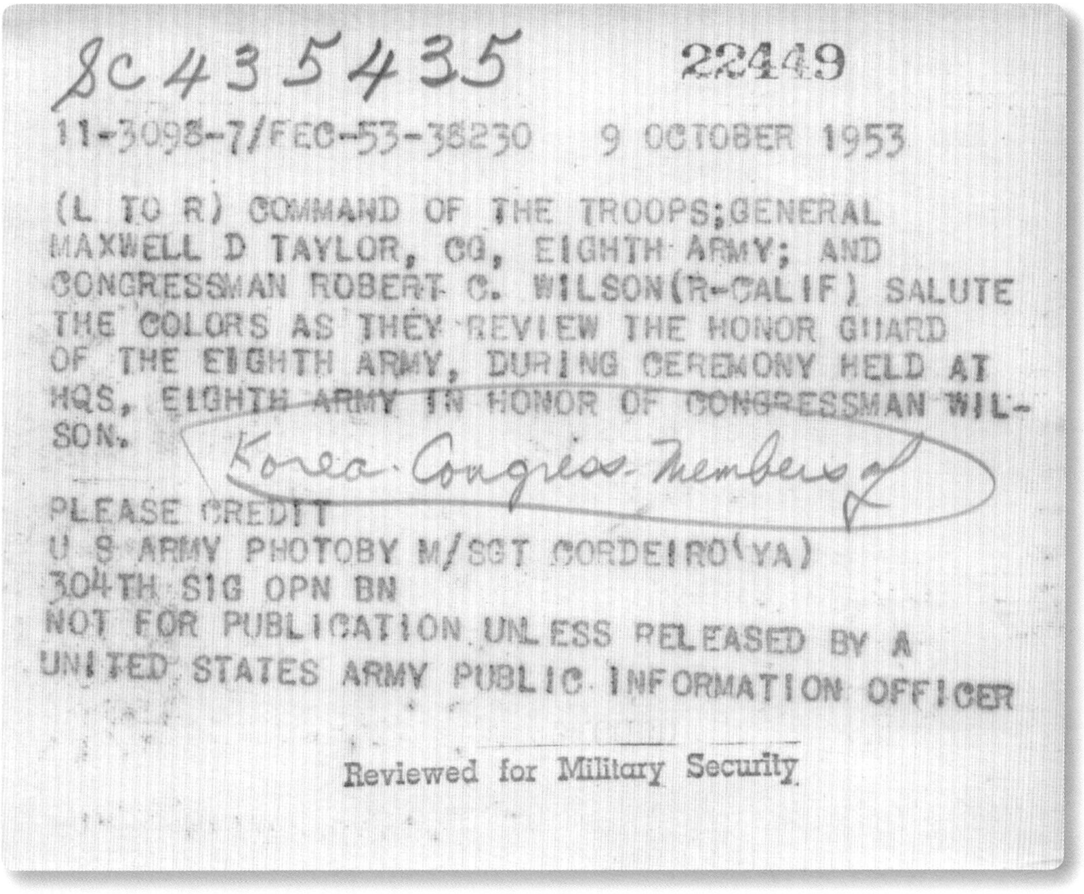

SC 435435 22449

11-3098-7/FEC-53-38230 9 OCTOBER 1953

(L TO R) COMMAND OF THE TROOPS;GENERAL MAXWELL D TAYLOR, CG, EIGHTH ARMY; AND CONGRESSMAN ROBERT C. WILSON(R-CALIF) SALUTE THE COLORS AS THEY REVIEW THE HONOR GUARD OF THE EIGHTH ARMY, DURING CEREMONY HELD AT HQS, EIGHTH ARMY IN HONOR OF CONGRESSMAN WILSON.

Korea - Congress - Members of

PLEASE CREDIT
U S ARMY PHOTOBY M/SGT CORDEIRO(YA)
304TH SIG OPN BN
NOT FOR PUBLICATION UNLESS RELEASED BY A UNITED STATES ARMY PUBLIC INFORMATION OFFICER

Reviewed for Military Security

#SC 435435(RG 111)

윌슨 하원 의원의 미8군사령부 방문 간 의장행사 모습

(왼쪽에서 오른쪽으로) 부대 지휘, 하원 의원 로버트 C. 윌슨을 기념해 미8군사령부에서 개최한 의장행사 간, 미8군사령관 테일러 장군과 윌슨 하원 의원(공화당, 캘리포니아주)이 의장대를 사열 및 군기에 경례하고 있다.(1953. 10. 9 촬영)

*해제: 이 곳의 위치는 일제강점기 조선군사령부이자 한국전쟁 직전 대한민국 국방부 및 육군본부가 위치했던 곳이다. 현 용산기지 사우스포스트 벙커 일대다.

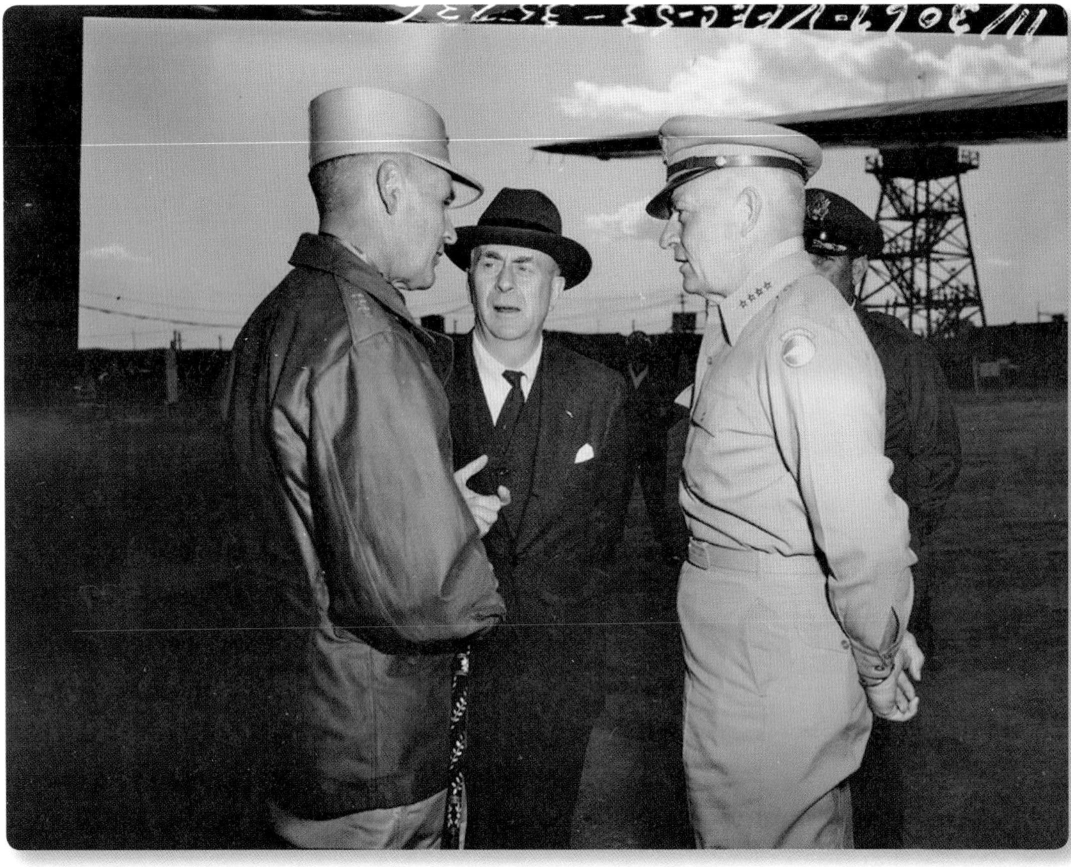

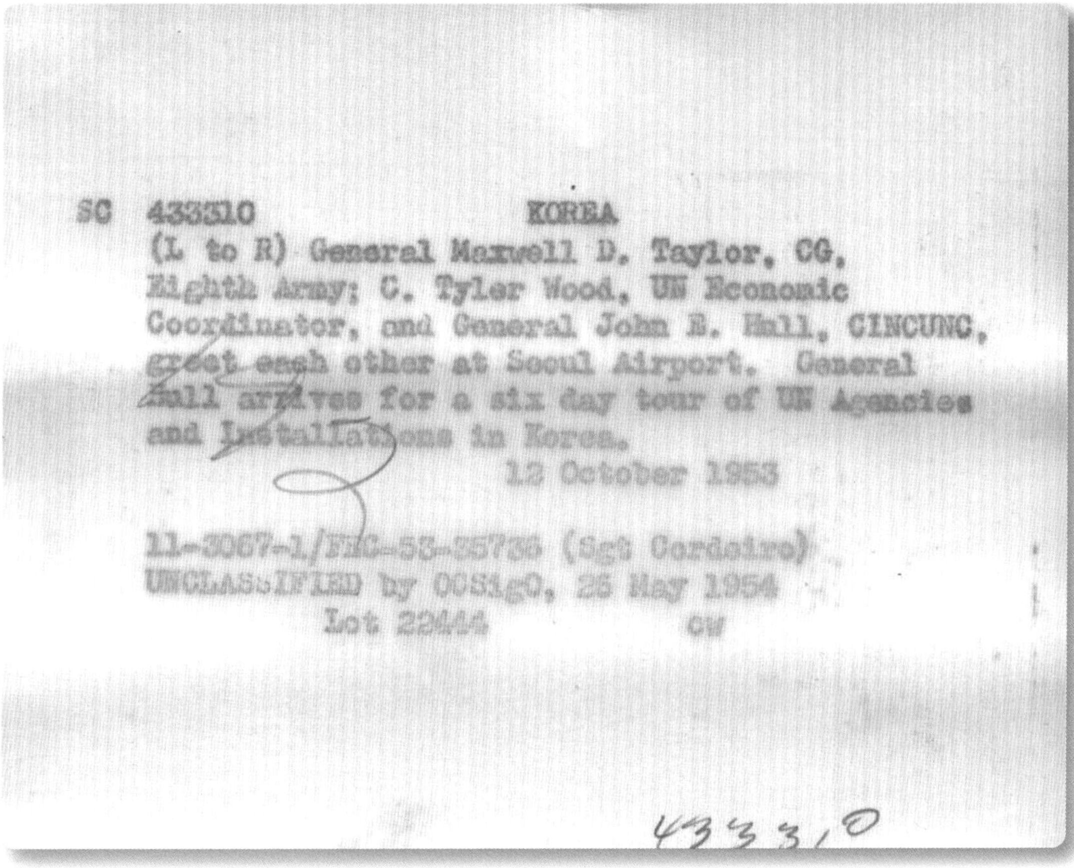

SC 433310 KOREA
(L to R) General Maxwell D. Taylor, CG, Eighth Army; C. Tyler Wood, UN Economic Coordinator, and General John E. Hull, CINCUNC, greet each other at Seoul Airport. General Hull arrives for a six day tour of UN Agencies and Installations in Korea.
12 October 1953

11-3067-1/FEC-53-35736 (Sgt Cordeiro)
UNCLASSIFIED by OCSigO, 26 May 1954
Lot 22444 CW

433310

SC 433310(RG 111)

유엔 기관과 시설을 시찰하기 위해 한국에 온 헐 유엔군사령관

(왼쪽에서 오른쪽으로) 미8군사령관 테일러 장군, 유엔경제조정관 C. 타일러 우드, 유엔군사령관 존 E. 헐 장군이 서울 공항에서 서로 인사를 하고 있다. 헐 장군은 한국의 UN 기관과 시설 시찰을 위해 6일 간의 일정으로 도착했다.(1953. 10. 12 촬영)

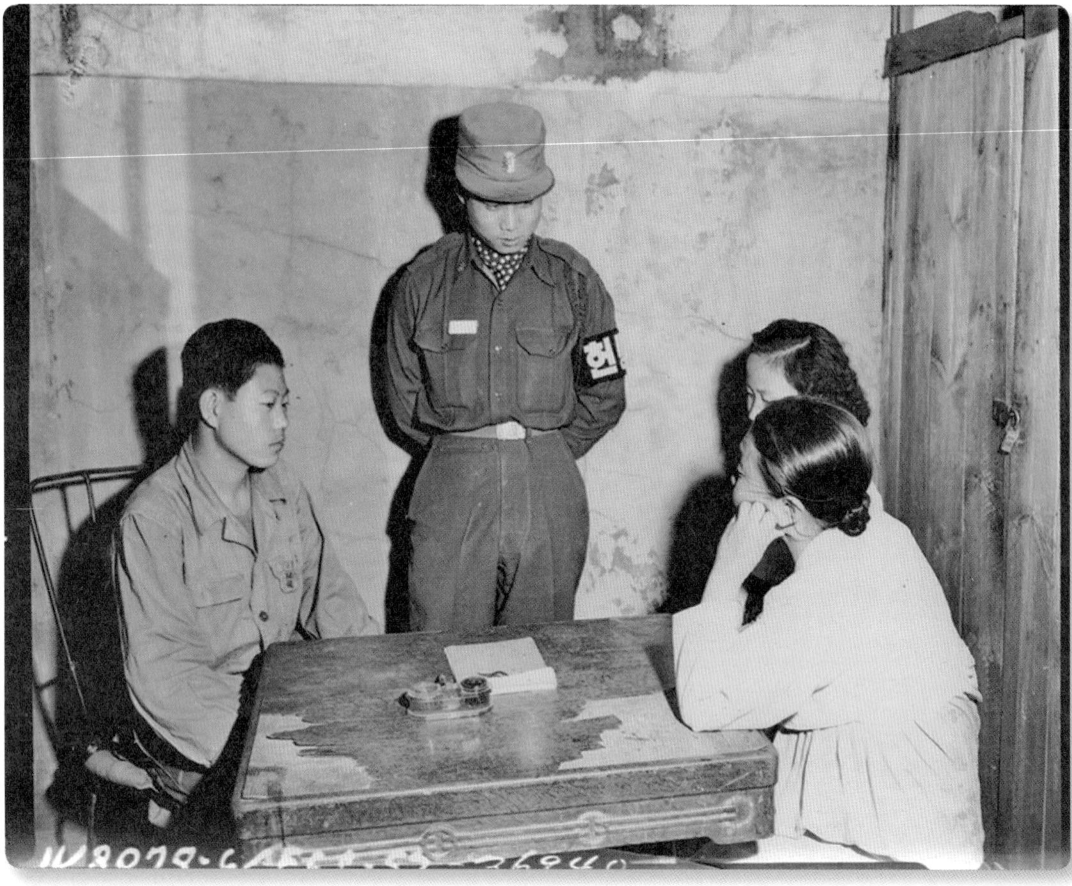

SC435133

22447

11-3078-6/FEC-53-36940 13 OCT 1953

A PRISONER VISITS WITH RELATIVE WHILE A SECURITY GUARD WATCHES AT THE 3RD ROKA PRISON IN SEOUL, KOREA Prisoners - Korean N

PLEASE CREDIT
U S ARMY PHOTO BY PFC W R MENEFEE(MY)
304TH SIG OPN BN
NOT FOR PUBLICATION UNLESS RELEASED B BY A UNITED STATES ARMY PUBLIC INFORMATION OFFICER

Reviewed for Military Security

SC 435133(RG 111)

국군형무소에서 친척과 면회 중인 포로

한국 서울 국군 제3형무소에서 경계병이 지켜보는 가운데 한 포로가 친척과 면회하고 있다.(1953. 10. 13 촬영)

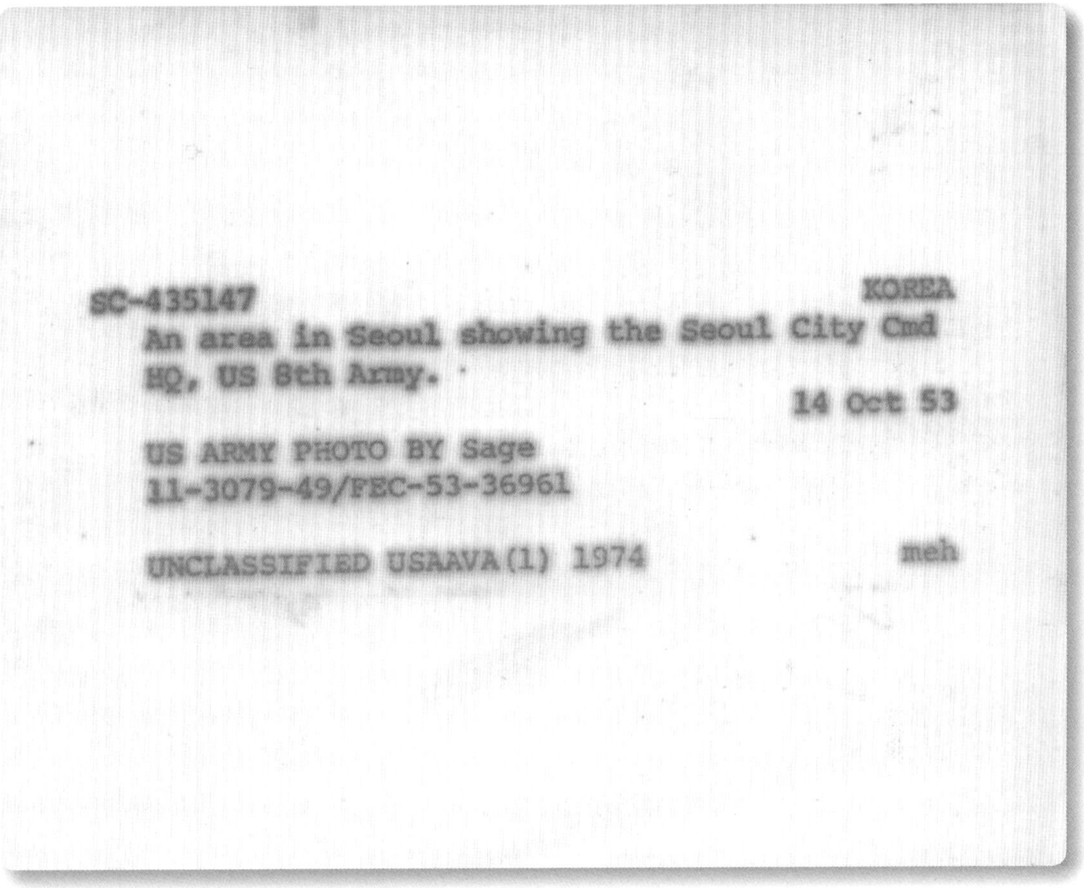

SC-435147 KOREA

An area in Seoul showing the Seoul City Cmd HQ, US 8th Army.

14 Oct 53

US ARMY PHOTO BY Sage

11-3079-49/FEC-53-36961

UNCLASSIFIED USAAVA(1) 1974 meh

#SC 435147(RG 111)

서울시 사령부

미8군 서울시 사령부가 보이는 서울 지역.(1953. 10. 14 촬영)

*해제: 사진 오른쪽에 중앙청과 경회루가 보인다. 사령부 건물은 서울시 중구 사직동의 옛 경희궁 근처에 있었다.

SC 460312

PROJECT FE-40
24C-285-60/FEC-53-57573 14 OCTOBER 1953
ANNEX AT FIFTH AIR FORCE HQS, SEOUL CITY, KOREA
PLEASE CREDIT
U S ARMY PHOTO BY SFC FREDERICK L PREST JR
KCAC (GG)
NOT FOR PUBLICATION UNLESS RELEASED BY A
UNITED STATES ARMY PUBLIC INFORMATION OFFICER

Reviewed for Military Security
UNCLASSIFIED
14 1954 (1)

#SC 460312(RG 111)

서울 미5공군사령부 별관

한국 서울 미5공군사령부 별관.(1953. 10. 14 촬영)

*해제: 종로구 동숭동 옛 서울대 문리대 건물에 있던 미8군사령부는 정전협정 직후 용산기지로 모두 이전했다. 그러나 미5공군은 용산기지로 이전하지 않고 이듬해인 1954년 일본으로 철수했다.

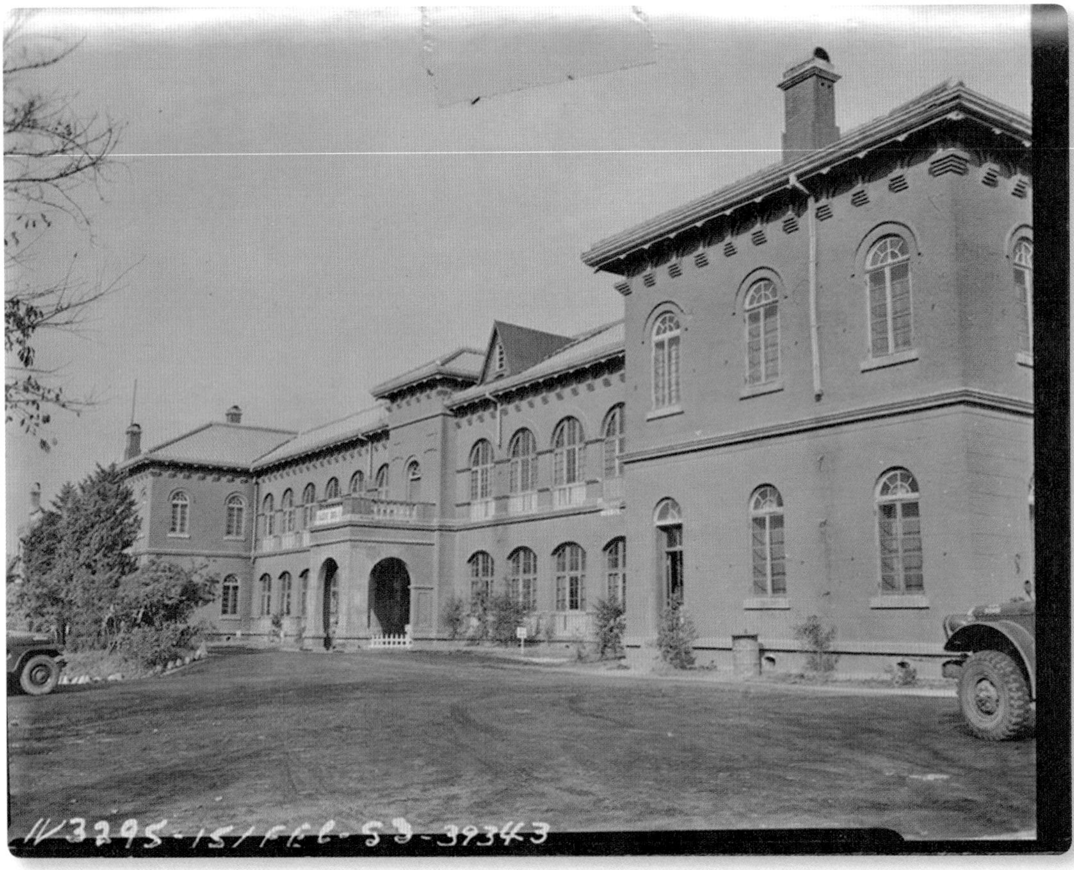

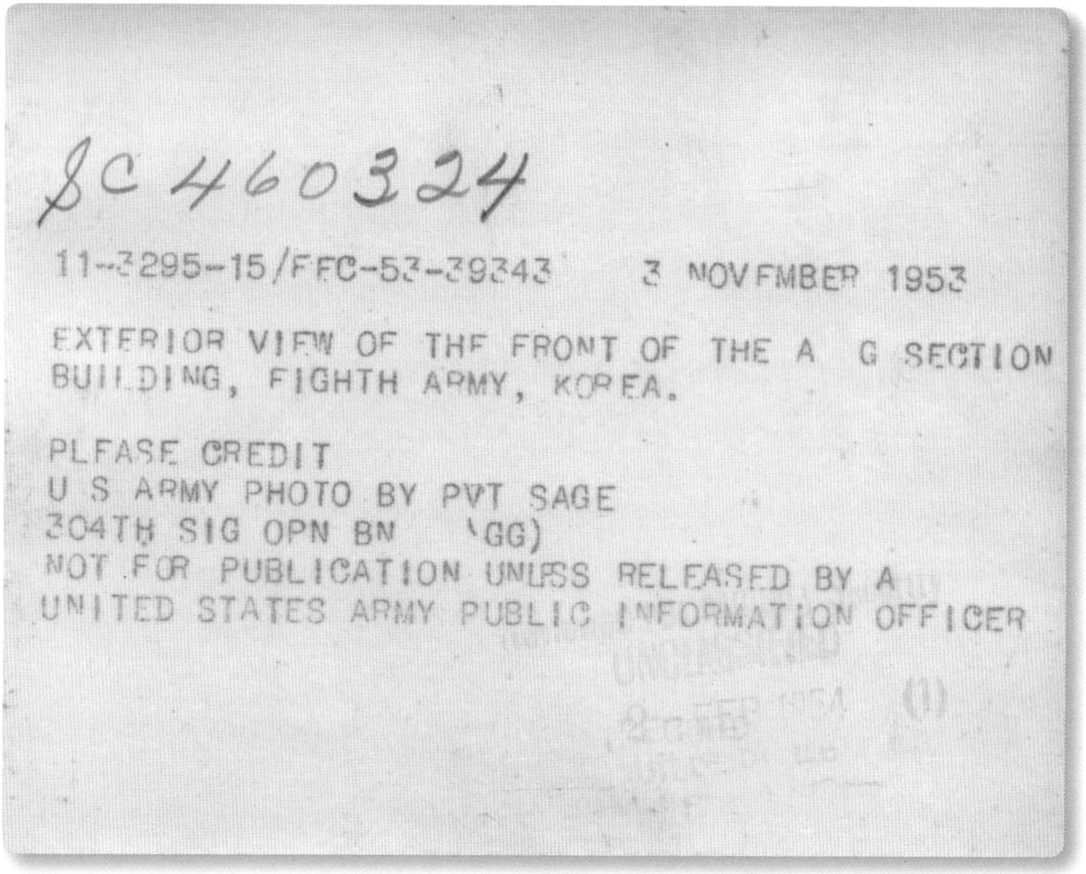

SC 460324

11-3295-15/FEC-53-39343 3 NOVEMBER 1953

EXTERIOR VIEW OF THE FRONT OF THE A G SECTION BUILDING, EIGHTH ARMY, KOREA.

PLEASE CREDIT
U S ARMY PHOTO BY PVT SAGE
304TH SIG OPN BN (GG)
NOT FOR PUBLICATION UNLESS RELEASED BY A
UNITED STATES ARMY PUBLIC INFORMATION OFFICER

SC 460324(RG 111)

미8군 사령부 건물 외관

한국 미8군 "AG" 구역 건물의 정면 외관.(1953. 11. 3 촬영)

＊해제: 이 건물은 원래 일제강점기 일본군 장교숙사로, 미군정기 미소공동위원회 개최 당시 소련군 대표단 수행원 숙사로 사용되었다. 현재는 한미연합사 기획참모부 인원들과 주한 미합동군사업무단(JUSMAG-K)이 사용 중이다.

11/3295-19/FEC-55-39347

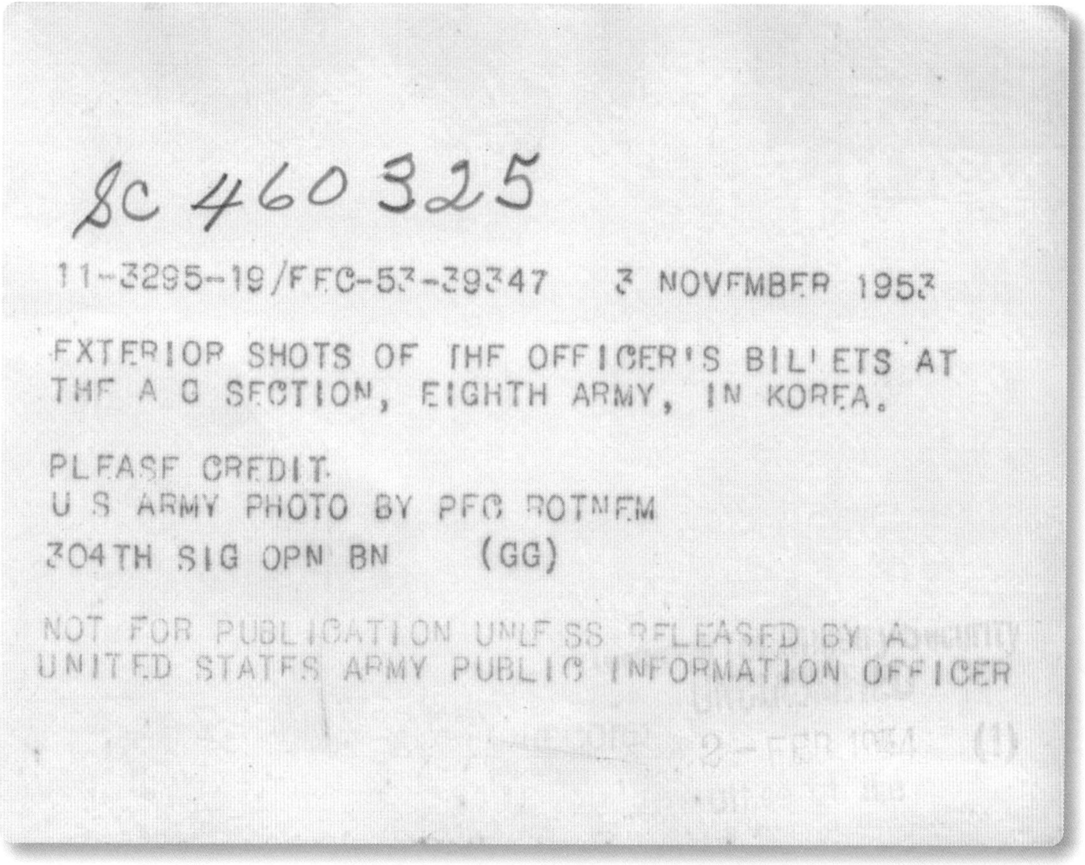

SC 460325

11-3295-19/FEC-53-39347 3 NOVEMBER 1953

EXTERIOR SHOTS OF THE OFFICER'S BILLETS AT
THE A G SECTION, EIGHTH ARMY, IN KOREA.

PLEASE CREDIT
U S ARMY PHOTO BY PFC ROTNEM
304TH SIG OPN BN (GG)

NOT FOR PUBLICATION UNLESS RELEASED BY A
UNITED STATES ARMY PUBLIC INFORMATION OFFICER

2-FEB 1954 (1)

#SC 460325(RG 111)

용산기지 사우스포스트 장교숙소 외관

한국 미8군 “AG” 구역 장교숙소 외관 사진.(1953. 11. 3 촬영)

*해제: 미8군은 일제강점기 일본군 장교숙소를 대부분 재활용해 사용했다. 이러한 건물들 중 상당수가 용산미군기지에 그대로 남아있다.

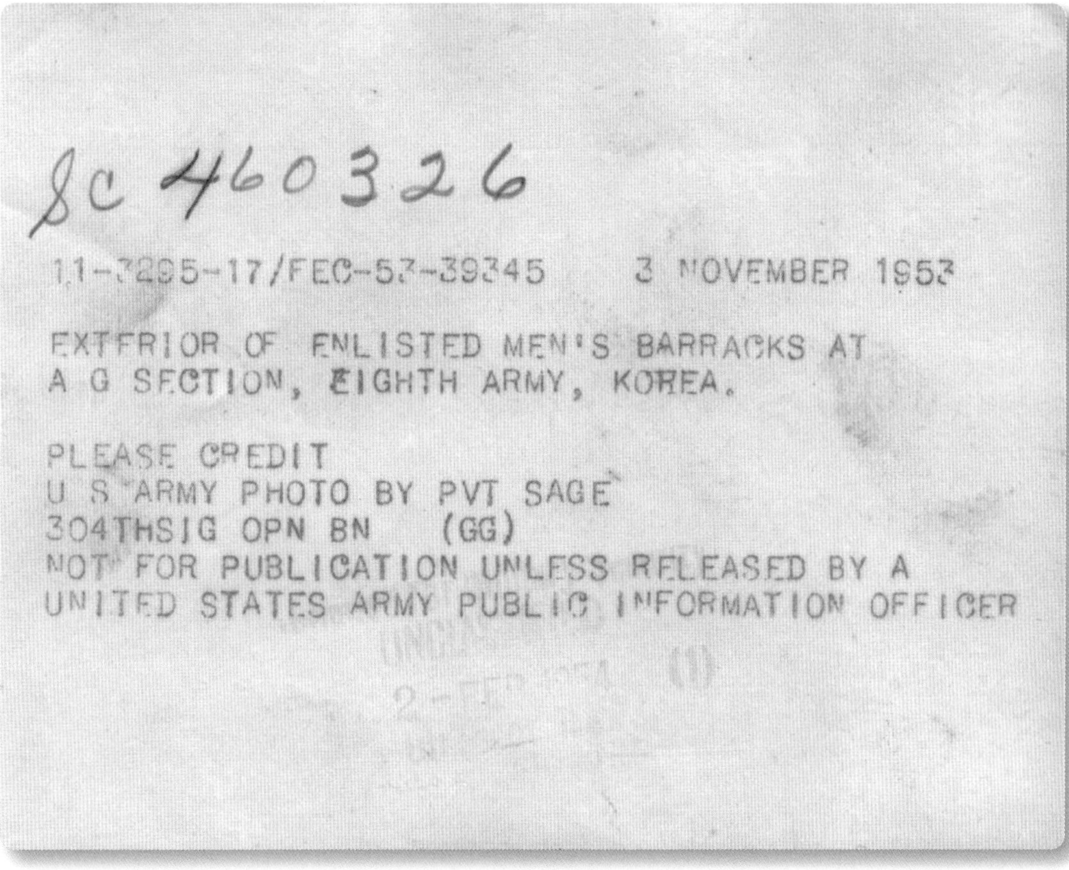

SC 460326

11-3295-17/FEC-53-39345 3 NOVEMBER 1953

EXTERIOR OF ENLISTED MEN'S BARRACKS AT
A G SECTION, EIGHTH ARMY, KOREA.

PLEASE CREDIT
U S ARMY PHOTO BY PVT SAGE
304THSIG OPN BN (GG)
NOT FOR PUBLICATION UNLESS RELEASED BY A
UNITED STATES ARMY PUBLIC INFORMATION OFFICER

#SC 460326(RG 111)

용산기지 사우스포스트 사병숙소 외관

한국 미8군 "AG" 구역 사병숙소 외관.(1953. 11. 3 촬영)

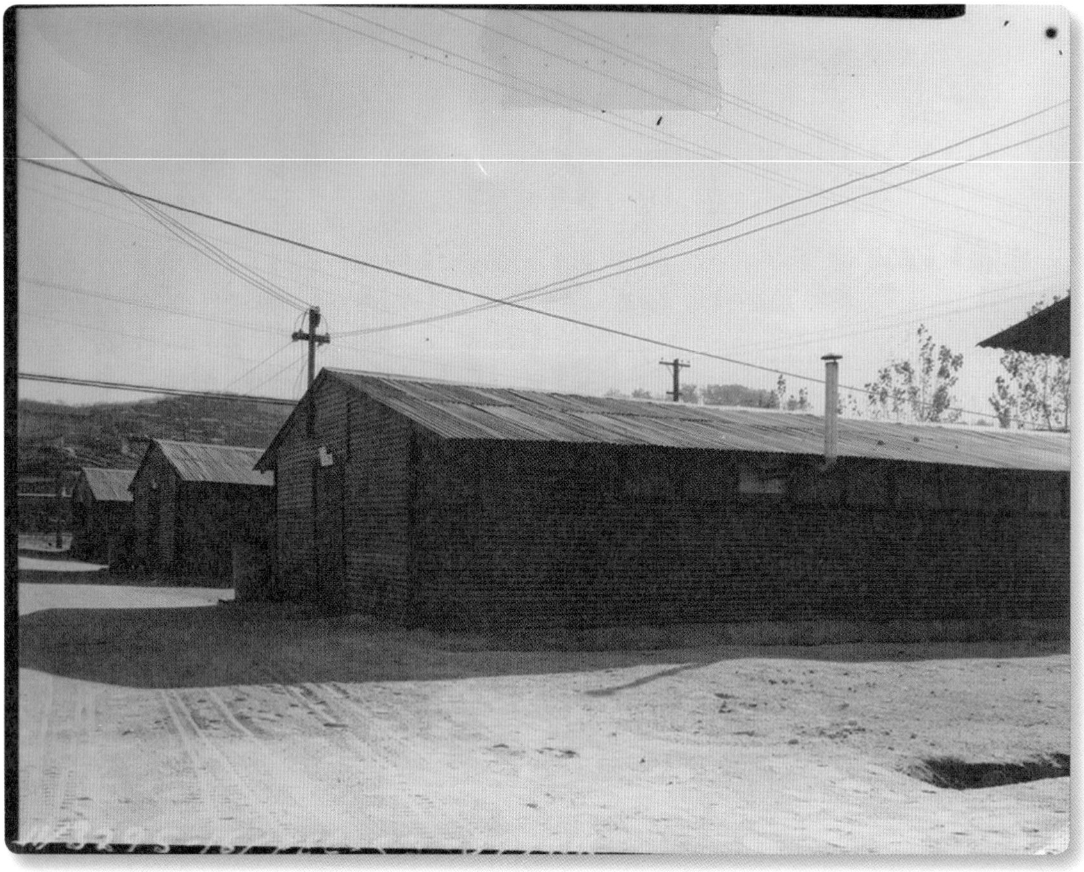

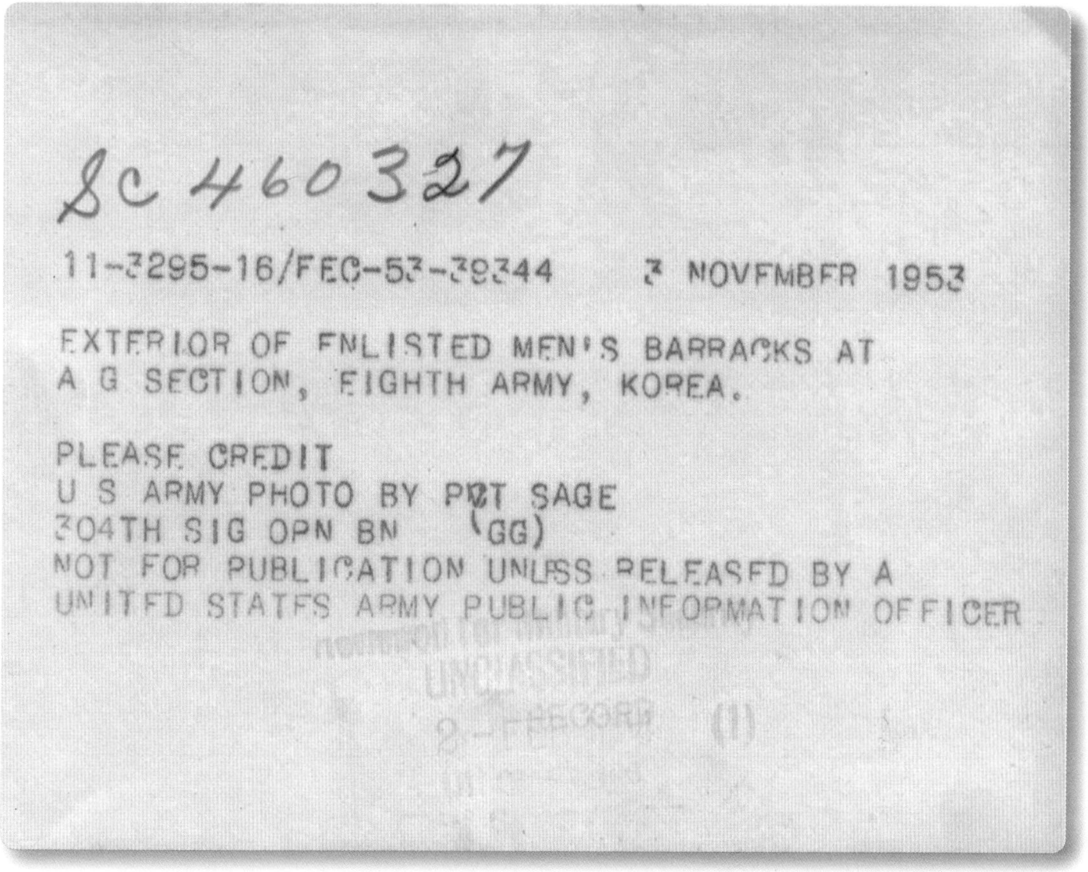

SC 460327

11-3295-16/FEC-53-38344 3 NOVEMBER 1953

EXTERIOR OF ENLISTED MEN'S BARRACKS AT
A G SECTION, EIGHTH ARMY, KOREA.

PLEASE CREDIT
U S ARMY PHOTO BY PVT SAGE
304TH SIG OPN BN (GG)
NOT FOR PUBLICATION UNLESS RELEASED BY A
UNITED STATES ARMY PUBLIC INFORMATION OFFICER

UNCLASSIFIED

SC 460327(RG 111)

용산기지 사우스포스트 사병숙소 외관
한국 미8군 "AG" 구획 사병숙소 외관.(1953. 11. 3 촬영)

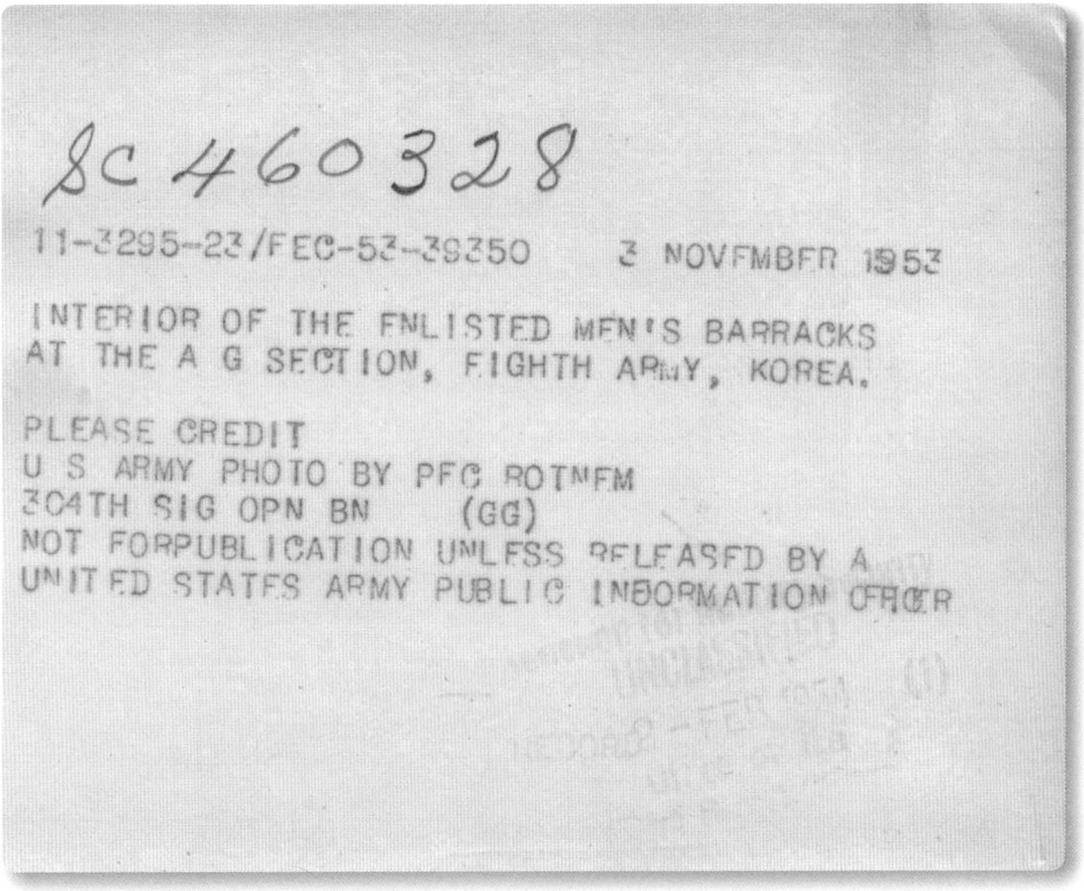

SC 460328

11-3295-23/FEC-53-39350   3 NOVEMBER 1953

INTERIOR OF THE ENLISTED MEN'S BARRACKS
AT THE A G SECTION, EIGHTH ARMY, KOREA.

PLEASE CREDIT
U S ARMY PHOTO BY PFC ROTNEM
304TH SIG OPN BN   (GG)
NOT FORPUBLICATION UNLESS RELEASED BY A
UNITED STATES ARMY PUBLIC INFORMATION OFFICER

\# SC 460328(RG 111)

용산기지 사우스포스트 사병숙소 내부

한국 미8군 "AG" 구역 사병숙소 내부.(1953. 11. 3 촬영)

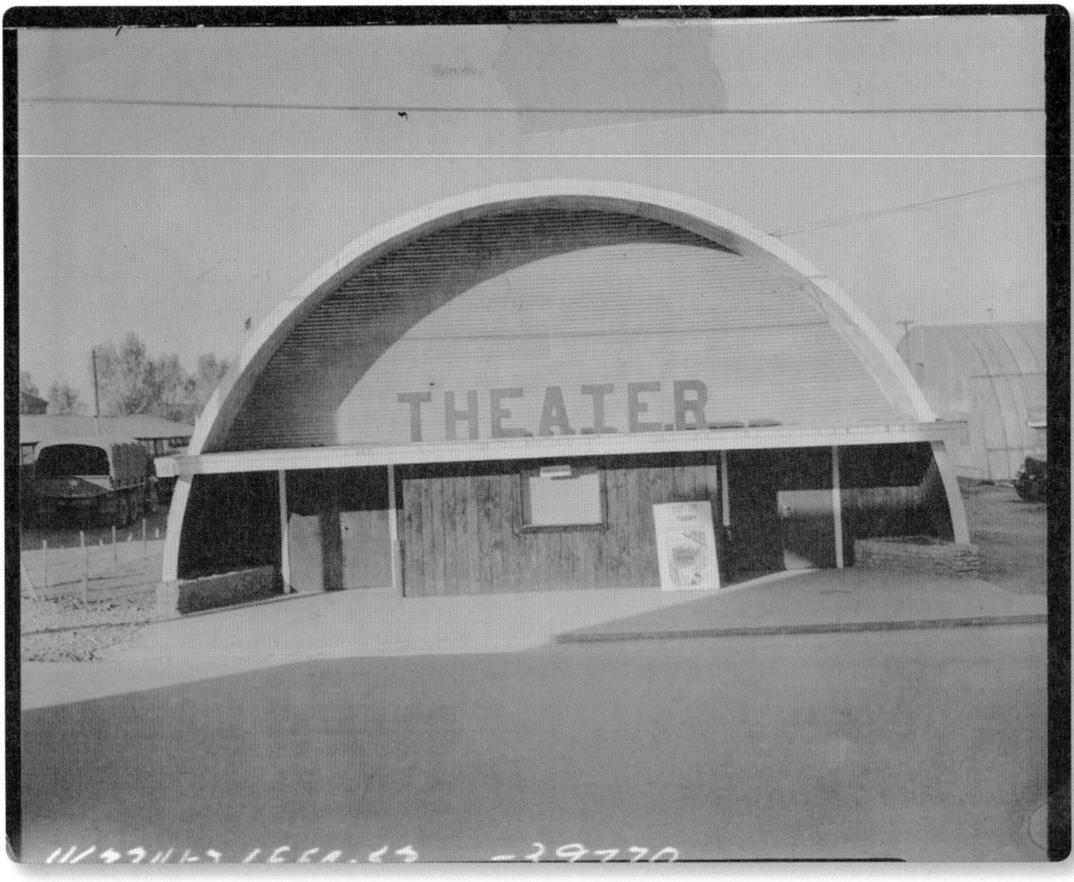

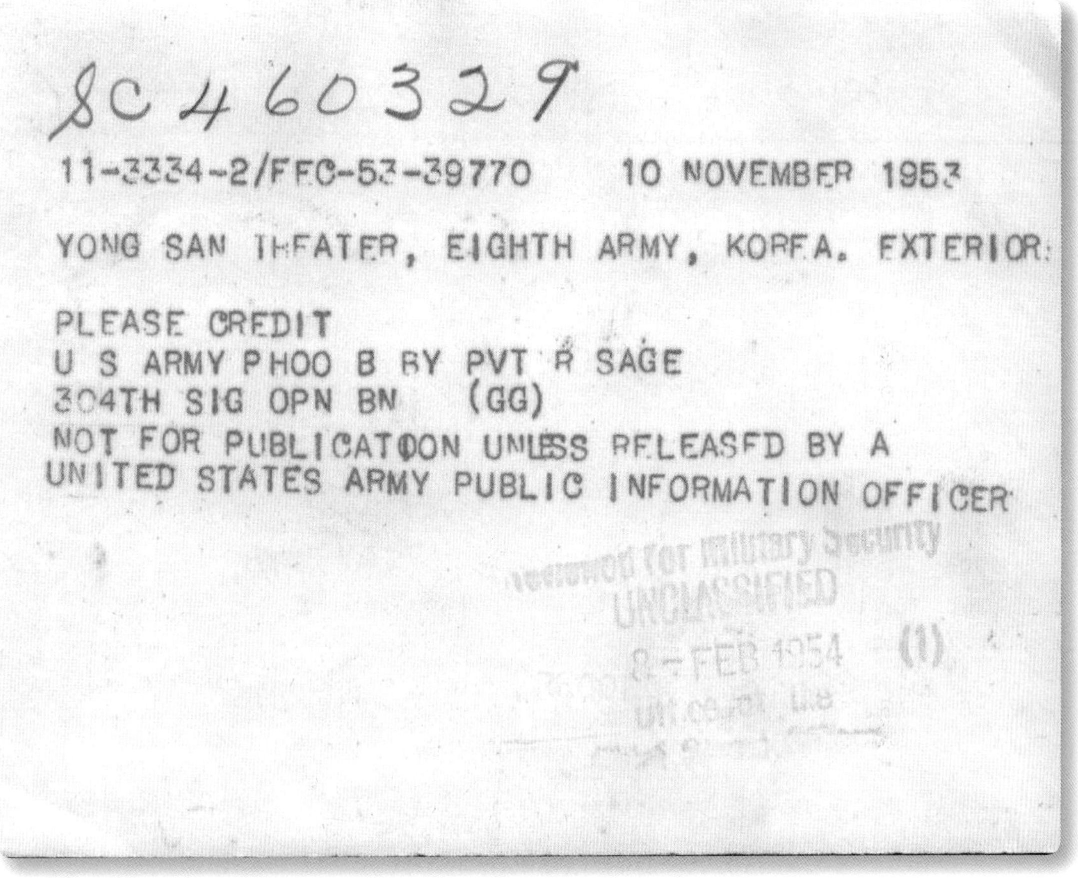

SC 460329

11-3334-2/FEC-53-39770   10 NOVEMBER 1953

YONG SAN THEATER, EIGHTH ARMY, KOREA. EXTERIOR:

PLEASE CREDIT
U S ARMY PHOO B BY PVT R SAGE
304TH SIG OPN BN   (GG)
NOT FOR PUBLICATION UNLESS RELEASED BY A
UNITED STATES ARMY PUBLIC INFORMATION OFFICER

Reviewed for Military Security
UNCLASSIFIED
8 FEB 1954   (1)

SC 460329(RG 111)

용산기지 메인포스트 극장
한국 미8군 용산 극장의 외관.(1953. 11. 3 촬영)

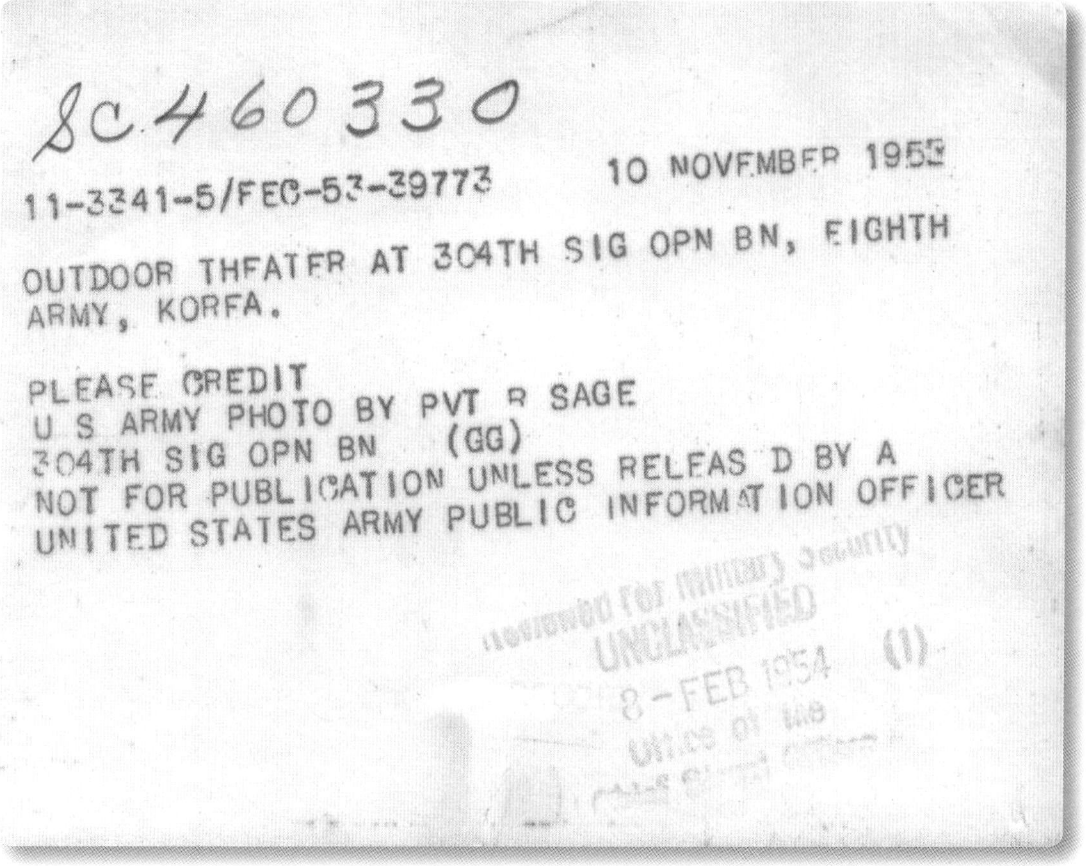

SC 460330

11-3341-5/FEC-53-39773 10 NOVEMBER 1953

OUTDOOR THEATER AT 304TH SIG OPN BN, EIGHTH ARMY, KOREA.

PLEASE CREDIT
U S ARMY PHOTO BY PVT R SAGE
304TH SIG OPN BN (GG)
NOT FOR PUBLICATION UNLESS RELEASED BY A
UNITED STATES ARMY PUBLIC INFORMATION OFFICER

Reviewed for Military Security
UNCLASSIFIED
8-FEB 1954 (1)
Office of the

#SC 460330(RG 111)

미8군 통신대 야외 극장

한국 미8군 304통신 작전대대의 야외극장.(1953. 11. 10 촬영)

SC 444949

11-3609-C/FEC-53-45511 13 DECEMBER 1953

(L TO R) GENERAL MAXWELL D. TAYLOR, CG, EIGHTH ARMY; MAJ GEN PAUL D. HARKINS, NEW CG, 45TH US INF DIV AND BRIG GEN THOMAS SHERBURNE JR, COFS, EIGHTH ARMY; AFTER AN HONOR GUARD REVIEW IN HONOR OF MAJ GEN HARKINS AT HQS, EIGHTH ARMY, YONGSAN, KOREA.

PLEASE CREDIT
U S ARMY PHOTO BY M/SGT CORDEIRO (GR)
304TH SIG OPN BN
NOT FOR PUBLICATION UNLESS RELEASED BY A UNITED STATES ARMY PUBLIC INFORMATION OFFICER

UNCLASSIFIED
19 MAR 1954 (1)

SC 444949(RG 111)

용산기지 내 미8군사령부를 방문한 신임 미45사단장의 의장 행사

미45사단장 폴 D. 하킨스 소장이 한국 용산 미8군사령부를 방문한 것을 기념해 의장대 사열 직후 모습, (왼쪽부터 오른쪽으로) 테일러 미8군사령관, 하킨스 신임 45사단장, 미8군참모장 쉐번 준장.(1953. 12. 13 촬영)

SC 444950

11-3609-1/FEC-53-45506 13 DECEMBER 1953

MAJ GEN PAUL D. HARKINS (RIGHT), NEW CG, 45TH US INF DIV, IS PRESENTED THE KEY TO SEOUL CITY FROM MAYOR KIM TAE SUN, DURING A PARTY HELD IN HONOR OF MAJ GEN HARKINS AT EIGHTH ARMY, YONGSAN, KOREA.

PLEASE CREDIT
U S ARMY PHOTO BY M/SGT CORDEIRO (GR)
304TH SIG OPN BN
NOT FOR PUBLICATION UNLESS RELEASED BY A UNITED STATES ARMY PUBLIC INFORMATION OFFICER

SC 444950(RG 111)

김태선 서울시장으로부터 열쇠 선물을 받는 하킨스 신임 소장

하킨스 소장을 기념해 열린 한국 용산 미8군사령부 파티장에서 하킨스 신임 45사단장(오른쪽)이 김태선 서울시장으로부터 열쇠 선물을 받고 있다.(1953. 12. 13 촬영)

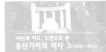

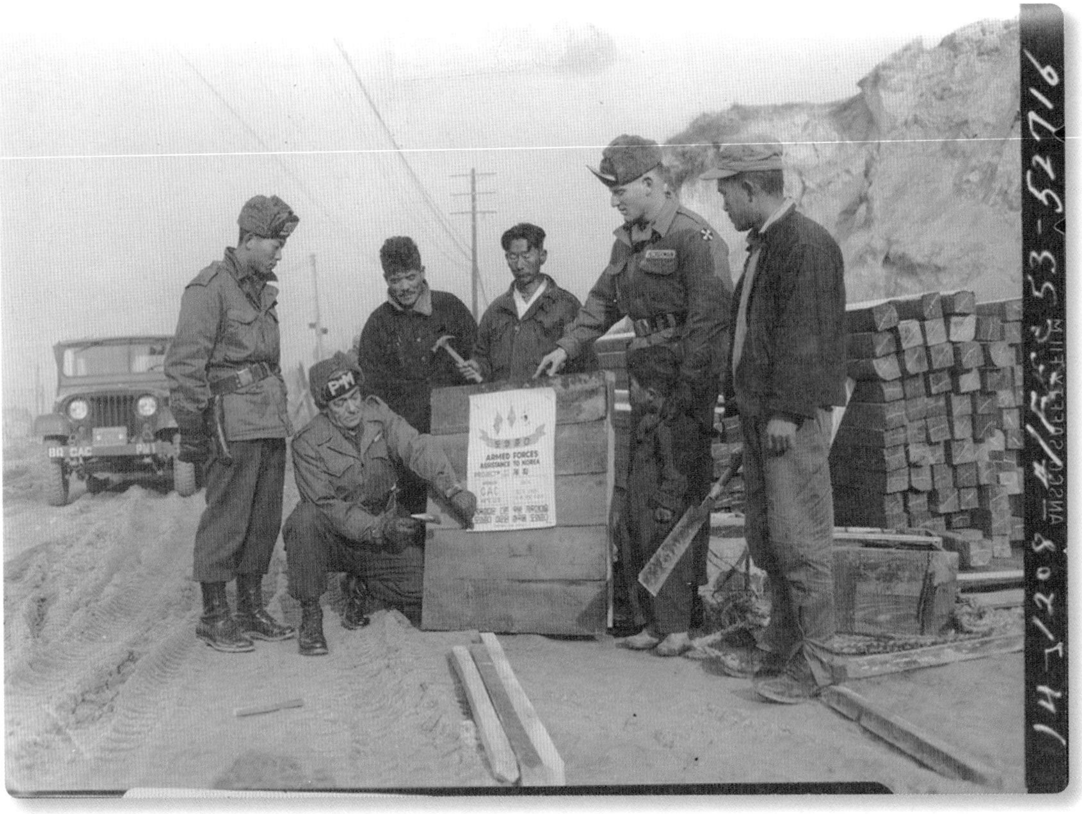
ARMED FORCES
ASSISTANCE TO KOREA
CAC

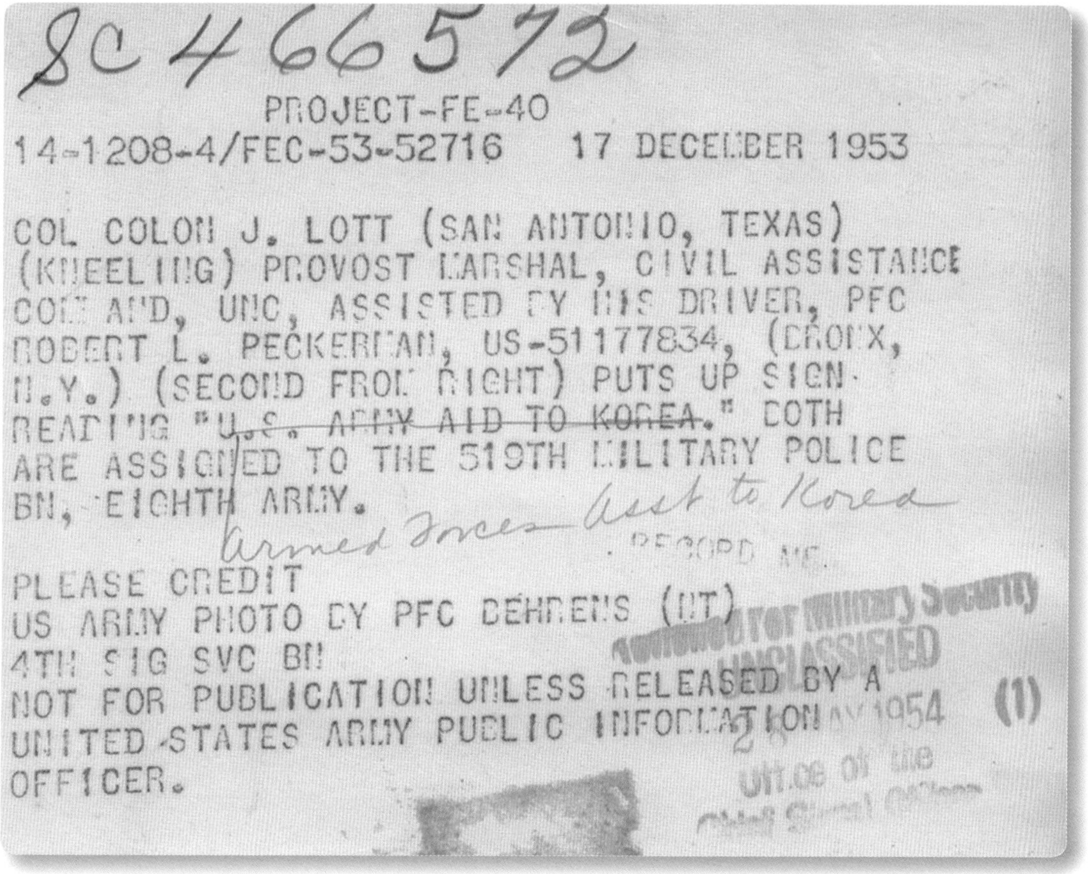

SC 466572

PROJECT-FE-40
14-1208-4/FEC-53-52716 17 DECEMBER 1953

COL COLON J. LOTT (SAN ANTONIO, TEXAS) (KNEELING) PROVOST MARSHAL, CIVIL ASSISTANCE COMMAND, UNC, ASSISTED BY HIS DRIVER, PFC ROBERT L. BECKERMAN, US-51177834, (BRONX, N.Y.) (SECOND FROM RIGHT) PUTS UP SIGN READING "~~U.S. ARMY AID TO KOREA.~~" BOTH ARE ASSIGNED TO THE 519TH MILITARY POLICE BN, EIGHTH ARMY.

Armed Forces Asst to Korea

RECORD NO.

PLEASE CREDIT
US ARMY PHOTO BY PFC BEHRENS (NT)
4TH SIG SVC BN
NOT FOR PUBLICATION UNLESS RELEASED BY A UNITED STATES ARMY PUBLIC INFORMATION OFFICER.

Reviewed for Military Security
UNCLASSIFIED
28 MAY 1954
Office of the
Chief Signal Officer

(1)

SC 466572(RG 111)

'미군은 한국을 도와준다'라고 적힌 간판을 설치하는 미헌병참모 롯트 대령

유엔 한국민사원조사령부 헌병참모 롯트 대령(텍사스 샌안토니오 출신)이 운전병 페커만 일병(뉴욕 브롱크스 출신)의 도움을 받아 "미군은 한국을 도와준다"라고 적힌 간판을 설치하고 있다. 둘 다 미8군 제519헌병대대에 배속되어 있다.(1953. 12. 17 촬영)

＊해제: 포스터를 자세히 보면 'AFAK'이라고 나오는데 이것은 한국에 대한 미군사원조(Armed Forces Assistance to Korea) 프로그램을 말한다. 포스터의 맨 위쪽에 성조기 유엔기 태극기가 그려져 있고, 그 바로 아래 "도와주다"라는 한글이 있다. 포스터의 맨 아래 쪽에는 "자유인민은 다른 우방 자유인민을 도와준다. 미군은 한국을 도와준다"고 한글로 적혀 있다.

제V부

판문점과 정전협정

AIR FORCE ACTIVITIES - Korea - 1951 - KAESONG CONFERENCE

4x5 copy neg. rec'd 24 July 1951 from OPI-DOD. FEAF Neg. No. G-1574-1.

(over)

RFORCE

NASM 4A 39271

80472A.C.

INDEXED

HEADED FOR HISTORIC MEETING. Warrant Officer Kenneth Wu, interpreter for the United Nations preliminary armistice conference which met with Communist representatives at Kaesong, Korea, July 8, 1951, carries a white flag of truce aboard the H-19 helicopter which flew the party to the historic meeting. July 1951.

#NASM 4A 39271(RG 342)

정전회담장으로 백기를 가져가는 유엔군 통역관

역사적 회담으로 향함, 1951년 7월 8일 한국 개성의 예비휴전회담에서 공산측 대표들을 만난 유엔군 통역관 케네스 우 준위가 H-19 헬기를 타고 정전의 백기를 가지고 역사적 회담장으로 날아갔다. (1951. 7. 10 촬영)

＊해제: 다른 사진들에서는 H-19가 아니라 H-5 헬리콥터로 나온다.

AIR FORCE ACTIVITIES - Korea - 1951 - KAESONG CONFERENCE

4x5 copy neg. rec'd 23 July 1951 from OPI-DOD. FEAF Neg. No. G-1565-1.

(over)

NASM 4A 39275

80509A.C.

INDEXED

In the face of what may be the most historical flight of the Korean campaign, three Air Force helicopter pilots stand to carry Gen. Ridgway's representatives to Kaesong to meet the Communist representatives on July 8, 1951. Pilots of the 3rd Air Rescue Squadron, which has supplied emergency search, rescue and medical evacuation services to the U. S. Far East Air Forces and United Nations ground forces for more than a year, are, left to right: Capt. Daniel J. Miller, Stony Point, N. Y., pilot of the H-5 helicopter; 1st Lt. Ernest L. MacQuarrie, 1349 Emerald Drive, Los Angeles, California, and 1st Lt. Harold W. Moore, 6103 Woodmont Avenue, Cincinnati, Ohio, co-pilot and pilot of the H-19 helicopter to be used in the operation. July 1951.

#NASM 4A 39275(RG 342)

정전회담 예비회담 출발 직전 H-5 헬리콥터 조종사들

한국 전쟁의 가장 역사적인 비행을 앞두고, 1951년 7월 8일, 3명의 조종사들은 공산측 대표들을 만나기 위해 리지웨이 장군의 대표단을 개성으로 실어 나르기 위해 서 있다. 미극동공군과 유엔 지상군에 1년 넘게 긴급 수색, 구조, 의무 후송을 제공한 제3항공구조편대 조종사들은 왼쪽에서 오른쪽 순으로 다음과 같다. H-5 헬리콥터의 조종사 대위 Daniel. J. Miller(뉴욕 스토니 포인트), H-19 헬리콥터 부조종사와 조종사인 중위 Ernest L. MacQuarrie(캘리포니아 LA 1349 에메라드 거리)와 Harold W. Moore(오하이오 신시내티 우드몬트 거리). (1951. 7. 8 촬영)

＊해제: 다른 사진들에서는 H-19가 아니라 H-5 헬리콥터로 나온다.

Print rec'd 13 August 1951 from OPI-DOD.
FEAF Neg. No. G-1664-1. Copied 21 August
1951.
NASM 4A 39279
RADIO JEEPS WILL NOT BE
USED AS PERSONNEL CARRIER
G-1664-1
80693 A.C.
80693AC.
INDEXED
AIR FORCE ACTIVITIES - Korea - 1951 - KAESONG CONFERENCE
(over)

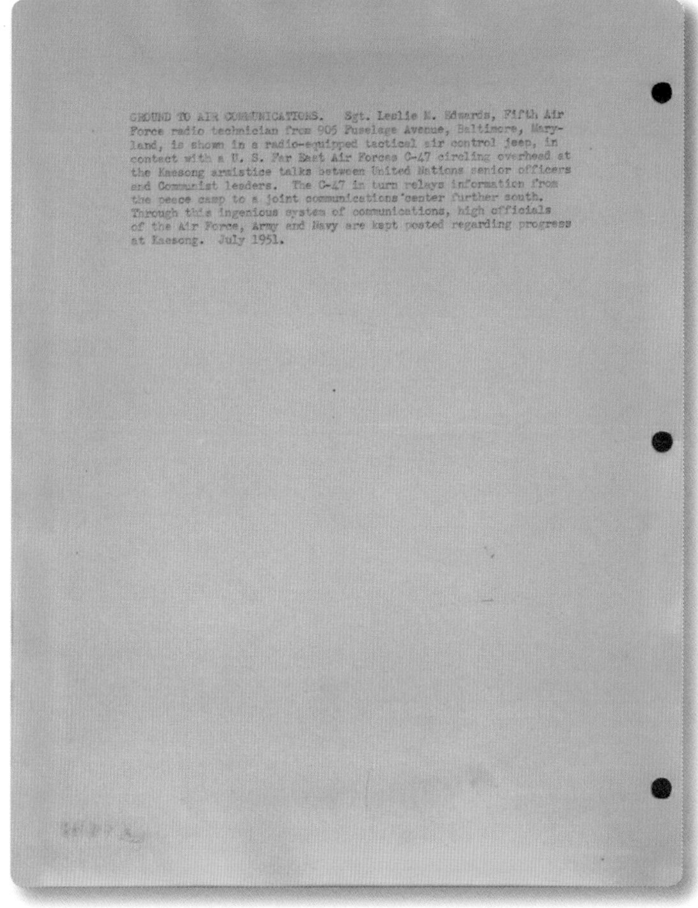

GROUND TO AIR COMMUNICATIONS. Sgt. Leslie M. Edwards, Fifth Air Force radio technician from 905 Fuselage Avenue, Baltimore, Maryland, is shown in a radio-equipped tactical air control jeep, in contact with a U. S. Far East Air Forces C-47 circling overhead at the Kaesong armistice talks between United Nations senior officers and Communist leaders. The C-47 in turn relays information from the peace camp to a joint communications center further south. Through this ingenious system of communications, high officials of the Air Force, Army and Navy are kept posted regarding progress at Kaesong. July 1951.

NASM 4A 39279(RG 342)

정전회담장 상공의 C-47 수송기와 통신 중인 무선병

지대공 통신. 미5공군 소속 무선병 Leslie M. Edwards가 무전기가 탑재된 전술항공통제 지프차에서 유엔측 고위 관리들과 공산측 지도자들 사이의 개성휴전회담 상공을 선회하는 미 극동 공군 C-47과 통신 중인 모습이 보인다. C-47은 평화 캠프의 정보를 남쪽의 합동통신센터에 전달한다. 이런 기발한 통신체계를 통해 육해공군의 고위 관리들이 개성에서의 진전에 관해 계속 보고받았다.(1951. 7 촬영)

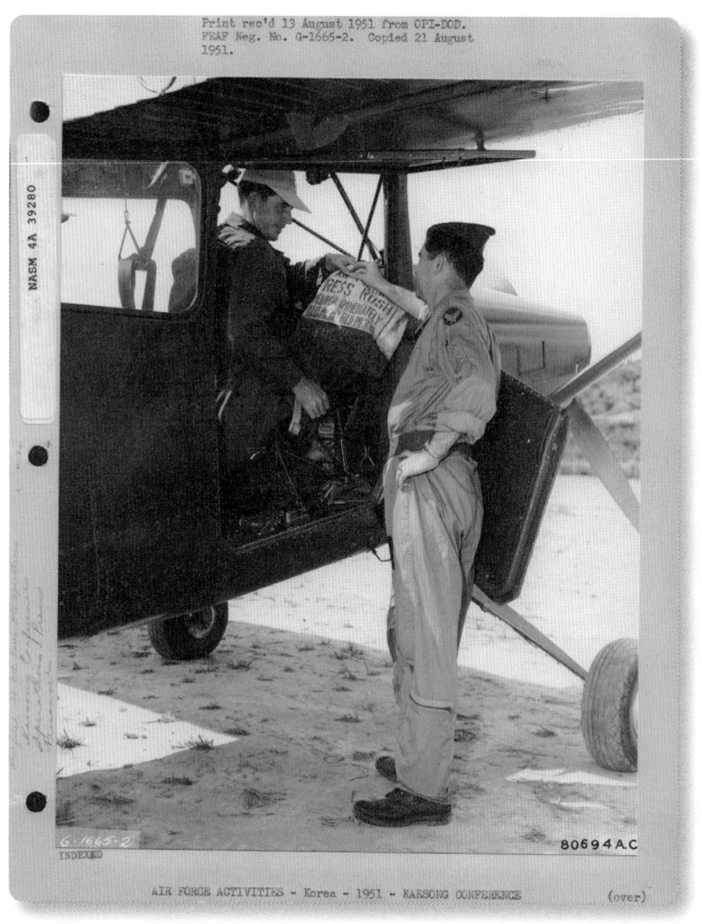
Print rec'd 13 August 1951 from OPI-DOD.
FEAF Neg. No. G-1665-2. Copied 21 August
1951.

AIR FORCE ACTIVITIES - Korea - 1951 - KAESONG CONFERENCE (over)

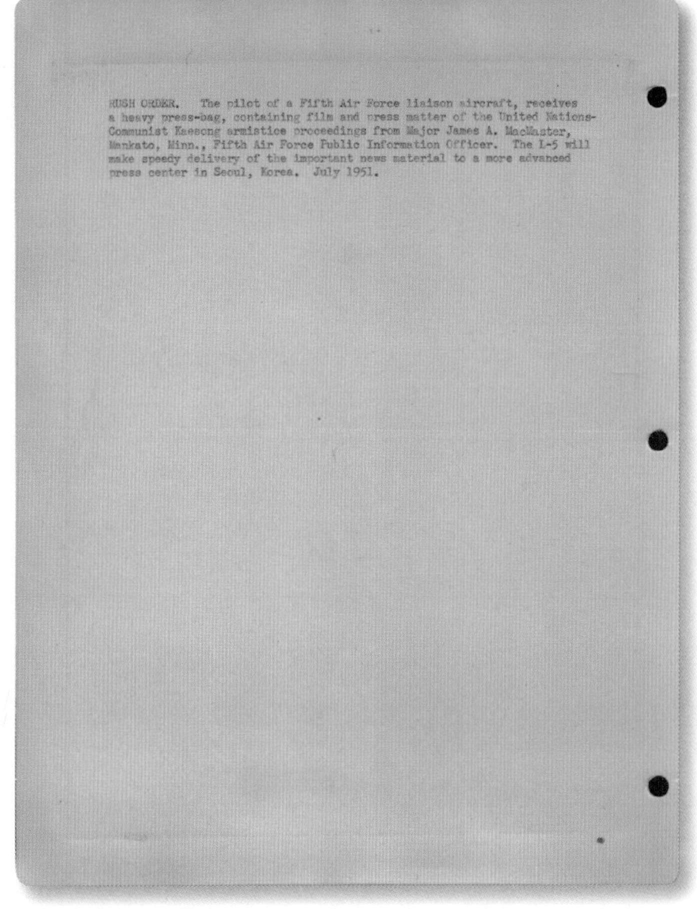

RUSH ORDER. The pilot of a Fifth Air Force liaison aircraft, receives a heavy press-bag, containing film and press matter of the United Nations-Communist Kaesong armistice proceedings from Major James A. MacMaster, Mankato, Minn., Fifth Air Force Public Information Officer. The L-5 will make speedy delivery of the important news material to a more advanced press center in Seoul, Korea. July 1951.

NASM 4A 39280(RG 342)

개성 정전회담 간 보도 가방을 건네받는 L-5 연락기 조종사

급한 주문. 미5공군 연락기 조종사는 James A. MacMaster 소령(미네소타 만카토)으로부터 개성 정전회담의 필름과 보도물이 담긴 무거운 언론 가방을 받고 있다.
L-5는 한국 서울에 있는 더 발전된 프레스 센터에 중요한 뉴스 자료를 신속하게 전달할 것이다.(1951. 7 촬영)

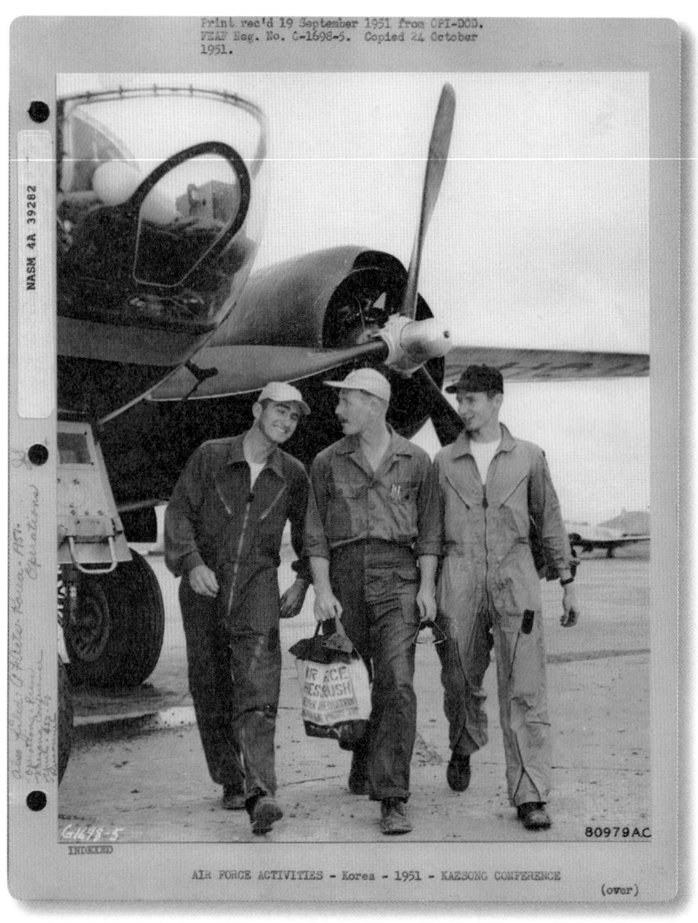
Print rec'd 19 September 1951 from OPI-DOD.
FEAF Neg. No. C-1698-5. Copied 24 October
1951.

NASM 4A 39282

80979AC

INDEXED

AIR FORCE ACTIVITIES - Korea - 1951 - KAESONG CONFERENCE

(over)

S/Sgt. Dan M. Alexander, Memphis, Tenn., is flanked by two members of a U.S. Fifth Air Force B-26 crew as he carries a press bag of "peace camp" news which will be speeded by air from Korea to Tokyo. On the left is: 1st Lt. Milford G. Dunlop, the pilot, of Sherman, Texas; and on the right: 2nd Lt. Alfred E. Smith, navigator, St. Paul, Minn. Sgt. Alexander is of the 8th Fighter Bomber Wing and Lt. Dunlop and Lt. Smith belong to the 452nd Bomb Wing. July 1951.

NASM 4A 39282(RG 342)

정전회담 소식을 담은 보도 가방을 들고 대화를 나누는 조종사

Dam M. Alexander 하사(테네시 멤피스)는 한국에서 도쿄로 날아갈 "평화 캠프" 소식을 담은 보도 가방을 들고선 미5공군 B-26 승무원 2명과 함께 있다. 왼쪽에는 조종사 중위 Milford G. Dunlop(텍사스 셔먼), 그리고 맨 오른쪽에는 조종사 중위 Alfred E. Smith(미네소타 세인트 폴). 알렉산더 하사는 제8전투폭격단 소속이며 던롭과 스미스 중위는 제452폭격단 소속이다. (1951. 7 촬영)

AIR FORCE ACTIVITIES - Korea - 1952 -
KAESONG CONFERENCE

Print rec'd 2 September 1952 from SAFOPI.
FEAF Neg. No. G-1686-5. Copied 28 July 53

(over)

Kaesong Conference

83575 AC.

INDEXED

~~13227~~

AT THE KAESONG PEACE CONFERENCE --- Allied and Communist press representatives lounge about one of the installations of the UN house, snuggled in the hills of Kaesong, where senior United Nations Command officers are meeting Communist leaders in armistice negotiations.

식별불가(RG 342)

개성 유엔하우스(내봉장)에 모인 언론 대표자들

개성 평화 회담장에서. 연합군 및 공산군 언론 대표자들이 개성 언덕에 위치한 유엔하우스 중 한 시설에 모여있다. 그곳에서 유엔측 선임 장교들은 휴전협상에 참가하는 공산측 리더들을 만나고 있다.(1952. 9. 2 이전 촬영)

AIR FORCE ACTIVITIES - Korea - 1951 -
KAESONG CONFERENCE (over)

Print rec'd 13 August 1951 from OPI-DOD. FEAF
Neg. No. G-1664-2. Copied 21 August 1951.

80691A.C.

INDEXED

COMMUNICATIONS HUB. This "nest" of signal and communications equipment is the link between the armistice conference at Kaesong and the outside world. Fifth Air Force technicians and equipment receive news of the proceedings and other important messages from transmitters at Kaesong, and relay it through more advanced communication facilities located further south at Seoul, Korea. July 1951.

식별불가(RG 342)
휴전회담 소식을 전하는 통신 허브 전경
통신 허브. 이 신호와 통신 장비의 "둥지"는 개성 휴전회담장과 외부 세계의 연결 고리이다. 제5공군 기술자와 장비들은 개성에 있는 송신기로부터 진행 소식과 그 밖의 중요한 메시지를 전달받고, 그것을 서울의 더 남쪽에 위치하고 보다 발전된 통신시설을 통해 중계한다. (1951. 7 촬영)

AIR FORCE ACTIVITIES - Korea - 1951 -
KAESONG CONFERENCE

(over)

Orig. 4x5 neg rec'd 6 September 1951 from Commander Naval Forces, Far East Photographic Laboratory thru U. S. Naval Photographic Center, Naval Air Station, Anacostia, D. C.

MAJ. GEN. CRAIGIE

81160A.C.

81160AC.

INDEXED

Maj. Gen. Laurence C. Craigie, U. S. Air Force delegate to the Kaesong Peace Talks, prepares to depart from the UN Advanced Peace Camp in Korea for another meeting with Communist negotiators. August 1951.

식별불가(RG 342)
유엔군측 공군대표 크레이그 소장
개성 평화 회담 공군 대표 크레이그 소장이 공산주의 협상가들과의 또 다른 만남을 위해 한국의 유엔 평화 캠프에서 출발할 준비를 하고 있다.(1951. 8 촬영)

AIR FORCE ACTIVITES - Korea - 1951 - KAESONG CONFERENCE

4x5 copy neg. rec'd 24 July 1951 from OPI-DOD.
FEAF Neg. No. G-1591-3.

(over)

US AIR FORCE RESCUE

NASM 4A 39272

1591-3

INDEXED

80473 A.C.

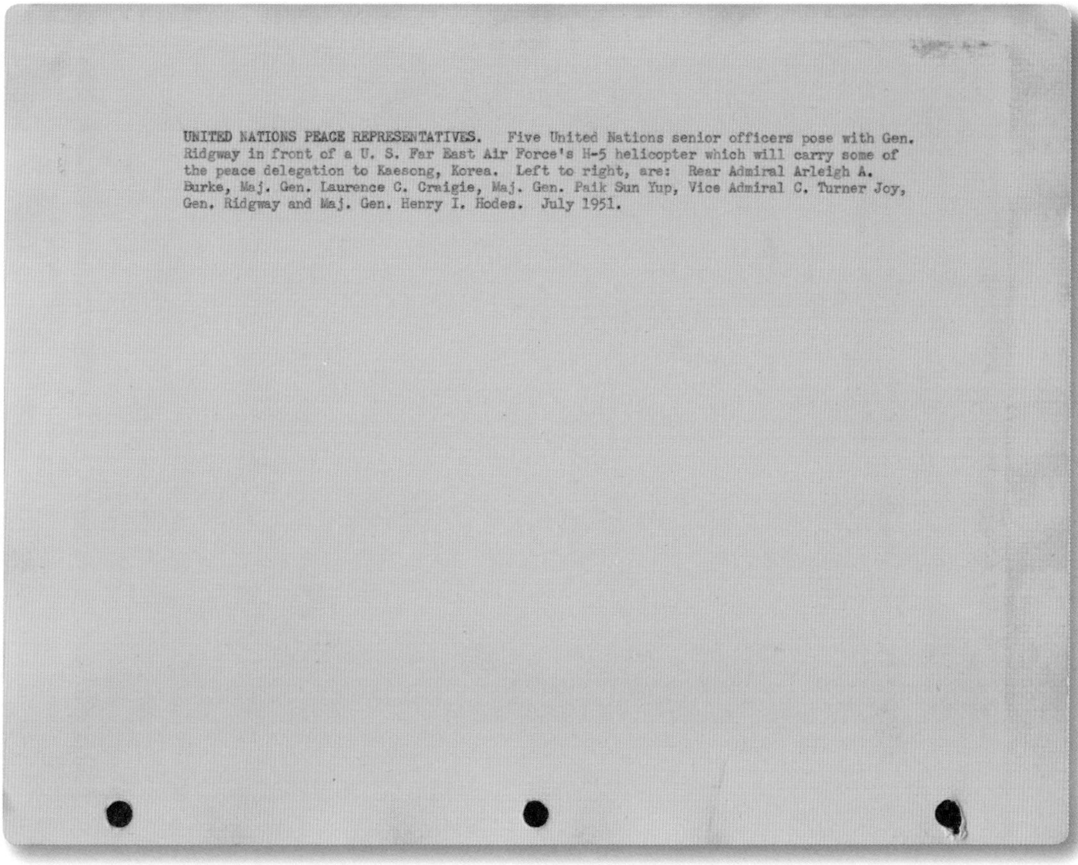

UNITED NATIONS PEACE REPRESENTATIVES. Five United Nations senior officers pose with Gen. Ridgway in front of a U. S. Far East Air Force's H-5 helicopter which will carry some of the peace delegation to Kaesong, Korea. Left to right, are: Rear Admiral Arleigh A. Burke, Maj. Gen. Laurence C. Craigie, Maj. Gen. Paik Sun Yup, Vice Admiral C. Turner Joy, Gen. Ridgway and Maj. Gen. Henry I. Hodes. July 1951.

NASM 4A 39272(RG 342)

헬리콥터 앞에서 포즈를 취하는 유엔 평화대표단

유엔 평화대표단. 5명의 유엔군 선임장교들이 평화 대표단을 한국 개성으로 수송할 미극동 공군 H-5 헬리콥터 앞에서 포즈를 취하고 있다. 왼쪽부터 오른쪽순으로 해군 소장 알레이 A. 부크, 공군 소장 알레이 L. C. 크레이그, 육군 소장 백선엽, 해군 중장 G. 터너 조이, 리지웨이 대장, 육군 소장 H.I 호데스.(1951. 7. 10 촬영)

AIR FORCE ACTIVITIES - Korea - 1951 - KAESONG CONFERENCE

4x5 copy neg. rec'd 24 July 1951 from OPI-DOD.
FEAF Neg. No. G-1591-4.

(over)

NASM 4A 39274

G1591-4

INDEXED

80475AC

A throng of well-wishers, plus a sizeable battery of photographers and reporters were on hand July 10, 1951, when five senior United Nations officer, named as a peace delegation to meet Communist leaders in Kaesong, Korea, departed by U. S. Far East Air Forces helicopters. Gen. Ridgway has a last-minute discussion with his peace team beside this H-5 helicopter. July 1951.

NASM 4A 39274(RG 342)

개성으로 출발 전 헬기 앞에 모인 유엔 평화대표단과 기자들

1951년 7월 10일, 많은 수의 사진기자 및 보도기자들과 함께 회담이 잘 되기를 바라는 사람들이 현장에 모여 있다.

평화사절단으로 명명된 5명의 유엔군 선임 장교가 개성의 공산측 대표자들을 만나기 위해 미극동공군 헬리콥터로 막 출발하려는 중이다. 리지웨이 장군이 H-5 헬리콥너 옆에서 평화사절단과 막바지 논의를 하고 있다.(1951. 7. 10 촬영)

AIR FORCE ACTIVITIES - Korea - 1951 -
KAESONG CONFERENCE
(over)

Copy 4x5 neg. rec'd 24 July 1951 from
OPI-DOD. FEAF Neg. No. G-1591-1.

NASM 4A 39267

G-1591-1

80459AC.

INDEXED

Gen. Ridgway (center) waves good-bye as one of the U. S. Far East Air Forces H-5 helicopters takes off from a base in Korea, carrying part of the five-man United Nations peace team to meet Communist leaders in Kaesong, July 10, 1951. Hundreds of United Nations officers, airmen, members of the press and Korean civilians were on hand to witness the historic departure.

#NASM 4A 39267(RG 342)

유엔 평화사절단 태운 헬기를 향해 손을 흔드는 리지웨이 장군

1951년 7월 10일, 리지웨이 장군(가운데)이 개성에서 공산군 대표자들을 만나려고 5인조 유엔군 평화사절단을 싣고 이륙하는 미극동공군 소속 H-5 헬기를 향해 손을 흔들고 있다. 수백 명의 유엔군 장교들과 공군, 언론 관계자 그리고 한국 민간인들이 역사적인 출발을 목격하기 위해 현장에 있었다.(1951. 7. 10 촬영)

AIR FORCE ACTIVITIES - Korea - 1951 -
KAESONG CONFERENCE (over)

Print rec'd 13 August 1951 from OPI-DOD. FEAF
Neg. No. G-1664-5. Copied 21 August 1951.

NASM 4A 39281

G-1664-5
80695A.C

INDEXED

ABOARD PRESS TRAIN. Major James A. MacMaster, right, Mankato, Minn., Fifth Air Force Public Information Officer, is shown in the "city room" of the special press train, on which United Nations news correspondents and photographers are billeted during the historic Kaesong armistice talks. Bob Miller, United Press and Robert B. Tuckman, Associated Press, are waiting to confer with Major MacMaster. The Fifth Air Force officer monitors delivery of film and press matter from the conference site to a more advanced press center in Seoul, Korea. July 1951.

NASM 4A 39281(RG 342)

특별 언론 열차 내 유엔특파원과 공보장교

언론 열차에서. 오른쪽 (미네소타 맨카토 출신) 미5공군 공보장교 맥매스터 소령이 역사적인 개성 휴전회담 기간 중 유엔군 뉴스특파원들과 사진기자들이 묵고 있는 특별 언론 열차 내 "시티룸(city room)"에 있다. UP통신의 밥 밀러와 AP통신의 로버트 B. 터크만이 맥매스터 소령과 대화를 나누기 위해 대기 중이다. 미5공군 공보장교는 회의 현장에서부터 시작해 서울의 더 나은 프레스 센터까지 영상의 전달과 언론 사항을 모니터링한다. (1951. 7 촬영)

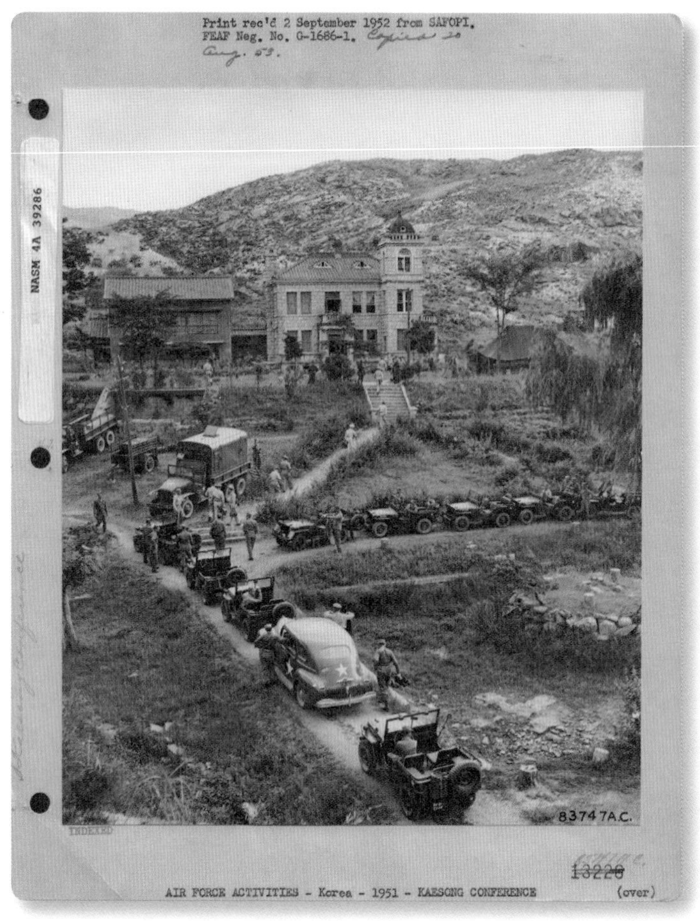
Print rec'd 2 September 1952 from SAFOPI.
FEAF Neg. No. G-1686-1.
NASM 4A 39286
83747A.C.
INDEXED
13220
AIR FORCE ACTIVITIES - Korea - 1951 - KAESONG CONFERENCE
(over)

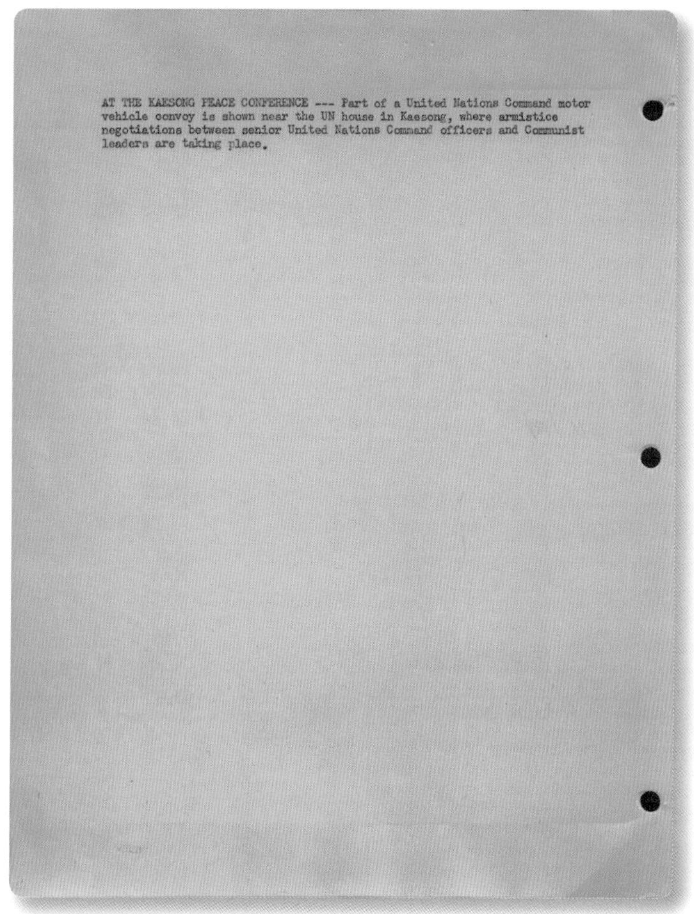
AT THE KAESONG PEACE CONFERENCE --- Part of a United Nations Command motor vehicle convoy is shown near the UN house in Kaesong, where armistice negotiations between senior United Nations Command officers and Communist leaders are taking place.

NASM 4A 39286(RG 342)

개성 유엔하우스

개성평화회담. 개성 유엔하우스 인근에 유엔군 호송 차량의 일부가 보인다. 이곳에서 유엔측 선임장교들과 공산측 대표 사이에 휴전협상이 진행 중이다.

U.S. NAVY NO. 431924 NEG

431924 19 July 1951

SUBJECT:

CAPTION:
Varied sites at Kaesong, Korea,' where the cease fire conference to end the Korean was is held.'

A panoramic view of the "UN House"

LOCATION:
Kaesong, Korea

PHOTOGRAPHER:

TAKEN BY(UNIT)

LOCAL NO.
CNFE-1939

CLASSIFICATION
Released

Return To: U.S.N.P.C.
NAS Anacostia, D.C.

RETURN TO: NPC NAS ANACOSTIA

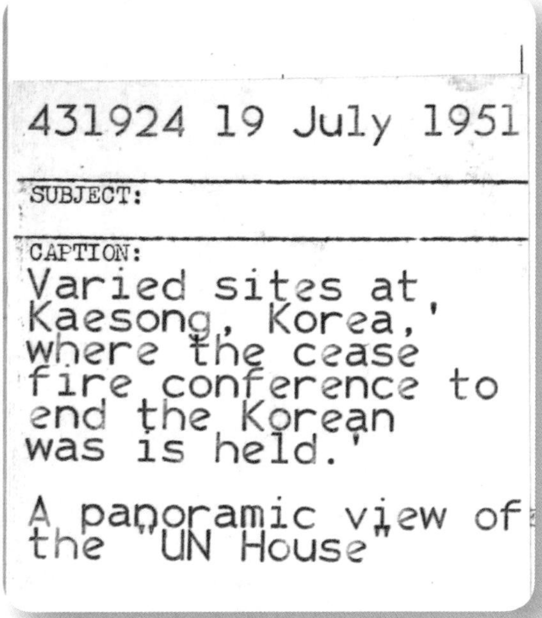

431924 19 July 1951

SUBJECT:

CAPTION:
Varied sites at Kaesong, Korea,' where the cease fire conference to end the Korean was is held.'

A panoramic view of the "UN House"

USN 431924(RG 80)

초기 휴전회담장 내봉장과 주변 전경

한국전쟁을 종료하기 위해 휴전회담이 열렸던 한국 개성의 여러 장소들. "유엔하우스(UN House)"의 전경.(1951. 7. 19 촬영, 국사편찬위원회 소장)

＊해제: 여기서 말하는 유엔하우스는 휴전회담이 열렸던 개성 한옥 '내봉장'을 말한다. 10월 24일까지 회담장으로 사용되다가 다음 날부터 유엔군 측 요구로 회담장을 판문점으로 바꾸었다.

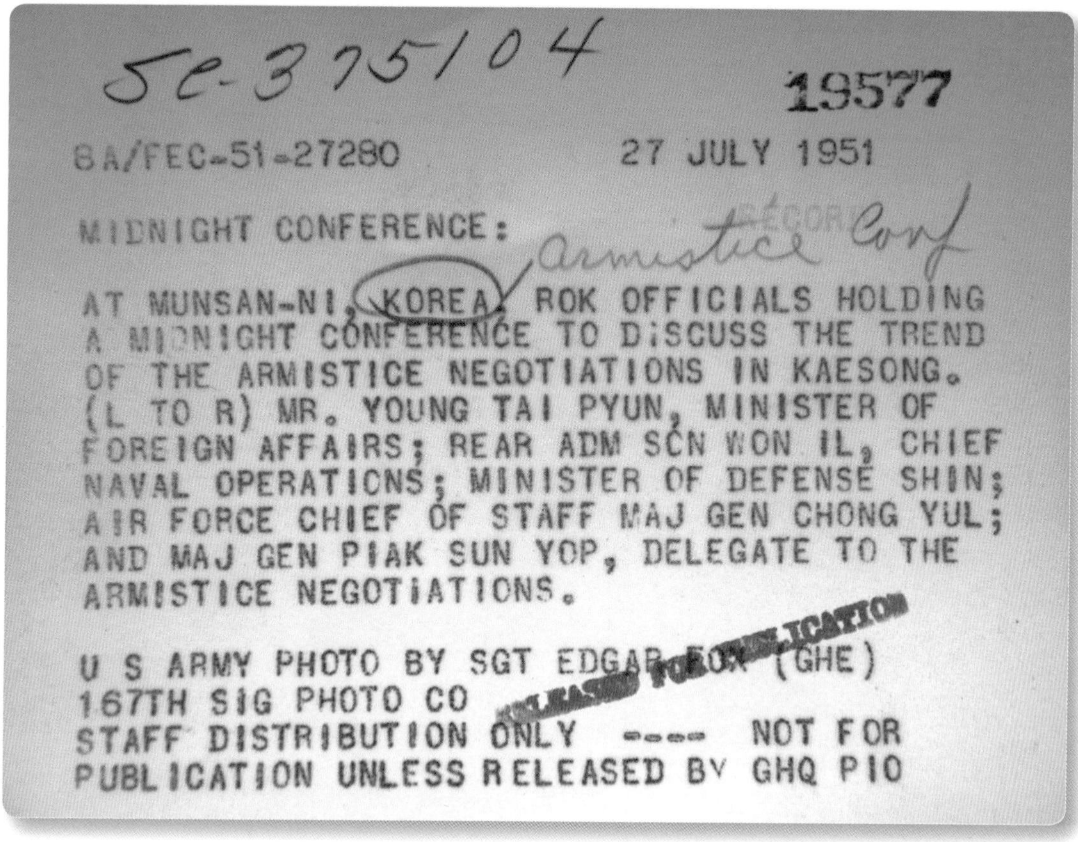

SC-375104

19577

SA/FEC-51-27280 27 JULY 1951

MIDNIGHT CONFERENCE: armistice Conf

AT MUNSAN-NI, KOREA, ROK OFFICIALS HOLDING A MIDNIGHT CONFERENCE TO DISCUSS THE TREND OF THE ARMISTICE NEGOTIATIONS IN KAESONG. (L TO R) MR. YOUNG TAI PYUN, MINISTER OF FOREIGN AFFAIRS; REAR ADM SCN WON IL, CHIEF NAVAL OPERATIONS; MINISTER OF DEFENSE SHIN; AIR FORCE CHIEF OF STAFF MAJ GEN CHONG YUL; AND MAJ GEN PIAK SUN YOP, DELEGATE TO THE ARMISTICE NEGOTIATIONS.

U S ARMY PHOTO BY SGT EDGAR FOX (GHE)
167TH SIG PHOTO CO
STAFF DISTRIBUTION ONLY ---- NOT FOR PUBLICATION UNLESS RELEASED BY GHQ PIO

RELEASED FOR PUBLICATION

#SC 375104(RG 111)

파주 문산리에서 휴전협상 논의 차 자정 회의를 여는 모습

한밤중 회의: 개성 휴전협상의 동향을 논의하기 위해 한국 문산리에서 한밤중 회의를 여는 한국 관리들. (왼쪽부터 오른쪽으로) 외무장관 변영태, 손원일 해군 제독, 신(신성모-역자) 국방장관, 공군참모총장 정렬(김정렬-역자) 그리고 휴전협상 대표 백선엽 소장(1951. 7. 27 촬영, 국사편찬위원회 소장)

SOUTH LIMIT
DEMILITARIZED ZONE
DO NOT ENTER
비무장지대
非武裝地區南界
禁止進入

SC 435813　　22271

11-2475-9/FEC-53-20138　　28 JULY 1953

PVT JERRY STEFFLER (PITTSBURG, PA), PUTS UP SIGNS ON THE NEW MAIN LINE OF RESISTANCE, WHICH MARK THE SOUTHERN LIMIT, OF THE DE-MILITARIZED ZONE, FOLLOWING THE SIGNING OF THE ARMISTICE AGREEMENT, BETWEEN UNC FORCES AND COMMUNISTS FORCES, FIGHTING IN KOREA. Signs

PLEASE CREDIT
U S ARMY PHOTO BY CPL E E GREEN (FS)
304TH SIG OPN BN
NOT FOR PUBLICATION UNLESS RELEASED BY A UNITED STATES ARMY PUBLIC INFORMATION OFFICER

RECORD
Reviewed for Military Security

SC 435813(RG 111)

정전협정 체결 다음 날 DMZ 남쪽한계선에 팻말을 설치 중인 미군

한국전선에서 유엔군과 공산군 사이의 휴전협정 체결 직후 이등병 Jerry Steffler(펜실베니아 피츠버그)가 DMZ 남쪽한계선(새로운 주저항선)을 표시하는 팻말을 설치 중이다.(1953. 7. 28 촬영)

U.S. NAVY NO.

NUMBER: USN 432386

DATE: AUG. 1951.

TAKEN BY: KAZUKATIS, F., AF1, USN

LOCATION: MUNSON-NI, KOREA

SUBJECT:

USN-432386 AUG. 1951.
OVERALL VIEW OF UNITED NATIONS ADVANCED CAMP AT MUNSON-NI, KOREA. THE CAMP IS LOCATED IN AN APPLE ORCHARD AND IT IS FROM HERE THAT UN DELEGATION HEADED BY VADM C. TURNER JOY, USN, WILL BE QUARTERED DURING CEASE FIRE CONFERENCES, AT KAESONG.

OFFICIAL U.S.NAVY PHOTO.
RELEASED BY DEPT. OF DEFENSE.

RELEASED FOR PUBLICATION

RELEASED

DATE:

ISSUED TO:

Return to: U.S.N.P.C.
NAS Anacostia D.C.

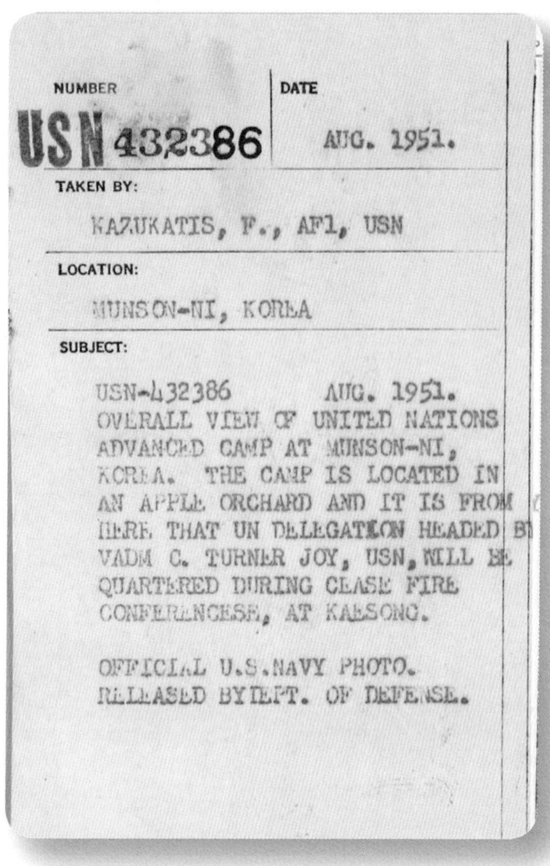

NUMBER

USN 432386

DATE

AUG. 1951.

TAKEN BY:

KAZUKATIS, F., AF1, USN

LOCATION:

MUNSON-NI, KOREA

SUBJECT:

USN-432386 AUG. 1951.
OVERALL VIEW OF UNITED NATIONS ADVANCED CAMP AT MUNSON-NI, KOREA. THE CAMP IS LOCATED IN AN APPLE ORCHARD AND IT IS FROM HERE THAT UN DELEGATION HEADED BY VADM C. TURNER JOY, USN, WILL BE QUARTERED DURING CEASE FIRE CONFERENCESE, AT KAESONG.

OFFICIAL U.S.NAVY PHOTO.
RELEASED BYDEPT. OF DEFENSE.

USN 432386(RG 80)

파주 문산리 유엔군 전진기지 전경

한국 문산리 유엔군 전진기지 전경. 기지는 사과 과수원에 위치하고 있고, 해군 제독 조이가 이끄는 유엔 대표단은 개성 휴전회담 동안 이곳에 머무를 예정이다.(1951. 8 촬영, 국사편찬위원회 소장)

＊해제: 1951년 7월 17일 파주 문산리 돈유울 사과밭에 유엔군 사령부 전진기지가 설치되었다. 1953년 7월 27일 정전협정 당시 이곳에 설치된 극장에서 유엔군사령관 클라크가 정전협정에 최종 서명을 했다.

NUMBER
USN 432387

DATE
AUG. 1951.

TAKEN BY:
LT. E.J. FINLEY, USNR

LOCATION:
KAESONG, KOREA

SUBJECT:
USN-432387 AUG. 1951.
THE "UN HOUSE" AT KAESONG, KOREA
WHERE UNITED NATIONS DELEGATES
RETIRE DURING RECESSES OF THE
CEASE FIRE CONFERENCES.

OFFICIAL U.S.NAVY PHOTO.
RELEASED BY DEPT. OF DEFENSE.

RELEASED FOR PUBLICATION:

RELEASED

DATE:

ISSUED TO:

Return to: U.S.N.P.C.
NAS, Anacostia, D.C.

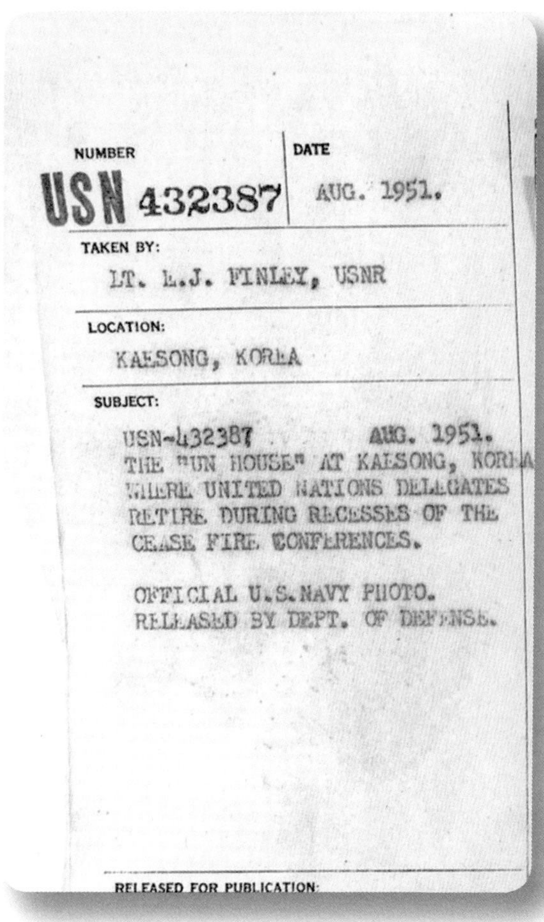

NUMBER

USN 432387

DATE

AUG. 1951.

TAKEN BY:

LT. L.J. FINLEY, USNR

LOCATION:

KAESONG, KOREA

SUBJECT:

USN-432387 AUG. 1951.
THE "UN HOUSE" AT KAESONG, KOREA
WHERE UNITED NATIONS DELEGATES
RETIRE DURING RECESSES OF THE
CEASE FIRE CONFERENCES.

OFFICIAL U.S.NAVY PHOTO.
RELEASED BY DEPT. OF DEFENSE.

RELEASED FOR PUBLICATION:

USN 432387(RG 80)

개성 유엔하우스 일부와 주변

휴전회담 휴회기간 동안 유엔군측 대표단이 떠난 뒤의 한국 개성 유엔하우스(1951 8 촬영, 국사편찬위원회 소장)

Print rec'd 2 September 1952 from SAFOPI.

NASM 4A 39288

INDEXED

AIR FORCE ACTIVITIES - Korea - 1951 - KAESONG CONFERENCE 13229 (over)

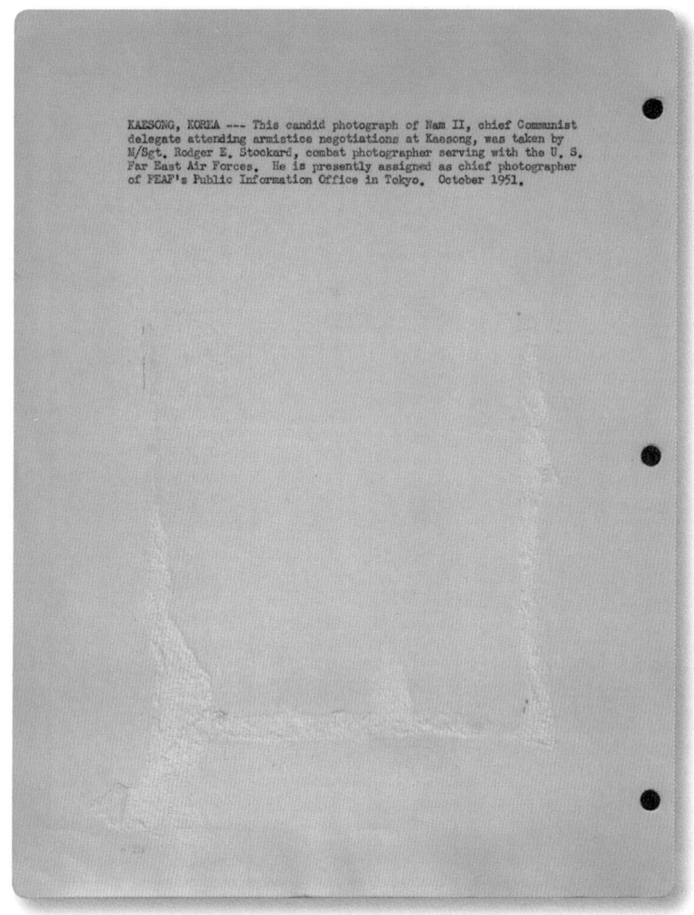

KAESONG, KOREA --- This candid photograph of Nam Il, chief Communist delegate attending armistice negotiations at Kaesong, was taken by M/Sgt. Rodger E. Stockard, combat photographer serving with the U. S. Far East Air Forces. He is presently assigned as chief photographer of FEAF's Public Information Office in Tokyo. October 1951.

NASM 4A 39288(RG 342)

휴전협상의 공산군측 수석대표 남일

한국 개성. 휴전협상에 참석 중인 공산군측 수석대표 남일의 솔직한 사진은 미극동공군에서 근무하는 전투사진작가 Rodger E. Stockard에 의해 촬영되었다. 그는 현재 도쿄 극동공군 공보실 수석 사진작가로 선임되어 있다.(1951. 10 촬영)

AIR FORCE ACTIVITIES - Korea - 1951 -
KAESONG CONFERENCE

Print rec'd 2 September 1952 from SAFOPI.
FEAF Neg. No. C-2079-4.

(over)

NASM 4A 39287

INDEXED

117330 USAF

13228

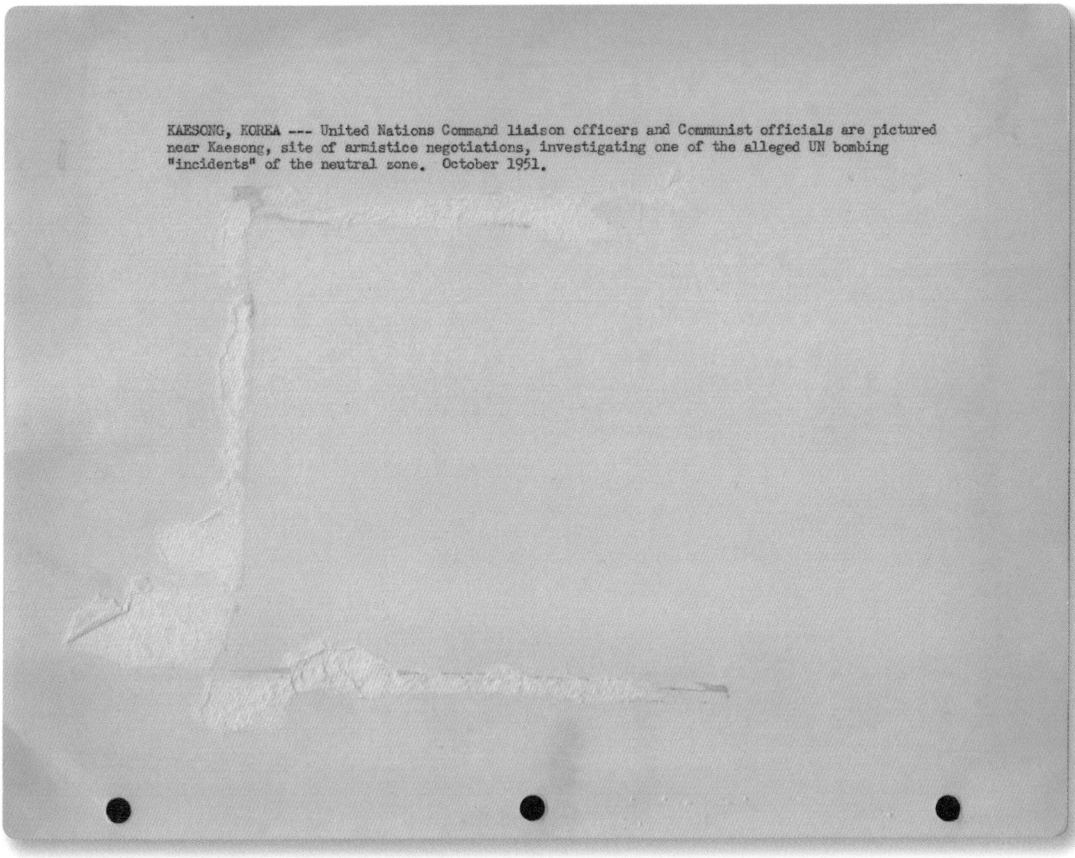

KAESONG, KOREA --- United Nations Command liaison officers and Communist officials are pictured near Kaesong, site of armistice negotiations, investigating one of the alleged UN bombing "incidents" of the neutral zone. October 1951.

NASM 4A 39287(RG 342)

폭격 "사건'을 중인 유엔군측과 공산군측 관리들

한국 개성. 유엔군측 연락 장교들과 공산군측 관리들이 휴전협상 장소인 중립지대의 유엔군 폭격 "사건" 중 하나를 조사하고 있는 장면으로 개성 근처에서 촬영되었다.(1951. 10 촬영)

AIR FORCE ACTIVITIES - Korea - 1953 -
PANMUNJOM CONFERENCE

(over) Orig. 4x5 neg. no. 321-8 rec'd 27 October 1953 from Hdq., 2nd Photo Squadron, Air Photo. and Charting Serv., APO #328, % P.M. San Francisco, Calif.

Panmunjom Conference

INDEXED

94112-

Communist Officers are shown inside Armistice Hall at Panmunjom, Korea, during the Korean Truce signing. 27 July 1953.

식별불가(RG 342)
판문점 정전협정 조인식 당시 공산군측
공산군측 장교들이 한국정전협정을 체결하는 동안 판문점에 있는 휴전협정홀 내부에 보인다.(1953. 7. 27 촬영)

AIR FORCE ACTIVITIES - Korea - 1953 - PANMUNJOM CONFERENCE (over) Orig. 4x5 neg. no. 321-5 rec'd 27 October 1953 from Hdq., 2nd Photo Squadron, Air Photo and Charting Serv. APO #328, % P.M. San Francisco, Calif.

NASM 4A 39297

INDEXED

84113 A.C.

Inside Armistice Hall at Panmunjom, Korea, General William K. Harrison, Jr., seated at table on left, and General Nam Il seated at table on right during the Korean Truce signing.

NASM 4A 39297(RG 342)

판문점 정전회담 조인식장에서 서명 중인 양측 대표

한국 판문점에 있는 휴전협정홀 안에서, 한국 정전협정 조인식이 열리는 동안 윌리엄 K. 해리슨 장군이 왼쪽 책상에 앉아 있고, 남일 장군은 오른쪽에 앉아 있다.

*해제: 유엔군측 수석대표 해리슨 중장과 공산군측 수석 대표 남일 대장은 서명을 마치고 단 한마디의 인사말도 나누지 않은 채 퇴장했다. 판문점에서 조인식 이후 클라크 유엔군사령관은 경기도 문산 유엔 기지 내 극장에서 유엔군 측 최고 사령관의 자격으로 정전협정에 서명했다. (1953. 7. 27 촬영)

AIR FORCE ACTIVITIES - Korea - 1953 - MUNSAN CONFERENCE

Orig. 4x5 neg. no. 321-6 rec'd 27 October 1953 from Hdq., 2nd Photo Squadron, Air Photo and Charting Serv., APO #328, c/o PM, San Francisco, California.

8 41 I A.C.

HQ. FEAF, TOKYO -- The three-year old Korean war comes to an official halt as Gen. Mark W. Clark (left), UN commander-in-chief, and Vice Adm. Robert P. Briscoe (right), Far East Naval commander, take part in truce-signing ceremonies at the UN Base camp at Munsan. July, 1953.

NASM 4A 39289(RG 342)

문산 유엔기지에서 정전협정에 서명하는 클라크 유엔군사령관

도쿄 극동공군사령부-3년 간의 한국전쟁은 문산 유엔 베이스 캠프에서 유엔군사령관 클라크 장군(왼쪽), 극동해군사령관 브리스코 제독(오른쪽)이 정전협정 체결식에 참가하면서 공식적으로 중단되었다. (1953. 7. 27 촬영)

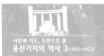

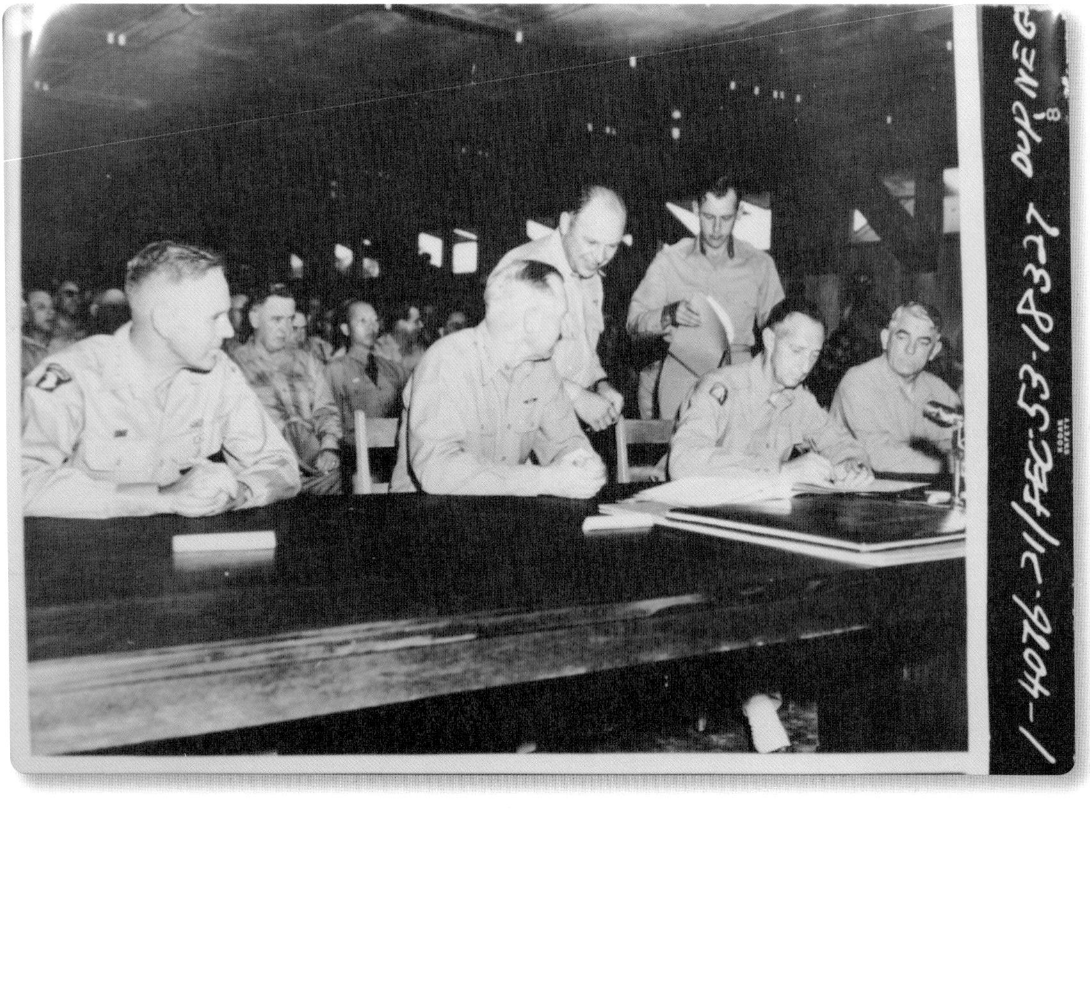
1-4076-21/FEC-53-18327 DUP NEG

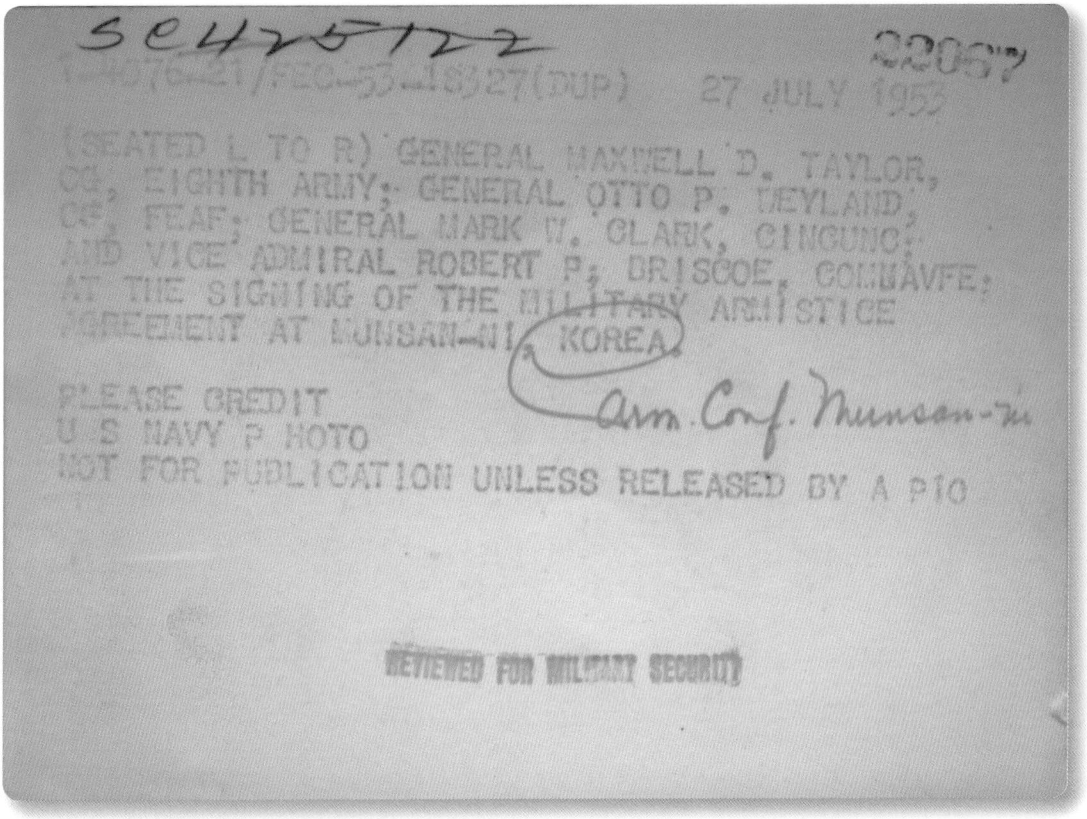

SC425122

22057

1-4076-21/FEC-53-18327(DUP)   27 JULY 1953

(SEATED L TO R) GENERAL MAXWELL D. TAYLOR, CG, EIGHTH ARMY; GENERAL OTTO P. WEYLAND, CG, FEAF; GENERAL MARK W. CLARK, CINCUNC; AND VICE ADMIRAL ROBERT P. BRISCOE, COMNAVFE; AT THE SIGNING OF THE MILITARY ARMISTICE AGREEMENT AT MUNSAN-NI, KOREA.

Arm. Conf. Munsan-ni

PLEASE CREDIT
U S NAVY PHOTO
NOT FOR PUBLICATION UNLESS RELEASED BY A PIO

REVIEWED FOR MILITARY SECURITY

SC 425122(RG 111)

문산 유엔기지에서 정전협정에 서명하는 클라크 유엔군사령관

(왼쪽에서 오른쪽순으로 착석) 미8군사령관 테일러 장군, 극동공군사령관 웨이랜드 장군, 유엔군사령관 클라크 장군, 극동해군사령관 브리스코 제독(오른쪽)이 한국 문산리 군휴전협정 체결식에서.(1953. 7. 27 촬영, 국사편찬위원회 소장)

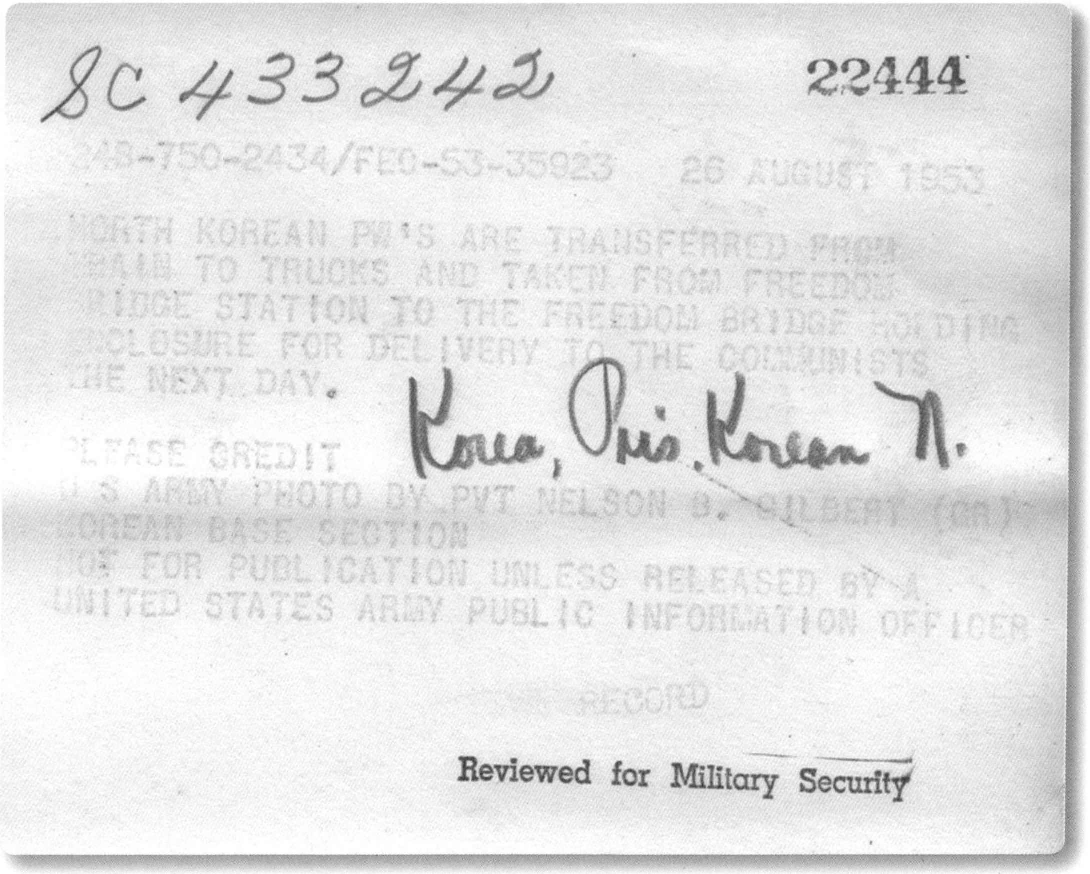

SC 433242 22444

248-750-2434/FEC-53-35923 26 AUGUST 1953

NORTH KOREAN PW'S ARE TRANSFERRED FROM TRAIN TO TRUCKS AND TAKEN FROM FREEDOM BRIDGE STATION TO THE FREEDOM BRIDGE HOLDING ENCLOSURE FOR DELIVERY TO THE COMMUNISTS THE NEXT DAY.

Korea, Pris. Korean N.

PLEASE CREDIT
U S ARMY PHOTO BY PVT NELSON B. GILBERT (OR)
KOREAN BASE SECTION
NOT FOR PUBLICATION UNLESS RELEASED BY A UNITED STATES ARMY PUBLIC INFORMATION OFFICER

RECORD

Reviewed for Military Security

#SC 433242(RG 111)

기차에서 트럭으로 갈아탄 북한군 전쟁포로들

(풀려난-역자) 북한군 전쟁포로들이 기차에서 트럭으로 옮겨탔고, 다음 날 공산주의자에게 인계하기 위해 자유의 다리역에서 자유의 다리로 이송되었다.(1953. 8. 26 촬영)

＊해제: 포로송환은 모든 잔류 포로들을 본국으로 송환하는 빅 스위치 작전(Operation "Big Switch)의 일환으로 진행되었다.

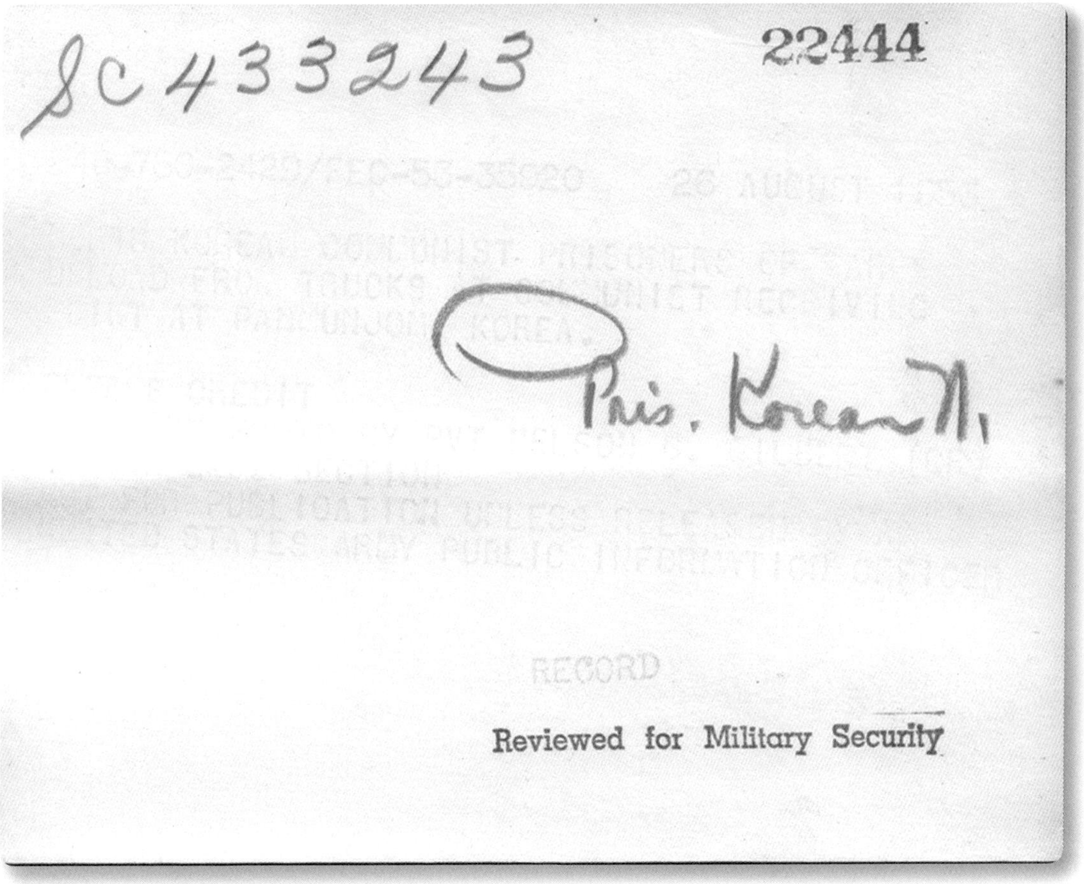

SC 433243

22444

Pris. Korean N.

RECORD

Reviewed for Military Security

SC 433243(RG 111)

판문점 포로교환 지점에서 하차 중인 북한군 포로

한국 판문점 공산군 포로교환 지점에서 북한군 포로가 트럭에서 내리고 있다.(1953. 8. 26 촬영)

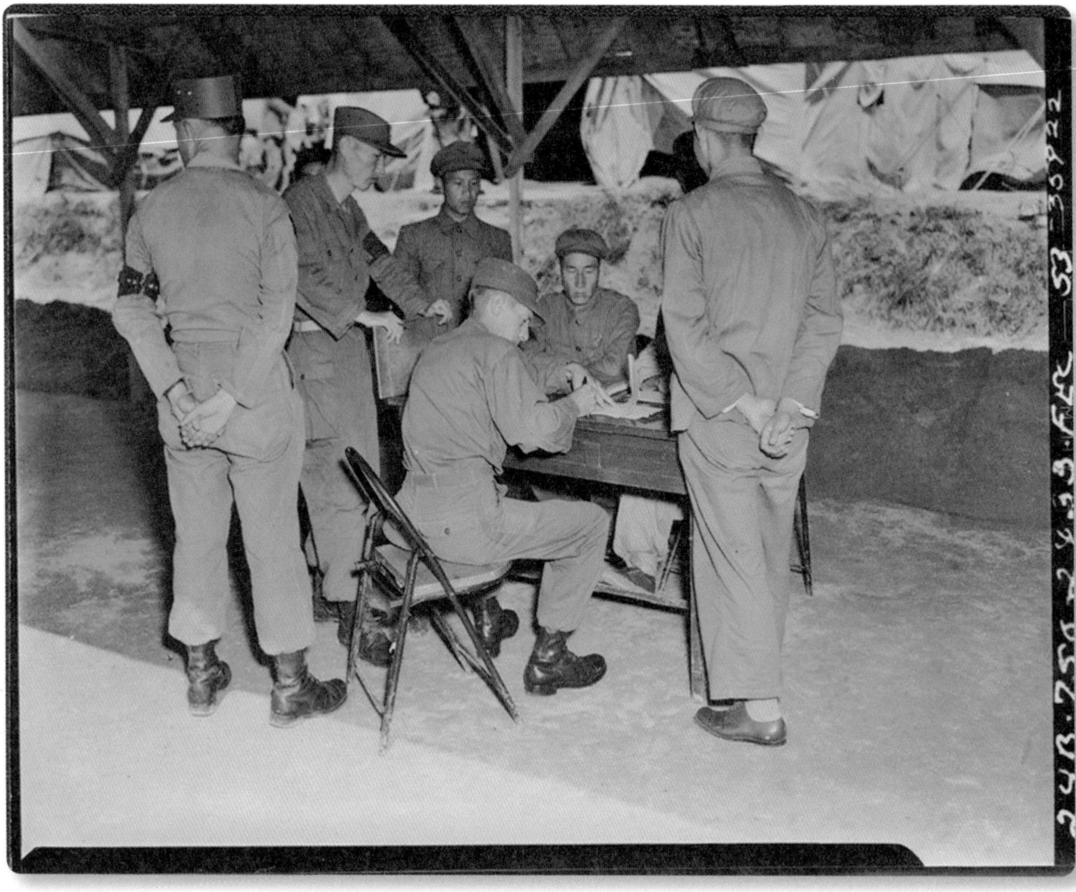

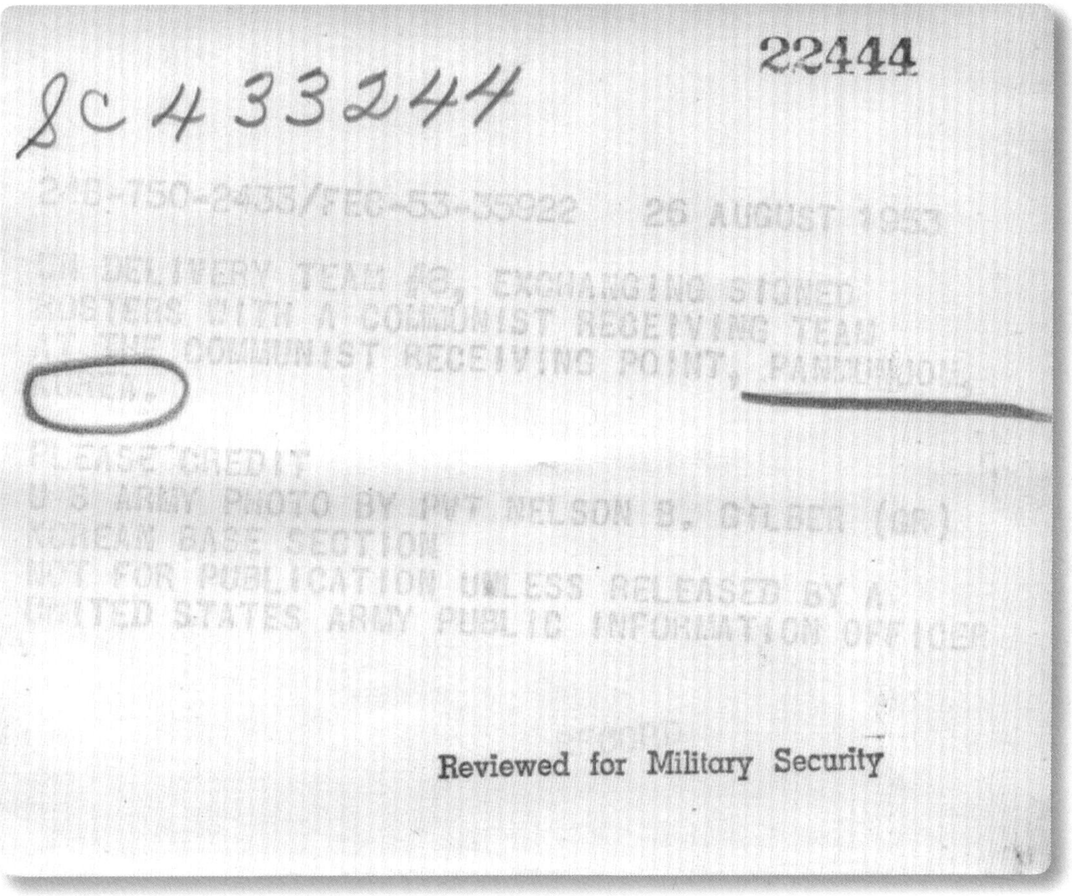

SC 433244

22444

2?8-750-2433/FEC-53-35922 26 AUGUST 1953

UN DELIVERY TEAM #8, EXCHANGING SIGNED ROSTERS WITH A COMMUNIST RECEIVING TEAM AT THE COMMUNIST RECEIVING POINT, PANMUNJOM, KOREA.

PLEASE CREDIT
U S ARMY PHOTO BY PVT NELSON B. GILBER (GR)
KOREAN BASE SECTION
NOT FOR PUBLICATION UNLESS RELEASED BY A UNITED STATES ARMY PUBLIC INFORMATION OFFICER

Reviewed for Military Security

SC 433244(RG 111)

포로교환 명부를 교환하는 유엔군측과 공산군측

제8유엔군 포로교환팀이 한국 판문점 포로교환 지점에서 공산군 포로교환팀과 서명한 명부를 교환하고 있다.(1953. 8. 26 촬영)

Orig. 4x5 neg no. 1097-G rec'd 5 November 1953
from Hdq., 2nd Photo Sqd., 1350th Photo Group
(DOC), APO 328, % PM, San Francisco, Calif.

NASM 4A 36272

INDEXED

AIR FORCE ACTIVITIES - Korea - 1953 - PRISONS & PRISONERS

(over)

Maj. Gen. William F. Dean, highest ranking officer repatriated by the Communist in the UN POW exchange is interviewed by the press at Freedom Village, Korea. 8 September 1953.

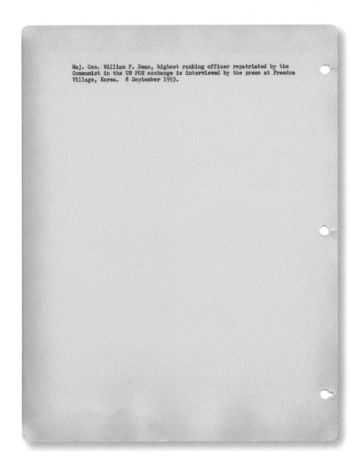

NASM 4A 36272(RG 342)

포로에서 풀려난 미24사단장 딘 소장이 문산 자유의 마을에서 기자 회견을 하는 모습

UN군 포로교환 당시 공산군에 의해 송환된 최고위급 장교 윌리엄 F 딘 소장이 한국 자유의 마을에서 기자 회견 중이다.(1953. 9. 8 촬영, 국사편찬위원회 소장)

*해제: 딘 장군은 한국전쟁 초기 미군 제24사단장으로 참전해 인민군에 포로로 잡혔다. 이후 평양으로 이송되어 포로수용소에서 3년 6개월간 수감생활을 한 뒤 정전협정 직후 포로교환 때 송환된 불운의 장군이었다. 미군정기 때 군정장관을 지내기도 했다. 주한미군은 딘 장군을 기려 용산미군기지 사우스포스트에 있는 주한미군 역사사무실의 이름을 'William F Dean Heritage Center'라 불렀다.

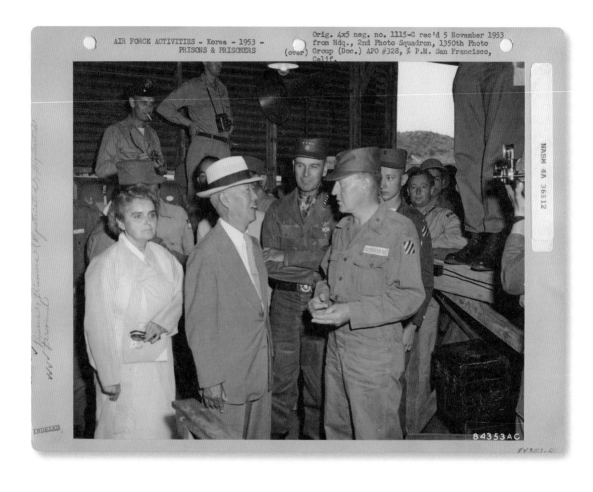

AIR FORCE ACTIVITIES - Korea - 1953 -
PRISONS & PRISONERS

(over)

Orig. 4x5 neg. no. 1115-G rec'd 5 November 1953
from Hdq., 2nd Photo Squadron, 1350th Photo
Group (Doc.) APO #328, % P.M. San Francisco,
Calif.

NASM 4A 36112

OSBORNE

INDEXED

84353AC

President and Mrs. Syngman Rhee, chat with Gen. Ralph Osborne and Gen. Maxwell D. Taylor, 8th Army Commander in the press room at Freedom Village, Korea as POWs (repatriated in the UN POW exchange) return. 8 September 1953.

#NASM 4A 36112(RG 342)

포로교환 직후 문산 자유의 마을에서 대화 중인 이승만과 미군 장성

UN군 포로교환 때 송환된 포로들이 돌아오자, 이승만 대통령 내외가 한국 자유의 마을 기자회견실에서 오스본 장군 및 미8군사령관 테일러 장군과 대화 중이다. (1953. 9. 8 촬영, 국사편찬위원회 소장)